保育のいとなみを支える
「実践的知恵」

子どもとの"弱くて強い"日々のための専門性

及川智博
OIKAWA Tomohiro

明石書店

はじめに

　保育者養成校に勤務していると、毎年、多くの学生たちが実習のために保育現場でお世話になる[1]。実習期間中、学生たちはいつもの大学とは異なる場で、保育者の卵として四苦八苦しながら、何とかして実習を乗り越えてくる。そうした、良い意味での「アウェー」の経験もあってか、実習から帰ってくると、学生たちの顔つきが変わっていることに驚くことが多い。そうして少しずつ学生たちの雰囲気が変わっていくと、次年度の4月から、担任として子どもたちを任されている姿が少しずつ想像できるようになると同時に、学生たちの大学卒業が近づいていることを、大学教員として実感することになる。

　実習から戻ってきた学生たちのなかには、実習先で素敵な先生方に出会えたことがきっかけとなり、保育現場への就職に関する希望と願いを、より一層強める学生もいる。実習先で出会った先生方は学生たちにとって、専門職としての、1つのロールモデルとなっているようである。そうした学生たちと話す際、いつからはじめたかは忘れてしまったが、私はよく、独特の「オーラ」を感じたかどうかを質問する。自分とは違う雰囲気を身にまとった、専門職としての凄みのようなものを感じたかどうか……というニュアンスを含めた質問である。すると、学生たちは"うんうん"と首を縦に振る。学生たち自身も、どう言語化してよいかわからないが、年齢が離れているか否かを問わず（つまりベテラン保育者かどうかを問わず）、実習先の先生方と自分との違いを、その肌で感じてくるようである。

　ただ、そうした「オーラ」の実感と同時に、自分の力量の無さに自信をなくす学生たちも多くいる。自分はこれまで大学でたくさん保育のことを学んできたのに、いざ現場に立つと、保育者としての力量の無さに驚き、そして途方に暮れて帰ってくるという具合である。もちろん、私は学生に「そんなことはないよ、これからだよ」と伝え励ますわけだが、それと同時に、実際に力量の問

題だけではないように感じ、そして考えてきた。保育者という専門職として在ることを支えているものは、知識や力量もさることながら、もっと別のところにあるのではないだろうか。本書は、そうした言語化しにくい専門職としての保育者の「オーラ」の一部を、社会科学が言葉にし、そして探求していくための筋道を探すものである。その探求をはじめるために、個々人の知識や力量へと還元させずに保育者の専門性を語ることの難しさと、その難しさを今後も抱え続けていくことの危うさを、まずは確認しておかねばならない。

知識や力量から専門性をとらえることの誘惑

　はじめに、1つの思考実験を試みたい。まず、あなたにとって身近に関わりのある保育者の方々でも、もし自分が保育者である場合には自分のことでも構わないので、どなたかのことを具体的に想像しながら考えていただきたい。果たして、その人が「保育者」であることを支えているのは、一体どんな専門性なのだろうか。

　本書を手に取っていただいている読者の皆さんは、上記の問いを受けて、素朴にどんなことを思い浮かべるだろうか。例えば、「保育と子ども[2]に関する一定の知識を持っていること」や、「子どもの心情を適切に想像することができること」と考える人もいるかもしれない。なかには、「適切なねらいや計画を持って保育を進めていける力量があること」「子ども同士のトラブルへの適切な関わりができること」「保護者への支援を進める力があること」といった、より具体的なことを考える人もいることだろう。「保育者」を、保育士資格や幼稚園教諭免許といった公的資格を有する、子どもや保育にかかわる一定の知識や力量を有した専門職であると考えるのは、とても自然なことである。

　ただし、以上のような考えは、先ほどの問いに対する十分な回答になってはいない。なぜなら、たとえ保育士資格・幼稚園教諭免許を持っていたとしても、またそれに見合うたしかな知識や力量を有していたとしても、現場に立ち、子どもたちと織りなす保育のいとなみに参与していなければ、私たちは通常、その人のことを専門職としての「保育者」とは呼ばないからである。ま

た、それは学校における教師といった他の専門職についても同様であろう。資格・免許や、それにかかわる専門的な知識・力量を有していることそれ自体は、ある人が「保育者」という専門的な職業人であることの一部を保障する。しかし、だからといって日常的に保育施設に居なかったり、また、たとえ保育の資格・免許を有して保育施設で雇用されていたとしても、メインの業務が事務作業をしたり通園バスを運転したりする人たちのことを、私たちはあまり「保育者」とは呼ばない。つまり、ある人が「保育者」であることを支えている専門性というのは、保育をめぐる適切な知識や力量を有しているという能力的な側面と、現場のなかで日々子どもたちとともに保育をいとなんでいるという実際的な側面の、2つの側面から象られるべきものである。

　ただし、保育をめぐる知識や力量（能力的な側面）と、日々子どもたちと保育をいとなんでいること（実際的な側面）とを並べてみると、後者については"専門性"というよりも、もはや現場に立つことで当たり前のようについてくる"付属品"のように思えてくることだろう。なぜなら、「必要な知識や力量があれば、それをもとに保育をいとなんでいくことが可能」だと考えられうるからである。実際、保育者を専門的職業人たらしめる所以について検討してきた保育者の専門性に関する先行研究の多くは、前者に相当する、保育者が有している知識や力量を長年にわたって検討してきた経過がある。一般社団法人日本保育学会により発行された、当該研究領域を俯瞰する『保育学講座』の第4巻『保育者を生きる：専門性と養成』において、榎沢（2016）は、保育者としての業務を踏まえた上で、保育者の専門性を構成すると考えられる基本的要素として次の3点を挙げている。第1に、保育の実践過程における力量としての、①保育の計画にかかわる専門性、②子どもへの援助にかかわる専門性、③実践の省察にかかわる専門性である。第2に、保育および子どもについての知識や子ども観である。第3に、以上の知識や力量をいかに活かして実践を作り上げていくかをめぐる人間性である。

　そして、保育者の専門性をとらえようとしてきた先行研究の多くは、実証的に可視化することが比較的可能であった第1および第2の専門性、すなわち保育を支える知識や力量を探求すべく、数多の知見を蓄積してきた歴史がある。そうした先行研究の取り組みは、たしかに、保育という可視化しにくい実践の

なかから（Bernstein, 1977/1985）、保育者が専門職たる力量を発揮する肝所に光を当て、言語化しようとしてきた成果に他ならない。第三者（一般人や他の専門職）が持ち合わせていない保育者独自の知識や力量を明るみに出し、その差異から専門的職業人たる所以を表現しようとする試みは、特に専門職として社会のなかで認識されるまでに長い時間がかかった（そして未だにその専門性に対して十分な社会的理解を得ているとはいえない）保育の仕事において、一定程度有効であったことは疑いようがない。

　しかし、保育者の専門性について、個人が有する知識や力量の側面のみを明るみにしていくことは、畢竟、専門職としての主体性と自立性を揺らがせるという、危うさを伴うものである。それは何故か。例えば、今日の日本の保育にかかわる各種ガイドライン（例えば『幼稚園教育要領』）では、2018 年の改訂時において、保育の到達目標に相当する「幼児期の終わりまでに育ってほしい姿」が明記された。大宮（2017）によれば、この改訂内容は議論する前の「原案」時から提案されていることからも、政府側の強い意図があったことが伺えるという[3]。保育は、子どもに対して保育者が一定の目的を持って取り組むいとなみである以上、この文言の追加が現場に与えた影響は大きいことだろう。そして、以上のような改訂の背景には、OECD（経済協力開発機構）や教育経済学を中心とした研究知見、およびそれを支えてきた子育ての思想としての先行投資論が横たわっている（川田 , 2017; 岡花 , 2019）。同時に、統計的手法の発展も相まって、そうしたステークホルダーが提案する望ましい能力を子どもに確実に育成することが可能な教育・介入プログラムについても、現場への導入に向けて、エビデンスを携えながら徐々に開発・検討が進められてきた（動向の整理として、例えば、小塩 , 2021）。Dahlberg, Moss, & Pence（2013/2022）が批判的に整理しているように、乳幼児期における質の高い保育は将来的な子どもたちの「成功」に結びつくという言説のもと、それに資する確実かつ有用な実践のあり方が、現場の外側において模索されてきた。

　こうした動向に応じて、今後、現場における保育者の役割や保育実践のあり様が規定されていったとしたら、そこで必要とされる知識や力量というのもまた、少しずつ、現場の外にある力学によって変わっていかざるを得ないだろう。たしかに、保育は公的ないとなみだからこそ、社会の変化に応じて、保育

者に求められるいとなみや、それらを司る力量が変わっていくこと自体は否定しがたい。しかし、それゆえに、職業人としての専門性を個人が有する知識や力量からのみ論じてしまうことは、同時に、その専門性のあり様をめぐる判断を、外部に委ねてしまう回路を開くことを意味している。保育者は、現場の外から訪れるニーズや要請に応えるためだけにいる専門職ではない。政策や科学に携わる者たちの論理と、現場を生きる保育者たちの専門性に裏打ちされた論理との間には、たしかに引かれるべき線がある。

　では、どうすればよいのか。例えば上記の動向に対抗すべく、研究上触れられてこなかった現場の保育者たちによる営為の重要性や、それに資する知識・力量の重要性を論じ、「非認知能力」やエビデンスに基づく科学的な言説に対抗する議論として立てたとしても、それは水掛論にしかならない。なぜなら、エビデンスに基づく介入が子どもたちの将来に（ある程度の確かさを持って）有用であることが把握されているのであれば、目の前の子どもたちのことを鑑みると、やはりそれを用いない手はないからである。保育現場も、そして科学や政策の側も、互いに「子どもたちの最善の利益」を目指すという価値観を一定程度共有している。つまり、現場の外にある力学に回収されない形で、保育者を1つのたしかな専門職として定位するためには、何気ない、必ずしも有用さに還元されないいとなみを支えている専門性を措定しなければならない。

　しかし、この議論を展開するのは容易ではない。なぜなら私たちは、1つひとつの営為に注目し、その有能さから保育者の専門性を語ることに慣れきっているからである。私たちは適宜「子どもの心情を理解し適切な声かけができる」「子どもの遊びを発展させるための関わりができる」といったような、保育や子どもの発達にメリットを生む視点で保育者の営為の一部を切り取り、それを可能とする個々人の知識や力量を描くことで、その専門性を美しく象る誘惑にかられてしまう。そしてその誘惑の先に、議論は科学の衣をまとい、エビデンスに基づく言説へと絡め取られてしまう。保育とは異なるものの、東畑（2019）は「ただ、いる、だけ」にかかわるデイケアでの経験をもとに、有用性や効率性を軸にケアのいとなみを論じることの問題を、次のように述べる。

　　居場所として機能していた日常に、効率性とエビデンスの光が差し込む。

すると、それはバラバラに瓦解する。1つひとつの営みのコストパフォーマンスが細切れに検討されるからだ。（中略）ぐるぐると回っているときには、価値を持っていた「ただ、いる、だけ」が切れ切れになると、決定的に無価値なものになってしまう。こうして居場所は失われる。だって、無意味に見えるものこそが、生きづらい僕らの隠れ家として機能していたからだ。（東畑, 2019, pp.328-329）

　では、必ずしも教育的な効果や成果が生じているとは言い切れないことを前提としながら、子どもたちとともに日々の保育をいとなんでいることそれ自体に、専門性をめぐる積極的な意義や価値を見出すための議論は、いかにして立論可能なのだろうか。

保育のいとなみを支える「実践的知恵」に光を当てるために

　本書は以上のような理論的難題に対して、保育が、子どもたちと保育者とが織りなす「共同生活」の特質を有するいとなみであることに注目することで、克服する道筋を探る。その肝所は、極めてシンプルである。2人以上の人間の手で取り組まれるいとなみは、そのうちの誰か1人の知識や力量に還元して説明することができないからである。誰かの力量に還元して説明できないということは、その実践は常に、ある行為主体の意図やコントロールから外れていく可能性に開かれていることを意味する。殊に保育においては、国内外を問わず、保育実践の展開や得られる成果の不確実性を積極的に引き受けてきた歴史があることは、改めて注目される必要があるだろう（例えば、Dahlberg et al., 2013/2022; Malaguzzi, 1998/2001; 加藤, 2007, 2008, 2024）。保育は特定の目的を持ってなされるいとなみである以上、大人の側には、その実践や子どものあり様をコントロールする（たしかな成果を得ようとする）欲望がつきまとう。しかし、コントロールの欲望に負け、子どもたちのいとなみを制御しようとした時、その実践の場は、「保育」から「訓練（トレーニング）」の場へと化してしまう。だからこそ保育者たちは、子どもたちとともに保育を（暮らしを）つむいでいくとい

う関係性を保つことで、「共同生活」としての特質を保障しつつ、日々の実践をいとなんでいくことが必要となる。つまり、「共同生活」の特質を保育の前提に据えた時、私たちは保育を、そして保育者の専門性を論じる際に、当該実践をめぐる「有用さ」を議論の指針から手放さなければならないのである。

そして、以上のような指摘を待たずとも、現場を生きる保育者たちの多くは、自分たちの取り組んでいることが、大人たちが期待する何らかの教育的な成果へと直接的かつ確実に結びつくわけではないことを（すなわち消極的な側面があることを）、そしてそのような姿勢や関係性を持って子どもたちとかかわらなければ、子どもたちの主体性を危うくしてしまうことを、よく知っていることだろう。この点が冒頭で触れた、現場を生きる保育者の専門性をめぐるもう1つの側面、すなわち現場のなかで子どもたちとともに保育をいとなんでいくことを支えている専門性であると、本書は仮定する。保育者は、子どもたちと共同生活をいとなんでいくという保育の特質を保障すべく、現場のなかで子どもたちとある関係性を築き、そして維持している専門家として、把握されうるのではないだろうか[4]。

以上のような保育者の専門性をめぐる議論は、教育学者ガート・ビースタの枠組みを参照することで整理することができる（Biesta, 2013/2021）。本書はBiesta（2013/2021）の議論をもとに、保育者が有する専門的な思考様式として注目されてきた「実践知」を、以下の2つに分類していく。1つ目は、実践を進めるために必要な、子どもたちといかに関わりを持つかをめぐる保育者の知識・力量を意味する「技術知（テクネー、techne）」である。そして2つ目は、子どもたちと織りなす実践が有する不確実性を保ちながら現場にあろうとする構えとしての「実践的知恵（フロネーシス、phronesis）」である。本書はこの「実践的知恵」こそが、実践の訓練化を防ぐと同時に、保育が「共同生活」としての特質を有する場であることを保障していると考える。

しかし、保育者の専門性をめぐるこれまでの先行研究、すなわち科学の側では、こうした現場を生きる保育者の「実践的知恵」のあり様を実証的に探求し、そして言語化することが叶わなかった。その最たる理由は、保育者研究において用いられてきた、保育者の営為および保育の現象をとらえようとする際のまなざし、すなわち「方法論（methodology）」が難題を抱えていたことに由

来する。第1・2章を中心に論じられるように、これまでの保育者の専門性に関する実証的研究において広く・深く浸透し、そして研究知見の形成を司ってきたのは、先に触れた「技術知」を明るみにすることに長けた、心理学から輸入されてきた「問題解決（problem solving）」と呼ばれる方法論であった。ゆえに、まずこの「問題解決」の方法論を相対化し、「実践的知恵」を把握することが可能な新たな方法論を提案することが、これからの保育者研究の進展へ向けた喫緊の課題として把握され、本書の目的として設定される。そしてその過程において、専門性をもとに編まれる子どもたちとの不確実性を伴う日々こそが、保育者が、他の専門職等の第三者には代えがたい、またエビデンスに基づく言説に回収されることもない、"唯一性（uniqueness）"を有する専門家であることをたしかに支えている"弱くて強い"いとなみであることが、最終的に明らかになることだろう。

注

1　本書では「保育」という語を、「幼児教育」も含めて、今日において幼稚園・保育所・幼保連携型認定こども園等で進められている実践の総称として統一的に用いる。また、それに伴い、本書では「保育者」を、今日の日本の保育施設（幼稚園・保育所・幼保連携型認定こども園（以下、認定こども園）など）において、乳幼児期の子どもの保育を担う専門職を総称する語として用いる。

2　本書では「子ども」を、主に乳幼児期の子どもを指す語として統一的に用いている。その他の年齢期との区別が必要な場合や、各種ガイドラインを参照する際には、「幼児」の語を用いたり、別途指示を記載したりしている。

3　特に、保育にかかわる現行の各種ガイドラインが抱える問題点については、大宮・川田・近藤・島本（2017）などに詳しい。

4　保育者の専門性をめぐる議論と関連して、石井（2015）は、以下で触れる教育学者ビースタによる「エビデンスに基づく教育」への批判を参照しながら、教師の専門性を効果的介入に見る「技術（テクネー）」のみからとらえることは誤謬であると指摘する。その上で、子どもたちに何が効果的かではなく、子どもたちにとって何が適切かを問う、「実践的知恵（フロネーシス）」の観点から教師の専門性を論ずる必要性を強調している。本書もこの取り組みにならい、技術的側面との対の関係を明確にするために、榎沢（2016）のように「人間性」と表現するのではなく、Biesta（2013/2021）の「実践的知恵」という語を用いながら議論を展開していく。

はじめに　11

目　次

はじめに　　　　　　　　　　　　　　　　　　　　　　　　　　　3

序章

「できない」からはじめる保育者研究

第1節　経済的合理性から距離を置いた保育者の専門性理解へ向けて
　　　　──本書の背景　　　　　　　　　　　　　　　　　　20

第2節　保育を支えるのは「できない」ことを知るあなたしかいない
　　　　──本書の目的　　　　　　　　　　　　　　　　　　24

第3節　本書の構成　　　　　　　　　　　　　　　　　　　26

第1章

保育のいとなみを支える「実践的知恵」の探求へ向けて
問題の所在

第1節　ゆらぎ続けてきた保育者の専門性　　　　　　　　　34
　1．科学的エビデンスの導入がもたらした専門性のゆらぎ　　34
　2．ガイドラインの改訂がもたらした専門性のゆらぎ　　　　36

第2節　保育のいとなみを支える専門家とは何者か？
　　　　──実践知研究におけるアプローチの対立　　　　　38

1. 専門家とは現場の問題を解決できる思考を有する者である

　　──認知的アプローチ　　　　　　　　　　　　　　38

2. 専門家とは状況や文脈に合わせて援助を生み出せる者である

　　──状況的アプローチ　　　　　　　　　　　　　　43

第3節　保育者とは問題を解決する人か？

　　──アプローチ間の対立を超えるために　　　　47

1. 専門性の探求を支えてきた「実践知」概念の出自　　　47

2. 問題への対応ありきで人々の営為をとらえる「問題解決」思考の不自然さ　48

3. なぜ保育者研究は「生活」から遊離するのか？

　　──省察論を援用した研究デザインのクリティークから　52

4. 保育は子どもと保育者がともにまだ見ぬ「生活」を編む場である

　　──保育カリキュラム研究からの宿題　　　　　　57

第4節　保育者の実践知を構成する2つの「知」　　　59

1. 力量「技術知」と場への構え「実践的知恵」　　　59

2. 実践的知恵は「子どもを変えることはできない」という思慮に宿る　　61

第2章

実践的知恵の探求を支える方法論「生活の共同生成」の定位
問いの設定

第1節　その問題は保育者の手で解決できるとは限らない

　　──思考実験　　　　　　　　　　　　　　　68

1. 先行研究が取り上げてきた子どもの仲間関係をめぐる問題　　68

2. 保育者たちが問題の解決から距離を置くということ　　70

3. リカとナナセのエピソードから　　　　　　　　　72

第2節 「できない」が暮らしをつむぐ

——概念と方法論の設定 82

1. 技術知に偏らないための思考法

——道具と結果方法論 82

2. 保育の場で子どもたちと暮らす 86

3. 保育の場で「問題」と暮らす

——生態学における「分解」概念からの示唆 90

4. ともに暮らすことに意味のある「課題」、その必然性がない「揉事」 93

5. 実践的知恵をとらえる方法論「生活の共同生成」

——生活、課題、援助 95

第3節 方法論「生活の共同生成」の定位をめぐる3つの問い

——「問題解決」の方法論を相対化するために 97

1. 問い1

—— 子どもの「課題」の受容は保育者に何をもたらすのか？ 97

2. 問い2

—— 子どもの「課題」をめぐってなされる営為は「対処」か「援助」か？ 98

3. 問い3

—— 保育者は子どもとともに「生活」する存在か？ 100

第3章

子どもの「課題」の受容は保育者に何をもたらすのか？

クラス替えをめぐるフォーカス・グループ・インタビューから

第1節 問題と目的 104

第2節 方法 108

1. 調査協力者 108

2.　面接手続き　　　　　　　　　　　　　　　　　　　　　　　　109

　　3.　倫理的配慮　　　　　　　　　　　　　　　　　　　　　　　　111

　　4.　分析手続き　　　　　　　　　　　　　　　　　　　　　　　　111

第3節　結果と考察　　　　　　　　　　　　　　　　　　　　　　113

　　1.　プロセス全体の動き　　　　　　　　　　　　　　　　　　　　118

　　2.【クラス替えの有無の判断】　　　　　　　　　　　　　　　　　119

　　3.【園の基本方針に基づくクラス編成】　　　　　　　　　　　　　121

　　4.【子どもの成長と課題を踏まえたクラス編成】における《子どもの成長と
　　　　課題の見とり》　　　　　　　　　　　　　　　　　　　　　　123

　　5.【子どもの成長と課題を踏まえたクラス編成】における《見とりに基づく
　　　　配置》　　　　　　　　　　　　　　　　　　　　　　　　　　126

　　6.【整合性と決断】　　　　　　　　　　　　　　　　　　　　　128

第4節　総合考察　　　　　　　　　　　　　　　　　　　　　　　129

第4章

子どもの「課題」をめぐってなされる営為は「対処」か「援助」か？

"ひとりぼっちの子ども"と"親密すぎる二者関係"をめぐる面接調査から

第1節　問題と目的　　　　　　　　　　　　　　　　　　　　　　136

第2節　方法　　　　　　　　　　　　　　　　　　　　　　　　　138

　　1.　資料の収集方法　　　　　　　　　　　　　　　　　　　　　　138

　　2.　調査協力者の選定　　　　　　　　　　　　　　　　　　　　　139

　　3.　提示事例および作成手続き　　　　　　　　　　　　　　　　　140

　　4.　面接手続き　　　　　　　　　　　　　　　　　　　　　　　　141

　　5.　倫理的配慮　　　　　　　　　　　　　　　　　　　　　　　　142

6. 分析手続き　142

第3節　結果と考察　144
1. 結果の概要と凡例　144
2. 「充実」および関連する語の整理　153
3. 保育者の課題意識を示す〈仲間関係の広がりへの期待〉　154
4. 《保育者を媒介とした遊びの充実》をめぐるプロセス　155
5. 《子どもたち主導の遊びの充実》をめぐるプロセス　158
6. 仲間関係の変容をうながす保育者の営為に関する仮説モデル　162
7. 議論の限界　165

第4節　総合考察　168

第5章

保育者は子どもとともに「生活」する存在か？
年長学年の組別対抗リレーにおける課題との“出会い”と“受容”をめぐる実践から

第1節　問題と目的　176

第2節　方法　177
1. 調査協力園および観察対象　177
2. 観察手続き　178

第3節　結果と考察　179
1. 当時のＡ園におけるリレーの取り組みの概要　179
2. リレーの流行と生成しはじめる課題　181
3. 課題と「出会う」子どもたちと保育者
　　——リレーをめぐる「勝利至上主義」がもたらした亀裂　186

4. 課題を「受容する」子どもたちと保育者
　　——リレーのアンカーが抱えた心情の共有を通して　　　　　　192

第4節　総合考察　　　　　　204

終章

子どもたちと保育の物語をつむぐ「実践的知恵」
人々の唯一性を立ち上げる"弱くて強い"日々のために

第1節　研究目的と結果の整理　　　　　　210

第2節　"弱さ"の特質を保障した専門性の実証的探求へ向けて　　　　　214
　1. 保育の"弱さ"は当事者たちの唯一性を創出する"強い"装置である　　　214
　2. 実践的知恵を実証的に照射する「物語的アプローチ」の提案　　　　217

第3節　浮かび上がるもう1つの具体的営為
　　　——"弱さ"を守りながら大人として動く　　　　　219
　1. 保育者が有するもう1つの「顔」
　　——それでもなお保育者は公的責任を有する教育者でもある　　　219
　2. 計画と援助を架橋する営為「約束」
　　——保育者が2つの「顔」を持つために　　　　221

第4節　課題と展望　　　　　　223

引用文献一覧　　　　　　229
おわりに　　　　　　239

序章

「できない」からはじめる保育者研究

第1節　経済的合理性から距離を置いた保育者の専門性理解へ向けて
　　　　——本書の背景

　本書は、知識や力量をめぐる技術論に還元されることのない、保育のいとなみを支える保育者の「実践的知恵」をとらえるための、科学における新たな方法論の提案を試みるものである。ゆえに本書は、保育現場に新しい専門性のあり方を紹介したり提案したりすることを企図したものではない。むしろ、日々当たり前のように繰り返されている、子どもたちと織りなす日常を支える保育者の実践論理を、"科学の側"が丁寧に把握し、そして言語化するための術を探すものである。私たちが保育者のいとなみやその専門性を明るみにしようとする際に自ずと絡め取られてきた、科学における思考の癖をほぐすことが目指される。

　本書が論敵としている、科学が保育者をとらえる際に用いがちであった思考の癖は、端的に、以下のように説明することができる。これまで、現場を生きる保育者の専門性が実証的研究をもとに論じられる際、その思考の前提に敷かれてきたのは、認知心理学をその祖とする「問題解決（problem solving）」[1] の方法論および専門家像であった。科学がこの方法論を用いる際、現場の専門家は、現場で生じる種々の問題に対して適切に対応・解決していくことができる存在として位置づけられる。例えば、子どもの発達を滞りなくうながすこと、子ども同士のトラブルに適切に対処すること、生活上の安全面に配慮することなどを支える1つひとつの働きかけが、専門家である保育者のなす専門的行為として把握される。そこには、〈原因−結果〉の枠組みに基づいて、専門的な行為を「原因」に、子どもをめぐる状況の改善や進展を「結果」に据えた上で保育者の営為をとらえる、「科学的因果性」[2] に基づく専門性理解が横たわってきた。

　こうした思考の癖は、私たちが1つひとつの研究のなかで意識して改善できるほど些細なものではない。保育者の専門性のみならず、保育それ自体を因果関係の枠組みからとらえることは、松下（2015）が指摘するように、政策や社会に対する現場の説明責任（アカウンタビリティ）、およびそれに伴う客観的根拠（エビデンス）の必要性・重要性が声高に叫ばれる今日に見られる1つの

ナラティブの形式である。このナラティブの広まりを加速させてきたのが、Heckman（2013）などに代表される、保育や乳幼児期の子どもに対する先行投資論である。先行投資論は近年、幼児期早期からの、思考・感情・心情をうまく活用していける「非認知能力（noncognitive ability）」（あるいは社会情動的スキル）の育成を現場に要請してきた。例えば、以下のような議論がある。

「スキルがスキルを生む」と言われるように、社会情動的スキルへの早期の介入は効率的にスキルを伸ばし、教育・労働市場・社会における格差をなくす上で重要な役割を果たすことができる。

社会情動的スキルは、特に幼児期から青年期に伸ばしやすい。（中略）また、高いレベルの社会情動的スキル（例：自信、忍耐）を備える子供は、認知的スキル（例：数学、科学の授業）にさらに投資することでより恩恵を受ける可能性が高い。それゆえ、人生の初期段階における小さな能力の差がライフサイクルにおいて重要なギャップに至る可能性があり、これらのギャップは経済的、社会的格差を悪化させる要因になる場合もある。介入研究や大規模な縦断研究からは、社会情動的スキルに対する早期的、継続的な投資が経済的に恵まれていない集団の社会経済面の改善に良い影響を与えるというエビデンスが示されている。

（中略）

子どもたちが人生における成功を収め、社会進歩に貢献することを目指して、関係者らはともに取り組む必要がある。

政策立案者、教師、親、研究者は、自身の責任範囲においてスキル開発に積極的にかかわることによって子どもたちの成長の可能性を拡大させることができる。しかし、「スキルがスキルを生む」ことを鑑み、教育方針やプログラムは学習環境（家族、学校、地域社会）、進級ステージ（小学校、中学校、高等学校）全体において一貫性を確保する必要がある。これは子供のライフサイクルにおけるスキル投資へのリターンを最大にするために重要な方法である。（OECD, 2015/2018, pp.21-23）

幼児期の教育において、いわゆる知的な学習だけではなく、他者とともに

くらし遊ぶことを通して培われる社会的スキルや、同年代との関わりから学ぶ自分の感情を調整する力やストレスをマネジメントする力が、生涯にわたって重要な働きをすることが欧米での長期縦断研究から明らかにされつつある（池迫・宮本, 2015）。こうしたエビデンスによって、保育の政策への公的投資についての説明責任を果たすことができると考えられる。（秋田, 2016, pp.22-23）

　以上の動向と関連して、心理学の領域では、「非認知能力」を育むためのトレーニングや教育のあり方を、効果測定によるエビデンスを伴いつつ開発し、現場の保育者・教師に提案する方向へと議論が展開してきた（例えば、小塩, 2021）。特に、ランダム化比較試験（randomized controlled trial: RCT）や ABAB デザインといった研究デザイン、また統計手法をはじめとする資料の分析方法の発展が、この動向を後押ししてきた。
　では、果たして保育者はそうした「非認知能力」なるものを子どもに"育てられる"のだろうか。この点と関連して広田（2010）は、「教育は思い通りにならなくて当たり前。片想いのようなものです。こちらの意図の通りに他者が学んでくれるとは限らない、ということを理解しておくことが必要です」（p.10）と、皮肉的に表現する。教育においては、原因としての大人による教育的行為と、結果としての子どもの成長・発達の両者を、直接的な因果関係をもとに論じることはできない。広田（2003）は以下のように述べる。

　　教育は、何かを伝えようとする、意図的で組織的ないとなみである。教え方の技術的洗練、教えるべき内容の充実、教える場の改善など、方法や内容での工夫はさまざまにできる。しかし、そのレベルでどんなに工夫をしてみても、どの子供たちにも同じ結果を生むわけではないし、まったく効果があがらない子供や、かえって反発してしまう子供も出てくる。子供は大人が権利を認めようが認めまいが、個々に認識－判断する独立した主体であるから、大人の意図どおりの反応を一律にするわけではない。「教える」という行為と、「学ぶ」という行為の間には、大きな断層があるのだ。（広田, 2003, pp.10-11）

そして、殊に保育はこの不確実性を積極的に引き受けてきた歴史がある。例えば加藤（2007, 2008）は、今日までの保育カリキュラム論の展開を整理し、日本および欧米においては、計画を伴いながらも偶然性やそれに伴う即応性を大切にした保育実践が模索されてきたことを紹介している。その上で加藤（2007, 2008）は、教育主体としての保育者と、活動主体としての子どもとが心地よく響き合いながら展開していく「対話的保育カリキュラム」を提案している。同様に近藤・塩崎（2017）も、確実性を高めるように実践を「マニュアル化」していくことは、保育における、当該保育者と子どもたちとの間でしか展開し得ない代替不可能な行為の連続という側面を見落としてしまうと警鐘を鳴らしている。関連して、国際的に紹介されているイタリアのレッジョ・エミリアの保育理念について、Malaguzzi（1998/2001）は以下のように述べる。

　　私たちが計画やカリキュラムを持っていないのは真実です。しかし、準備もなしの即興でやっているというのは真実ではりません。それができるならうらやましい才能ですがね。偶然に依存しているわけでもありません。なぜなら、まだ知らないというのは、ある程度予測できることを意味していると私たちは確信しているからです。子どもとともにあるということは、三分の一は確実なことであり、三分の二は不確実なことや初めて出会うものであるという状態で働くことであると、私たちは理解しています。三分の一の確かなことがらは、私たちの（子どもに対する）理解を創り出し、さらに理解を深めたいという試みを促します。（Malaguzzi, 1998/2001, p.136）[3]

　石井（2015）が論じるように、子どもたちと大人との相互作用を前提とした教育実践と、教育課程や条件の整備に携わる教育政策とは、それぞれ駆動している論理が異なる。そして、現場の論理に裏打ちされた日々の実践を支えているのは、他でもない、教師や保育者といった専門家である。だからこそ、政策立案者や研究者の側が現場の実践論理を侵食してしまわないようにするためには、日々の実践を支えている保育者が、科学的因果性の枠組みに基づく介入プログラムや、それらを実行しうる第三者によっては代替が困難な、唯一性を有

する専門家であることを論証するための道具立てが必要となる。本書はこれを示唆する、従来の先行研究では十分に光が当てられてこなかった、保育者の有するもう1つの専門性を論じるための、新たな方法論的枠組みを探求するものである。

第2節　保育を支えるのは「できない」ことを知るあなたしかいない
　　　　──本書の目的

　しかし、この探求は容易なことではない。野家（2008）が指摘するように、私たちは人間の現象をめぐって、可能な限り〈原因‐結果〉を確定して思考することに慣れきっている。例えば私たちは、暮らしのなかで直面する何らかの結果は、「初めに行為ありき」で成立すると考えている。この前提を共有しているからこそ、私たちはある行為を始点に、そしてある事象を結果として把握することで、暮らしの流れを区切って議論を展開することができる。例えば、ビルの工事現場において、作業員の手から離れた鋼材が落下してきて通行人の頭にぶつかったとしたら、〈原因‐結果〉の枠組みで加害につながった行為を特定・抽出することで、鋼材を落とした作業員の責任を論じることが可能となる。

　誰かの行為を原因とした上で、結果からその原因を生み出した行為者の是非を論じる形式は、保育者の専門性研究においても基本的な枠組みとして共有されてきた。その前提にあるのが、先に触れた、心理学をその祖とする「問題解決」と称しうるパラダイムである。特に日本の保育者研究は、この「問題解決」のパラダイムを心理学から明示的に輸入し、「子どもの抱えている問題を解決すること（結果）を可能にする特定の援助行為（原因）」を考察することを通して、その行為をなしうる保育者の専門性を論じてきた経過がある。そして、エビデンスに基づく議論や研究を通して開発されてきた専門的な教育・介入プログラムというのは、まさしくこの「特定の援助行為（原因）」の最適化・確実化に他ならない。「うまくいかない／不確実性を伴うなら、精度を上げて、より確実に子どもを教育する道を探せばよい」といった議論の流れから距

離をとり、不確実性を実践の前提として引き受けてきた保育者の専門性を実証的に把握しようとする際、従来の「問題解決」のパラダイムは決定的に相性が悪い。

　以上のことから本書では、現場の実践論理に根ざした保育者の保育方法をめぐる専門性を把握すべく、以下のような道具立てを用意する。まず、現場において保育者が対応を要すると判断する「問題（problem）」を、保育者が即座に対処し解決可能な「揉事（trouble）」と、保育者の手によって直接解決していくことが難しい「課題（issue）」の2つに分類する。「揉事」は、その解決を可能にした援助行為との関係を最短距離で結ぶことができる問題である。これまでの専門性研究は、主として現場で生じる「揉事」を題材として取り上げ、それを解決する保育者の行為を抽出することで、その専門性を論じてきた経過がある。しかし、「課題」の場合はそう単純ではない。「課題」は、保育者による即時的かつ直接的な解決が難しいため、〈原因－結果〉という科学的因果の枠組みを議論にうまく適用できない。後述するように「課題」は、子どもと保育者の織りなす生活のなかで次第に生成され、そして誰もが直接解決できないからこそ、暮らしのなかで次第に解消されていくことが期待される歴史的産物として把握される。特に本書では「課題」の好例として、子ども同士の仲間関係に関する課題を主たる題材として扱う。人にかかわる「専門職」といえば、それはやはり、支援対象である相手が直面している物事に、スムーズに対処できる存在として考えるのが自然であろう。一方、本書が扱うのは、むしろ専門職に「できない」ことがあることの積極的な意義である。本書は、保育者自身の手では直接解決することができない（また保育者たちはそのことをよく理解しているであろう）「課題」の存在に光を当てることで、逆説的に、その専門性のあり様を照射し言語化することを試みる。

　その上で本書は、現場で生じる「課題」に対して保育者がどのようにかかわっているかを検討することを通して、保育者の専門性をとらえるための新たな方法論「生活の共同生成（co-create the life）」を定位することを試みる。本書は、生態学および人間発達の文化－歴史的アプローチによる議論の示唆をもとに、現場で生じる「課題」それ自体が、保育者にとって、何とかして解決すべきものというよりも、むしろ保育を進めていく上である程度必要な、「受容

（acceptance）」し共生していくものと考える立場をとる。何より、保育施設における保育者の基本的な役割と責務は、子どもたちが直面する「揉事」を解決することではない。むしろ保育者が日々の保育のなかで行っているのは、子どもたちと共同生活を送りながら、その生活（life）[4]を充実・進展させていくことを支える「援助（assistance）」である。現場のなかで課題を見出しつつも、それを受容し、ときに援助に活かしながら、子どもたちとともに明日の暮らしを作り出していこうとする構えを、本書は、先行研究が十分に論じてこなかった「実践的知恵」として位置づける。ここでいう「実践的知恵」とは、「技術知」すなわち子どもたちといかに関わりを持つかをめぐる保育者の知識・力量と対比して、子どもたちと織りなす実践が有する不確実性を保ちながら現場にあろうとする構えを意味する概念である。現場の保育者たちにそうした構えがあるからこそ、保育のいとなみとその場は、（多くの場合）子どもたちへの教え込みや訓練のような大人主導の形式に陥ることも、またエビデンスに基づく介入プログラムが過度に侵入してくることもなく、子どもたちとの共同生活としての特質が保障されていると考える。以上の構成概念をもとに、保育者が科学的因果性に基づく教育・介入プログラムや、それを実行しうる第三者に代替されることのない、保育という場とそのいとなみを支える実践的知恵を有した専門家であることを把握するための新たな方法論「生活の共同生成」を定位することが、本書の目的である。

第3節 本書の構成

　以上の目的の達成へ向けて、本書は序章および終章を含めた計7章で構成されている。

　第1章では、保育者の専門性をめぐる研究動向とその問題点を論じる。保育者の専門性をめぐる先行研究においては、その専門性が特に反映されると考えられてきた保育者の「実践知（practical knowledge）」をめぐって、次の2つのアプローチ間で対立が生じてきた。第1に、現場の問題への対応を支える思考様式にこそ保育者の専門性が反映されると考える「認知的アプローチ（cognitive approach）」である。第2に、問題に対応しようとする瞬間の身体的・非言語的な判断にこそ保育者の専門性が顕現すると考える「状況的アプローチ（situated approach）」である。しかし、いずれのアプローチもその前提としてきたのは、保育者の専門性を、現場の「いま、ここ」の状況に応じた問題の発見と解決のいとなみとして把握する、認知心理学由来の「問題解決」の方法論であった。この現状を確認した上で、保育カリキュラム研究などから示唆を得つつ、これまでの専門性研究が、主として現場における問題の解決をめぐる知見の蓄積にとどまってきたという問題点を指摘する。またその過程で本書は、ある程度の教育的なねらいや見通しを背景とした上で、「いま、ここ」の状況・文脈に寄り添いつつも、次に取り組む活動や環境構成を保育者と子どもがともに創り出していくという時間的な流れを「保育的時間」と定義し、保育者の専門性を論じる上で欠くことのできない、保育における生態学的特徴の1つとして析出する。その上で、保育的時間という場の特質を保障している専門性は、Biesta（2013/2021）の分類における「技術知」ではなく「実践的知恵」として位置づけられることを確認し、保育者研究が心理学から輸入してきた「実践知」概念そのものの定義を更新することを試みる。

　第2章では、本書を通して定位される方法論と主要概念を設定する。まず、現場において保育者が対応を要すると判断される「問題」を、保育者が即座に対応することが期待される、ある程度まで原因を特定して解決することが可能な「揉事」と、保育者の手で即時的・直接的に解決していくことが難しい、生活を通して生成され比較的長期にわたって共生していくことが求められる「課題」の2つに分類する。先行研究は主として、「問題解決」の分析枠組みと相性のよい「揉事」の解決方略からその専門性を論じてきた。一方、先行研究は〈原因−結果〉という直線的な因果関係を引くことが難しい「課題」に対する保育者の専門性を論じることが困難であった。以上の点を確認した上で、特に Newman & Holzman（2014/2020）による「道具と結果方法論（tool and result methodology）」と、藤原（2019）の生態学における「分解」概念の再検討をめぐる議論から示唆を得て、現場で生じる種々の課題を受容しながら子どもたちとともに次なる生活を創り出していくことを支えている、保育者の実践的知恵をとらえる方法論「生活の共同生成」が定位される。さらに、方法論「生活の

共同生成」を支える複数の概念が定位される。その上で、当該方法論の妥当性を確認し、そして従来の「問題解決」の方法論を相対化するために検証すべき「3つの問い」が設定される。

　第3章では、1つ目の問い「子どもの『課題』の受容は保育者に何をもたらすのか？」が、「クラス替え」をめぐるフォーカス・グループ・インタビュー（以下、FGI）を通して検討される。幼稚園・認定こども園の計3園において、新年度のクラス編成の素案を決定した保育者を対象に、どのようにその素案を決定していったかを尋ねるFGIから得られた語りを分析する。結論を先取りすると、保育者はクラス替えに際して【子どもの成長と課題を踏まえたクラス編成】を実現できるように、子ども一人ひとりの年度末までの成長と課題を把握した上で、その子どもにとって最も適切な配置になるように新年度のクラスに割り振ろうと考慮していたことが示唆される。保育者にとってクラス替えは、次年度の園生活のなかで子どもがさらに成長していけるように人的環境を整える援助であること、そしてその子どもたちの年度末における「課題」は、クラス替えを通して何らかの解決が目指されるものというよりも、むしろ援助に見通しを与える里程標として保育者に見とられ、活かされていることが論じられる。

　第4章では、2つ目の問い「子どもの『課題』をめぐってなされる営為は『対処』か『援助』か？」が、"ひとりぼっちの子ども"と"親密すぎる二者関係"をめぐる面接調査で得られた語りを通して検討される。主に幼稚園の保育者30名を対象に、実践上において仲間関係の広がりが期待される"ひとりぼっちの子ども"、"親密すぎる二者関係"、およびその両者が登場する架空の事例を提示し、どのように働きかけるかを尋ねる半構造化面接が実施された。結論を先取りすると、保育者は子どもたちの仲間関係をめぐる「課題」について、「対処」すなわち自らの手で直接解決するべく関わりを持とうと考えていたわけではなかった。むしろ、園生活の基本である遊びを育てる「援助」の先で、子どもたちが新しい遊びの楽しさに出会うことで、その「課題」が生活に与える影響の程度が変わっていくことを（例えば、遊びを通して日常的にかかわる相手が広がって、特定の友だちへの依存度合いが自然と減っていくことを）、間接的に期待していたことが論じられる。

第5章では、3つ目の問い「保育者は子どもとともに『生活』する存在か？」が、ある幼稚園の運動会における年長学年の組別対抗リレーで生じた「課題」をめぐる実践の再構成を通して検討される。これを通して相対化するのは、問題を生成する被教育的なアクターとして子どもを、解決する教育的なアクターとして保育者を置く、従来の専門性研究における非対称的な枠組みである。この目的を達成するために第5章では、ある私立幼稚園における年長学年の組別対抗リレーをめぐる15の事例を縦断的に分析する。結論を先取りすると、実践の経過は以下のように整理される。まず、リレーの導入当初、子どもたちはリレーを楽しんでいたものの、徐々に自身の足の遅さにプレッシャーを感じる子どもたちが現れたり、その子どもを責めるクラスメイトが現れたりするなど、学年のなかに「勝利至上主義」とも呼べる価値観が形成されていった。組別対抗リレーの導入を背景として、少しずつ学年内に課題が生成され、生活のある時点で、子どもたちと保育者は課題に「出会ってしまった」のである。そして、その経過を引き受け、保育者と子どもたちが運動会当日まで試行錯誤していく姿が、複数のエピソードをもとに描かれる。保育者が保育実践上の課題について、解消だけでなく、むしろ生成にも一部かかわっていることを扱うのは、読者によっては「専門性」を論じる上で疑問を呈するものかもしれない。しかし、以上の議論を経由することで初めて、保育者は、子どもたちとの予測不可能性を伴う共同生活者の位相に位置する、「生活の共同生成」の枠組みから把握可能な専門性を有する存在として定位される。最終的に、子どもが問題を生み保育者がそれを支援する、そしてそれが難しい者は専門職としての力量が問われるといったような、非対称的な関係性から研究知見を積むこと自体が問い直されることになるだろう。

　終章では、議論の総括とともに、保育者の専門性をとらえる方法論「生活の共同生成」を定位する本書の学術的意義が論じられる。まず、「問題解決」等の科学的因果性を背景とした先行研究の方法論は、保育者の専門性を、保育者でない者でも有しうる技術論の水準まで還元・解体してしまう余地を残してきた点が、章の冒頭において改めて指摘される。この現状に対して本書では、哲学者ハンナ・アーレントの「活動（action）」論を参照し、新たな課題が生成される可能性を伴いながらも、保育者と子どもが課題との出会いと受容を契機に

援助を交編させていくことを通して初めて保育的時間が創り出されていくという保育実践の特質「課題の連鎖性」が析出される。その上で、「課題の連鎖性」を特質とした子どもたちとの共同生活に参与し続ける存在として保育者を定位し、その物語の展開に寄り添う「生活の共同生成」を専門性として措定することで初めて、保育者を第三者に代替されることのない、「唯一性」を有する専門家として把握する回路が拓かれることが論証される[5]。Biesta（2013/2021）は、子どもたちとの実践における不確実性を"弱さ"と表現し、子どもたちの主体性が立ち上がる条件として把握した。しかし、その"弱さ"は子どもたちだけのものではない。不確実性を伴う日々というのは、保育者の主体性をも立ち上げ、そしてその「唯一性」を確かなものにする、"弱くて強い"条件なのである。最後に、当該方法論に基づく新たな調査枠組み「物語的アプローチ（narrative approach）」が提案された上で、今後の課題と展望が論じられる。

注

1 「問題解決」の英訳語は、研究領域こそ違うものの、こうした方法論を用いて人々の営為をとらえることの問題点を指摘している、Lave（2019）の "new problem solving situation"（p.115）の語を参照して当てている。詳細な議論については、本書における以降の議論や、Lave（2019）の第6章を参照されたい。

2 科学的因果性とは、近代科学が作り上げてきた、〈原因−結果〉の因果関係の法則を正確に解明しようとする現象のとらえを意味する語である（野家 , 2008）。科学的因果性をもとに実証的研究を展開するためには、特に〈原因〉と〈結果〉が時間的・空間的に近接している必要があるという「時空的隣接性」と、原因は結果に先行するという「時間的先行性」をその前提として、厳密に保障する必要がある。この科学的因果性は、自然科学の範疇を超えて、私たち人間の社会現象のとらえや、今日における保育をめぐる科学的プログラムの開発、また保育者の専門性をめぐる実証的研究にも浸透してきた経過がある（この点については特に第1章で触れる）。本書は、こうした実証的研究の経過がもたらしてきた、保育者の専門性をめぐるとらえの癖を相対化し、新たなまなざしのあり方を提案するものである。

3 当該箇所の引用に際しては、同一原文に対する大宮（2010）の訳出を掲載している。

4 本研究における「生活（life）」は、主に保育者研究に輸入されてきた心理学的な方法論との対比から用いている。後述するように、保育者の専門性をめぐる先行研究の多くは〈原因−結果〉の枠組みを議論の前提に据えて、両者を最短距離で論じることができるように保育実践を場面・現象毎に区切り、抽出して論じてきた。一方で、本書はそのように最短距離で〈原因−結果〉を切り取ることは、保育実践の生態学的特質を捨象することになるという立場をとる。その上で、子どもの個別具体的な行動・現象の1つひとつを「問題」として切り取って分析対象としてきた心理学の方法論との対比から、本研究では歴史性を伴う、子どもたちと保育者とがつむいでいく活動とその経験の総体という意味合いで「生活（life）」という語を用いている。議論の詳細については、第1章第3節などを参照されたい。

5 本書では「物語（narrative）」という語を、野家（2008）による、科学による人間現象の理解のあり様をめぐる論議から援用している。注2で整理しているように、野家（2008）によれば、これまで科学は〈原因−結果〉の枠組みを用い、人間現象を正確に把握しようとする思考様式「科学的因果性」を立ち上げてきた。しかし、私たちの生活というのは、原因となりうる複数の要素が交錯しており、何らかの結果を引き起こした原因を正確に特定することは、基本的には困難である。それゆえ私たちは、時間的に隔たった複数の出来事を結びつけることを通して、経験を組織化し、そして了解しようとする。野家（2008）はこうした営為を「物語り」と呼んだほか、物語りに基づいてなされる因果関係の理解を、〈原因−結果〉を正確に把握しようとする「科学的因果性」に対して「物語り的因果性」と呼んだ。本書はこうした、野家（2008）による「物語り」概念を援用し、保育者が発揮する専門性を、従来型の〈原因−結果〉の枠組みに基づき1つひとつの営為を切り取って分析する仕方ではなく、園生活における出来事の流れと重ね合わせながら了解する方法論を探求するものである。なお、本書では野家（2008）における「物語り」概念について、基本的には助詞を取り、「物語」という語で統一して用いている。

序章 「できない」からはじめる保育者研究　31

第1章

保育のいとなみを支える
「実践的知恵」の探求へ向けて

問題の所在

第1節　ゆらぎ続けてきた保育者の専門性

1．科学的エビデンスの導入がもたらした専門性のゆらぎ

　今日、保育者の専門性や、保育のいとなみそれ自体の質を問う議論が活気を見せている。その背景にあるのは、「エビデンス（客観的根拠）」に基づく政策づくりや教育改革が進められようとしている動向である。1990年代初頭の「エビデンスに基づく医療（evidence-based medicine）」にはじまり、徐々に教育をはじめとする社会科学分野にも広がりを見せた科学的・実証的な教育方法の重視は（石井, 2015）、保育の世界にも広がりを見せつつある。特に影響力を持ったのは、Heckman（2013）などによる先行投資論の広まりであった。乳幼児期への教育的投資がそれ以降の投資よりも効果的であるというヘックマンらの主張は（Heckman & Masterov, 2004）、OECD（経済協力開発機構）の議論においても取り上げられただけでなく（OECD, 2012）、*Giving kids a fair chance*（Heckman, 2013）の出版により社会的なインパクトをもたらすことになった。ただし、この動向は決して目新しいものではない。岡花（2019）が指摘するように、幼児期早期からの先行投資論は、1960年代における米国のヘッドスタートプログラムなどをはじめとして、長い時間をかけて広がりを見せてきた歴史がある。今日のエビデンス重視の教育動向は、統計的手法の向上も相まって、現代的に再燃したものである。

　教育政策・改革におけるエビデンス重視の動向と関連して、近年注目を集めているのが「保育の質」をめぐる議論である。現在までに第7版まで出版されているOECDの*Starting Strong*を中心に、特に諸外国の動向を受けて、保育の質を実証的にとらえるための議論が展開してきた。その動向のなかで、保育の構造上の質のほか、子ども同士や子どもと保育者との関係等を含めた、保育における相互作用あるいはプロセス（過程）の質などを評価するためのスケールについても開発されてきた。なかには『新・保育環境評価スケール』（Harms et al, 2014/2016, 2017/2018）や『「保育プロセスの質」評価スケール』（Siraj et al., 2015/2016）など、日本語に翻訳・出版されるスケールも現れている。こうした「保育の質」をめぐる論議は、保育者の専門性とその養成へも取り入れられよ

うとしている（例えば、無藤, 2016）。かつて Bernstein（1977/1985）は、保育のことを「見えない教育方法」であると述べたが、この動向は、保育の質を系統的に可視化する必要性と機運が社会のなかで高まりつつあることを示している（秋田, 2016）。

　こうした保育の質や専門性に対する実証的スケールの応用をめぐる動向については、一定の警戒感を持って受け止める必要性が指摘されてきた。例えば岡花（2019）は、いわゆるエビデンスの議論で想定されている保育が、あくまで介入や訓練とみなされていることに警鐘を鳴らしている。単純にエビデンスやスケールを保育に落とし込むことは、それに当てはまる保育者の行為が過剰に評価され、保育者の自律性や専門性が損なわれることにつながる可能性がある。また、古賀（2019）も、状況依存的かつ一回性の高い保育者の専門性について論じた上で、それを評価スケールに落とし込むことは、反対に専門性を見えにくくさせてしまう危険性を指摘している。関連して石井（2015）は、特に学校教育の文脈において、エビデンスに基づく教育や、それと関連した目標達成の手続き（PDCA サイクル）に教師の仕事が矮小化されることが、目標達成の自己目的化を招き、教育実践の形式化・空洞化をもたらすことを危惧している。

　そして以上のような、いわゆる実証性を重視する科学的なまなざしと、保育現場における実践論理との対立関係というのは、エビデンス等の議論が活発に論じられるよりも前から顕在化してきたものである。例えば、実証的知見として把握される心理学研究の成果の、保育現場への適用をめぐる問題を的確に論じているのが、浜谷（2013）である。浜谷（2013）は、発達障害をめぐる保育の巡回相談を例としながら、心理学にかかわる専門的な知見や技法が安易に現場に導入されることの問題点を、以下のように指摘している。

　　心理学専門的な知見や技法を保育実践に導入することの弊害が指摘されている。保育現場の表面的なニーズに応えて、専門的な知見を注入することは、ときには、豊かで多面的な実践を単純化したスキルに貧困化し、実践が「心理療法化」・「訓練化」してしまう。（発達）心理学による、子どものみたて（アセスメント）は、保育者が対象児を子ども集団から排除することや、狭い適応主義の枠内で保育することに免罪符を与えかねない。子ども

理解という保育者にとって中核的な専門性を、専門職に外注し、それを分業化することは、長期的には、保育実践が貧困化し、保育者の熟達化が阻害され、保育者集団の同僚性の破壊を招くなどの危惧がある。(浜谷, 2013, p.484)

　保育の質をめぐるスケールや介入プログラムが、特段の注意を払われずに現場に浸透してしまうことは、以上の浜谷 (2013) が論じるように、保育者の中核的な専門性を外注することそのものである。この議論と関連して川田 (2015) は、心理学的な測定やプログラムに見られる、客観性へ過度に傾斜した診断的・手段的・危機管理的な「心理学的子ども理解」が、現場を不自由にすると指摘する。その上で、保育者が1人の人間として、仲間と協同して作り上げていく、揺れのある「実践的子ども理解」の重要性を論じている。
　保育実践に携わる保育者の自律性と主体性について熟慮すればするほど、保育者の専門性というのは、効果測定をめぐる実証的研究や、政治・経済にかかわるステークホルダーの声に基づいて定義するのでは不十分である。保育者の専門性は、目の前の子どもとの関わりや日々の保育を通して形成・発揮される要素を多分に含んでいる。本書は、保育現場の実践論理に基づきながら、保育者の専門性を実証的に把握していくための新たなまなざし（方法論）を、これまでの先行研究の動向を批判的に整理した上で、複数の実証的研究を通して立ち上げ直すことを試みるものである。

2. ガイドラインの改訂がもたらした専門性のゆらぎ

　上記のようなエビデンスに基づく議論が活性化するよりも前に、日本における保育実践を大きく変えた転機の1つとして広く認識されているのが、平成元 (1989) 年における『幼稚園教育要領』（以下、『要領』）の改訂である[1]。『要領』は 1956 年に出版され、1964 年に改訂が行われた。その当時の『要領』は、小学校教育との一貫性を図ることが企図された「健康・社会・自然・言語・音楽リズム・絵画製作」の6領域編成であった。ただし、結果として学校の教科目のような領域毎に分断されたカリキュラム編成に偏る傾向が見られたことから、1989 年改訂（以下、89 年改訂）においては領域が5つに分類されたほか、位置

づけの刷新が行われた。保育の内容としての領域は「健康・人間関係・環境・言葉・表現」となったほか、それぞれの領域は子どもの生活の種々の側面であって、分断して考えるべきものではなく、「生活」や「遊び」を通して総合的に取り扱われるものとして強調された。髙田（2017）は、89年改訂の特徴を以下のように整理している。

① 幼稚園教育は「環境を通しておこなうものであること」を明示した。
② 幼児の主体的な活動としての遊びを通した総合的な指導、一人ひとりの発達の特性に応じた指導によって、幼児期にふさわしい生活を大切にすることが重視された。
③ 一人ひとりの子どもの発達をとらえる窓口として5領域（健康、人間関係、環境、言葉、表現）を編成した。
④ 領域に示された「ねらい」は、幼稚園生活の全体を通して総合的に達成されるように期待される心情、意欲、態度などをまとめたものであり、そのために幼児が身につけていくことが望まれるのが「内容」であることを明確化した。

(髙田 , 2017, p.334)

　保育は乳幼児期の子どもの特性を踏まえ、環境を通して行うものであることを基本とすることから、保育者には子どもに対する指導として、環境構成を担うことが期待されるようになった。浜口（2014）によれば、環境構成という子どもへの間接的な関わりを保育方法の基礎に据える改訂は、89年改訂以前の直接的な指導を前提とした『要領』と比べて保育者の役割を曖昧にするものであり、保育者の指導性をめぐって現場に混乱を生じさせたという。その影響と混乱により、1998年の改訂では『要領』上で「教師の役割」が詳述されるに至った。浜口（2014）は、以上のような改訂や、環境構成を通して保育者が専門性を発揮するという考え方は、平成期の「子ども中心主義」と呼べるものであると同時に、今日まで新しい実践様式や価値観の再構築をもたらしてきたと指摘している。
　そして、新しい実践様式や価値観の再構築を生んだ『要領』の89年改訂

は、保育者一人ひとりの専門性が保育のあり方に結びつくという考え方をもたらした。上田（2001）によれば、89年改訂以前は、科学的な発達理論と、それに基づく保育内容の洗練された系列化による、集団に対する保育が重視されていたという。一方で、89年改訂以降は、一人ひとりの子どもを受け止めて、その子の心の動きや欲求に関心を持ち、そこから保育を構成したり、省察を通して保育を振り返ったりすることの重要性が注目されるに至ったのだという。この動向と関連して、子どもの内面の理解から保育を立ち上げることの重要性を長年にわたって提起してきた1人が、心理学者の津守真であった。津守（1999）は、目視可能な行動の連続のみから子どもの発達をとらえることは、科学的な発達心理学の作り出した「架空の課題」であると痛烈に批判する。その上で津守（1999）は、発達を「生きた感動をもった体験の世界のできごとである」（p.11）と論じ、子どもの心情理解に基づいて保育を進めることを保育者の専門性として把握する、理論的な回路を拓いたのであった。こうした動向も相まって、保育者の専門性をめぐる関心は、徐々に、保育者による子ども理解と具体的な子どもたちとの関わりを支える専門的な"何か"の探求へと向けられていった。

第2節　保育のいとなみを支える専門家とは何者か？
──実践知研究におけるアプローチの対立

1．専門家とは現場の問題を解決できる思考を有する者である
──認知的アプローチ

　では、今日までの間、保育者は実証的研究を通して、いかなる専門性を有する存在として把握されてきたのだろうか。まず、『要領』の89年改訂と関連して、日本の保育者の専門性に対する注目の高まりを受けた後、最初に体系的な知見をまとめたのが高濱（2001）であった。この高濱（2001）の研究知見を整理する前に、その方法論の背景にある、職業人の専門性をめぐる2つの研究動向とのつながりを確認する。

第1に、人間の生涯発達に対する関心の高まりである。20世紀中頃から、社会構造の変化を受けて、人々の生活様式の変化や平均寿命の伸びが進んでいった。そうした動向のなかで、ユネスコの成人教育促進国際委員会が1965年に「生涯教育」を提唱したほか、日本でも1981年に中央教育審議会が「生涯教育について」の答申を行うなど、学校教育以降における人々の学びに関心が寄せられるようになっていった。特に、人々の生涯を通した発達に対する理論枠組みを築いたのが、Goulet & Baltes（1970）による生涯発達心理学（life-span developmental psychology）の考え方であり、その一環として学校教育以降における職業人の成長についても、大切な研究課題として注目されるようになっていった。

　以上の動向と関連して、第2に、初期における保育者の専門性研究がモデルとして導入した、エキスパート（専門家）の知識に関する認知心理学的なアプローチ（調査枠組み）の普及である。この研究群は、「実践知（practical knowledge）」という概念をめぐる研究の充実へと結実してきた（今日の保育者研究上における「実践知」概念の出自については後述する）。なお、「実践知」の定義については、各研究によって多少のばらつきがある。楠見（2012）によれば、実践知とは、熟達者が有する、実践における課題解決を円滑にする知性を指す概念であり、学業を通して得ていく「学校知」や、言語的に教えられたり書物から得たりする知識である「形式知」との対比で用いられる概念である。また、保育者について検討した砂上他（2012, 2015）は、実践知を、問題解決のために用いられる専門的職業における実践者独自の知識や思考様式、また方略と定義している。本研究では以上のような議論を総括し、この時点では「実践知」を広義に、現場で生じる問題と関わりを持つ際に役立てられる実践者の思考様式・方略と定義しておく。関連して、保育者研究における「問題解決（problem solving）」とは文字通り、保育者を、現場で生じる問題を解決するいとなみをなしていく存在としてとらえてきた方法論と定義する。

　教育において、職業人の実践知や専門性にかかわる実証的研究が日本ではじめに導入されたのは、特に学校の教師研究であった。例えば秋田・佐藤・岩川（1991）は、熟練教師と初任教師に対して、経験約15年の女性教師の授業映像を視聴してもらいながら、思ったことを何でも発話してもらった上で、その内

容の特徴等を分析している。結果、熟練教師と初任教師の両者は共通して映像内における教師の発話に注目していたものの、その思考には以下の4点の違いがあることが示唆された。①熟練教師は授業の状況に敏感であり、より多くの授業の手がかりを見つけることができる。②熟練教師は事実や印象のみで考えているわけではなく、多くの推論を行っている。③熟練教師による推論の内容は、学習者の教材理解と、次の対応や授業全体の展開の予測からなっている。④熟練教師は、他の生徒、また授業状況とのつながりを考慮に入れながら、学習者の発言や教授行為を評価している。以上の結果を受けて秋田他（1991）は、熟練教師は生徒との相互作用を通してより多くの手がかりを見つけ、学習の流れを考慮しながら、その場の状況に対応しつつ授業を進めていると指摘している。

　こうした専門性研究の動向を保育へ積極的に取り入れていったのが、日本における保育者の熟達化研究の道を拓いた高濱（2001）であった。高濱（2001）は、保育者の成長プロセスを明らかにするにあたって、保育を、問題解決のプロセスとしてとらえることを選択した。高濱（2001）は以下のように述べる。

　　本研究では、保育を問題解決プロセスととらえようと思う。このようなアプローチをする利点を、まず先に述べておきたい。
　　保育における幼児の問題は、自明のものではない。仲間の幼児との関係や、保育者との関係、あるいは幼稚園や保育所という場との関係で、おそらく初めて浮き彫りにされるものだろう。（中略）そこには家庭とは異なる幼稚園の場の特徴、母親とは異なる保育者独特の認識のしかたがあり、それらによって問題が特定化されるのではないだろうか。
　　ここでいう"問題"とは、臨床的治療を必要とするような幼児やそのような幼児のとる不適応行動など（problem）をさすのではなく、幼児が活動のなかで直面する困難や仲間関係のトラブルなど、保育者の援助が必要とされるさまざまな事態（issue）をさしている。（高濱, 2001, p.9）

　ただし、保育者の援助を要する事態というのは、臨床的な治療を要するものや各種トラブルといったネガティブなものばかりとは限らない。例えば、子ど

もたちが展開する遊びや活動をさらに充実させ、それをよりおもしろいものへと発展させていく場面もまた、保育者にとっては専門性を伴う援助を要する場面であり、「問題」に含まれると考えてよいだろう。また、「問題」は何も大人だけが感じ取るものとも限らない。保育者だけでなく子どもたちもまた、保育者が特段注意を払うほどではない些細なことも含めて、また楽しいことから悲しい・悔しいことなども含めて、様々な「問題」に出会い、それに立ち向かいながら日々の園生活を送っていることだろう。こうした点を踏まえて本書では以下、高濱（2001）をもとにしつつ、保育における「問題（problem）」を広義に、ポジティブなものからネガティブなものまで含めて、保育者や子どもが対応を要すると把握する保育実践上の出来事と定義する。

　以上のような、保育を問題解決のプロセスとしてとらえる視点は、保育者が何を・どのように問題としてとらえ、そして対処しているかを明らかにすることを可能とする。この視点を導入した高濱（2001）は、保育者の熟達化プロセスの検討を進めている。その一例として高濱（2001）は、初心者（若手）・中堅・経験者（ベテラン）にタイプの異なる3つの子どもの事例を提示する面接調査を行い、回答を比較することで、保育者の熟達化について検討している。結果、子どもに対する指導にかかわる知識は初心者より中堅者・経験者で多いことや、初心者と経験者の違いは子どもをとらえる文脈とそのとらえ方に示されること、経験者は指導の難しい子どもに対して多くの推論をし、その状態を具体的かつ詳細な文脈情報を使ってとらえていることなどが示唆された。以上の結果から高濱（2001）は、保育者は熟達化するにつれて、豊富かつ構造化された知識を有するようになるほか、問題解決の際には文脈依存的な手がかりやコツを使った予測がなされるようになっていくと指摘している。

　この高濱（2001）に触発される形で、今日まで保育者の「実践知」をとらえる後続研究が次々に生み出されていった。その動向は大きく2つに整理される。順を追って確認する。

　第1に、保育者が有する独特かつ専門的な思考様式を解明する方向性である。この研究群は「実践知」という概念を明示的に使用していないものもあるが、その意味するところは先述した「実践知」概念と結びつく、現場のなかで対応が迫られる問題に対する保育者の思考様式を扱ったものが多数を占め

る。それらの研究は、特に子ども同士のいざこざ等、保育者が対応を要すると多くの現場関係者が把握可能な場面を抽出し、その場面に対する働きかけをめぐる語りから、保育者の思考様式を可視化することを試みてきた。例えば上田（2013）は保育者に対して、子ども同士のいざこざに対する自分自身の援助行為について映像を用いて省察してもらい、その語りを Valsiner（2007/2013）による価値観と日常行為との結びつきをとらえる理論枠組み「発生の三層モデル（Three Layers Model of Genesis）」を用いて検討している。結果、熟達保育者は子ども同士のいざこざに対して多様な関わりができると同時に、その関わりの選択幅には、自身の価値観を背景とした限界もあることが示唆されている。また、そうした価値観と関連して、保育者が特定の状況を問題として読み取る際の思考について検討しているのが、畠山（2018）である。畠山（2018）は自由遊び場面における担任保育者 3 名の子どもへの働きかけを撮影し、その映像を視聴しながら事後的に振り返ってもらうことで、保育者は Schön（1983/2007）のいう「フレーム」と呼ばれる、現実のなかに問題を設定するための思考の枠組みを有している可能性を示唆している。

　さらに、こうした場面毎における思考のあり様を 1 つひとつ整理するだけでなく、より体系的な保育者の認知モデルを描き出そうとする研究も行われてきた。特にその動向と関連深いのが、「子ども理解」に関する研究群である[2]。例えば上村（2016）は、保育者による「子ども理解」の特徴を取り上げた先行研究を整理し、その視点を類型化することで、子ども理解は「子どもを理解する上で必要な要素（知識・力量・意識）」「表面的理解」「内面的理解」「感情を伴う理解」「多面的理解」「継続的理解」が相互に連関しつつ生じている可能性を指摘している。そして、こうした研究動向に対して、保育者の子ども理解の思考様式を体系的に可視化しようと試みたのが上山・杉村（2019）であった。上山・杉村（2019）は保育者 33 名を対象に、2 つの架空の事例を呈示し、保育者の子ども理解をめぐる思考様式を可視化することを試みている。結果、保育者の子ども理解は、主観的なとらえに基づく【子ども情報の吟味】を軸に、その子どもの姿を【年齢に応じた発達段階】と比較・照合することで、相対的視点を踏まえたより適切な理解につなげていくこと、また子どもに応じて経験してほしい【園生活を通じた成長期待】を意識することで、今後の子どもとの関わ

りを支える子ども理解が方向づけられていることが示唆されている。さらに近年では、保育者の思考様式としての実践知を、論文内で可視化・理解しようとするだけでなく、保育者同士での共有を可能にする手法の開発も試みられてきた（例えば、野澤他, 2018）。

第2に、上記の方向性と関連して、そうした保育者の実践知に多様性を生む要因の検討である。例えば砂上他（2009）は、園の保育形態やカリキュラムに注目している。保育は学校における授業とは異なり、複数の保育者が連携しながら実践を進めることから、その保育者たちを取り巻く環境が実践知に多様性を生んでいることは十分に考えられる。この点を踏まえて、「片付け場面」に関する映像をもとにしたビジュアル・エスノグラフィーにより3園の保育者の語りを比較することで、保育者の有する実践知が、各園の保育形態やカリキュラムと関連していることを示唆している。また、砂上他（2012）は、戸外と室内において現れる実践知の違いを、同様に「片付け場面」を題材としたビジュアル・エスノグラフィーにより検討している。さらに砂上他（2015）は、同様の手法により、4歳児クラスの時期の異なる映像（6月と10月）を用いることで、保育者が用いている実践知は保育の時期に応じて異なっていることを示唆している。以上のような、保育現場で生じる特定の問題状況を題材として、その状況への対応をめぐる語り等から保育者の専門的な思考様式を明らかにしようとする調査枠組みを、本書では保育者の専門性をめぐる「認知的アプローチ（cognitive approach）」と呼ぶ。

2. 専門家とは状況や文脈に合わせて援助を生み出せる者である ——状況的アプローチ

こうした専門性研究の動向については、近年、保育をめぐる状況固有性や身体性の観点から批判がなされてきた。その代表が、古賀（2019, 2021）である。古賀による批判は、大きく2つに分かれる。

第1に、保育実践における場面の分割に関する問題である。先に触れた認知的アプローチによる知見の整理でも確認されるように、先行研究の多くは、保育者が働きかけを試みるであろう（また実際に試みた）場面を保育実践の流れから抽出し、そこで行われた行為に関する保育者の実践知を明らかにしようとし

てきた。しかし、実際のところ保育者は現場のなかで、抽出された一場面の背後にある、たくさんの情報を頼りに保育をしているはずである（例えば、保育者は子ども同士のいざこざに介入する際に、他の子どもの様子や、その瞬間における保育の進行を同時に考慮しているはずである）。古賀（2019）はこの点を批判し、研究者側がはじめから議論の範囲を限定せずに、保育者の専門性を扱うためのアプローチを模索している。

　第2に、言語の公共性・抽象性と、保育者の行為の状況固有性・身体性との乖離に関する問題である。先行研究の多くは、保育のなかで比較的よく生じる特定の問題状況を抽出し、保育者に当時行われた援助の意図・意味を省察し言葉にしてもらい、その言葉から思考様式を再構成することを通して、普段は自覚化・言語化されにくい保育者の専門性を可視化することを試みてきた。その専門的な思考様式が、保育者の「実践知」として把握されてきたのである。しかし、そうしたアプローチは、そもそも実践知を扱いうることにならないのではないかと、古賀（2019）は以下のように批判する。

　　実践知は個別具体的状況のなかで、瞬時の行為に生かされるはずである。この一般性を持つ実践知は、ある個人が実践する際に、個別の文脈下においてミクロな条件がさまざまにつきまとうだろう。個別の子どもの条件、活動の種類、物の種類、場所、時間、体調、生育歴、はたまた保育観など、多様な条件によって変幻するのが実践である。では、この一般性を持つ実践知とは、そのままでは実践に生かされない知ではないのか。それは果たして実践知なのかという問いが立てられるのではないだろうか。（古賀, 2019, p.16）

　また、関連して古賀（2021）は、「暗黙的で個人的で文脈依存的である実践知を研究上の概念として扱うことは、研究が言語という公共性の強いものによって成り立つ限り、論理的矛盾を避けられない」（p.141）と指摘する。そして、実践知の一部を言語的に抽出し概念化・形式知化して示すというのならば、「実践知という**概念**はもはや研究上不要である」（p.142）という、徹底した態度を見せている[3]。

こうして古賀（2019）は、「実践知」概念を意図的に用いないことを選択する。その上で、一回性や状況固有性の高い保育の現場において、保育者がいかにして、それぞれの瞬間で子どもたちや実践の状況を汲みとり、そして援助行為を生み出しているかに注目することで、身体的・状況的な専門性を明らかにするアプローチを立ち上げている。一般化可能な思考様式として保育者の実践知を描写し専門性を詳らかにしようとする認知的アプローチに対して、以上のような、保育実践の特質としての状況固有性や身体性に丁寧に注目して専門性のとらえに見直しを迫る枠組みおよび研究動向を、本書では保育者の専門性研究における「状況的アプローチ（situated approach）」と呼ぶ。

　たしかに古賀（2019）が指摘するように、保育実践は「個別の子どもの条件、活動の種類、物の種類、場所、時間、体調、生育歴、はたまた保育観など、多様な条件によって変幻する」（p.16）ものであり、だからこそ一般性を追求した実践知は、それ自体、直接的には現場の実践に活かされないかもしれない。しかし、対象の揺れに見る保育実践の状況固有性を、専門性研究において採用すべきアプローチの代表的特徴として据えることは、同時に、研究知見を脱文脈化し、日本の保育に携わる者以外の第三者へ共有することを困難にしてしまう。この問題点を的確に指摘したのが、浜口（2014）であった。

　浜口（2014）によれば、『要領』の89年改訂は、倉橋惣三の保育思想による影響が大きかったといわれるという。この動向を受けて進められてきた日本の保育研究の多くは、特色として、①実践と研究の乖離への警戒と自戒、②実践研究においてアカデミズムの常識を超えた言語表現を企図する挑戦性、③身体感覚による問題察知と「教育」しようとする大人への飽くなき（自己）省察性を有している。しかし、これらの特色は日本の保育をめぐる議論の内容を、その現場の周辺でしか理解されない独特のジャーゴン（例えば、「さながら」や「思い」といった日本の保育現場のなかでのみ用いられ、そして理解されうる和製表現）へと過度に依存させ、外部の実践との関係性や距離感、また自分たちの実践を支えている諸条件や特質を客観的に問い直すことを困難にさせてしまう[4]。そうした困難を抱えたなかで、例えば保幼小連携のあり方を検討したり、国外の保育理論を導入したりしても、それは「木に竹を接ぐ」ことになりかねない。だからこそ浜口（2014）は、自国の保育（学）の脱文脈化を図り、保育といういとなみ

を客観的に理解していくためにも、保育実践の状況性・文脈性に埋没して保育者の専門性を論じることは危険であると警鐘を鳴らしたのである。この問題点の指摘に対して、現場の状況固有性や保育者の身体感覚に根ざすことで専門性に迫る重要性を訴えた古賀（2019, 2021）は、明確に回答していない。

　では、ある程度まで脱文脈化された知見を産出してきた、認知的アプローチによる実践知研究の方法論が今後も妥当かといえば、必ずしもそうとはいえない。それは、本章の冒頭で触れたような、今日の保育実践をめぐるエビデンスの動向に対して、批判的な視座を持つことが困難だからである。認知的アプローチそれ自体は、保育のいかなる場面に対する行為を保育者の専門性の代表としてとらえるかについて限定可能な、保育の場に対する価値的な枠組みを内在的に有していない。ゆえに、研究の題材として扱われる保育者の行為が、保育現場にとっては内在的でない「非認知能力」等の能力育成をめぐる近年のエビデンス・ベースの動向に則ったものであったとしても、保育者の専門性を反映した（と想定しうる）実践知研究として産出可能である。認知的アプローチをそのまま用い続けることでは、保育者の専門性を、「非認知能力」等の議論から理論的・価値的に距離を置くことは難しい。

　ゆえに、保育者の専門性をめぐる議論を、「非認知能力」やそれと関連したエビデンスの言説から距離を置きながら発展させていくためには、保育者の専門性をとらえるための、新たなアプローチを導出していく必要がある。そこでとるべき選択は、古賀（2019, 2021）が批判するような、"保育の個別具体的な状況・文脈・一回性に根ざしているか否か"といった視点からなる対立の顕在化にはない。むしろ、この対立を乗り越えるために必要なのが、保育者の専門性を把握する際に暗黙裡に用いられてきた「認知的アプローチ」と「状況的アプローチ」の両者に通底しているメタ理論に対する批判である。本書は以降において、保育者研究や教師研究で注目されてきた「実践知」概念の背後にある、心理学をその出自とする、職業人の専門性をとらえるための方法論「問題解決」の問題点を浮き彫りにする。

第3節　保育者とは問題を解決する人か？
──アプローチ間の対立を超えるために

1. 専門性の探求を支えてきた「実践知」概念の出自

　保育者研究に応用されてきた「実践知」概念の出自とその研究動向を丁寧に整理しているのが、楠見（2012）である。そこで、この項では主として楠見（2012）による研究動向の整理に依拠しながら、「実践知」概念が想定している専門家像を確認する。

　実践知という概念は、もともと、心理学における知能研究のなかで派生的に登場したものである。楠見（2012）によれば、人間の知能（intelligence）については、伝統的に以下の3つの定義があるという。

　　第一に、知能は、広い意味では環境への適応能力として定義されている。
　　これは、環境の変化や新たな事態に適応する能力である。環境適応能力と
　　しての知能は、人だけでなく、動物にも適用できる定義であり、生き残る
　　ために必須の能力である。例えば、新しい仕事や課題、テスト場面などへ
　　の対処能力としてとらえられる。
　　第二に、適応能力をもう少し精密化して、学習能力としてとらえる定義が
　　ある。これはさまざまな情報の処理を自動化し、正確に、速く遂行する能
　　力であり、熟達化にもかかわる。情報処理の効率的なやり方を学習する能
　　力には、適切な方略は何かを判断・選択して実行するという、認知活動を
　　モニターしコントロールするメタ認知能力やスキル・知識の獲得が加わる。
　　第三は、知能の狭義の定義であり、知能を抽象的思考能力（数、語の流暢
　　さ、空間、言語、記憶、推理）としてとらえるものである。知能はここにおい
　　て知能検査で測られる能力としてとらえる操作的定義と結びつく。（楠見，
　　2012, p.6）

　特に第三の定義と関連して、旧来の知能検査により測られる知能は、学業成績をとらえる検査として開発されてきたこともあり、学校以外の業績について

の予測力が低いという課題があった。この動向に対して、知能をより広くとらえる必要性が指摘されてきた。その代表的な論者の1人が、知能心理学者のハワード・ガードナーである。Gardner（1999/2001）は、人間には8つの知能（言語的知能、論理－数学的知能、対人的知能、個人内知能、音楽的知能、空間的知能、身体－運動的知能、博物的知能）があると考えた。こうした知能観の拡張は、パイロットやデザイナー、建築家といった様々な職種の専門家を理解することに貢献していった。以上のような知能観の拡張をもたらしたGardner（1999/2001）は、知能を、情報を処理する生物心理学的な潜在能力であって、ある文化で価値のある問題を解決したり成果を創造したりするような、文化的場面で活性化されうるものととらえていた。

　知能観の拡張と関連して、実践知を理論枠組みに取り込んだ最初期の人物として知られているのが、知能心理学者のロバート・スタンバーグである。Sternberg（1985）は、人間の知能は「構成成分下位理論」「経験下位理論」「文脈下位理論」からなるとする、知能の鼎立理論（triarchic theory of intelligence）を提唱した。その上でSternberg（1985）は、「文脈下位理論」の下位項目の1つとして、経験を通して培っていく、実生活における仕事での成功にかかわる暗黙裡の知能である「実践的知能（practical intelligence）」を置いている。

　以上のような、学校教育に適応的な知能観を超えようとする心理学の挑戦は、多様な職業における専門家の熟達化をとらえる道を拓いてきた。特に実践知は、その動向を支えた主要概念である。私たち人間は、形式知を学ぶ学校から離れ、各種職業の業務のなかで生じる問題解決に活用されていく、実践知を獲得していく存在として把握される。そして、その獲得過程に、学校外における専門家としての熟達化を見るアプローチが、保育および学校教育における実践知研究にも逆輸入され、浸透するなかで、保育者の専門性をめぐる実証的研究もまた活性化してきたのである。

2. 問題への対応ありきで人々の営為をとらえる「問題解決」思考の不自然さ

　学校教師の実践知研究における嚆矢の1つとして先ほど紹介した秋田他（1991）は、Scribner（1986）やSchön（1983/2007, 1987/2017）をその議論の枠組みとして援用している。その上で、学校の「授業」を、職業人として獲得した知

識を用いて取り組まれる問題解決の場面として位置づけることで、教師の熟達
化を検討したものである。秋田他（1991）は、専門家としての思考と、教師に
とっての授業との関係を、以下のように説明している。

　職業的知識は、知識獲得の方法、知識の性質、知識使用の点で、学校教育
　で用いる知識とは、異なることが、指摘されている。Schön（1983, 1987）
　や Scribner（1986）は、こうした知識とその知識を用いた思考を実践的知
　識、実践的問題解決と呼ぶ。実際に職業についている人の観察や面接か
　ら、実践的思考の特徴として、問題自体が所与ではなく、問題の適切な定
　式化が解決を促進すること、アルゴリズムに従った論理的解決よりも、状
　況にあわせて同じ種類の課題でもいろいろな形で柔軟に解決できること、
　行為してから考える（reflection – after – action）のではなく、行為しながら
　考えること（reflection – in – action）、頭の中の知識や技能のみではなく、解
　決過程で用いる道具や相互作用する人も、解決にとって構成的、機能的役
　割を果たすよう問題解決システムに組み入れられていることを挙げる。
　（中略）
　教師にとって、授業とは生徒達との教材を介した相互作用を通して時々
　刻々と変化する問題状況である。教師は、状況に即応しつつ、よりよい教
　授を達成していかねばならない。よりよい教授という目標自体が教師の
　学習観や授業観、さらには社会文化的な価値観に規定され、多様でありう
　る。授業とは、複雑、力動的、個別独自的、価値の葛藤という性格を持つ
　実践である（Lampert, 1985; Yinger, 1986）。

（秋田他 , 1991, pp.88-89　下線引用者）

　秋田他（1991）は教師にとっての授業を、個別具体的な葛藤・対応・解決を
経るなかでよりよい教授を達成することが目指される、1つの問題状況として
とらえた。その上で、授業における問題解決にかかわる思考のあり方を、若手
教師と熟練教師との間で比較をすることを通して、教師の熟達化を論じたので
あった。近年における教師の専門性研究では、そうした授業における対応の即
興性に注目する方向へと、議論を展開しているものもある（例えば、村井, 2022）。

第1章　保育のいとなみを支える「実践的知恵」の探求へ向けて　　49

以上の動向と関連して、保育者の専門性研究において、保育を問題解決の
プロセスとしてとらえた体系的研究が、先に紹介した高濱（2001）に他ならな
い。前節で確認した通り、高濱（2001）はその著書の理論的枠組みを説明する
冒頭で、自身の立場を「本研究では、保育を問題解決プロセスととらえようと
思う」（p.9）と表明した。高濱（2001）は、それ以前から保育を問題解決のいと
なみとしてとらえてきた先行研究を紹介しながら（例えば、梶田・石田，1988; 杉
村・桐山，1991）、保育を、問題の定式化からはじまる、一連の問題解決を押し
進めていくプロセスとして把握する必要性を強調した。その上で、保育者が経
験年数を増し熟達化するにつれて、どのような事柄を問題として認識するか、
またその解決を支える知識構造などを経験年数に応じて比較することで、保育
者の成長をモデル化したのであった。

　こうした「問題解決」を保育者の実践論理としてとらえる実践知研究が、
今日まで継続してきたことは、各研究における明示的な記述から伺える。例
えば、保育者の実践知を可視化・共有化する方法としての「パターン・ラン
ゲージ」を検討している野澤他（2018）は、従来の先行研究が実践知を「理解
する」ことに重きを置いてきたと指摘した上で、保育者の成長に関する認識を
も含めて、以下のように述べる。

　　一方で、実践知を精緻に「理解する」こととは別のアプローチとして、<u>保
　育者が、他の保育者とも共同しながら、実践での課題・問題に気づき、そ
　れを乗り越え、創造性を獲得していくための知を生成する</u>という方向性も
　ありうるのではないだろうか。
　（中略）
　パターン・ランゲージを構成する個々のパターンでは、経験則をある決
　まった形式でまとめる。「状況」（context）・「問題」（problem）・「解決」
　（solution）・「結果」（consequence）という形式である。どのような「状況」
　で、どのような「問題」が生じやすく、それはどのように「解決」すれば
　よいのか、そして、そうするとどのような「結果」になるのか、という形
　式で経験則が記述される。パターン・ランゲージでは、その１つひとつの
　パターンに「名前」（name）がつけられる。つまり、経験則を指し示すた

めの新しい言葉がつけられる。これによって、私たちはその経験則について考えやすくなったり、他の人に語りやすくなったりする。これまで個人のなかで暗黙的な存在であった経験則というものを、明示的に扱うことができるようになるのである。

実践の領域において、よくない状況、すなわち「問題」が生じてしまうことがあるが、それを避けたり「解決」したりするために、何らかの「行為」が必要となる。行為のなかには適切に対応できるものもあれば、そうでないものもある。そこで、実践者はよい結果を生む（うまくいく）行為をしようと考える。こうして、実践者は経験を積むなかで、どういう状況のときには、どうするとよいのか、ということを学んでいく。（野澤他, 2018, p.429　下線引用者）

さらに、「状況的アプローチ」に位置づく古賀（2019）の議論もまた、この「問題解決」のまなざしからの影響を受けているものと考えられる。そのことを示唆する、古賀（2019）の中核的な分析概念が、「保育不全感」と「教育的瞬間」である。「保育不全感」とは、保育者が「一人ひとりの子どもの育ちへの願いや保育のねらいという目標に対して、実践がうまくいっていないと感じること、または、複数の子どもに対する二人称的かかわりが求められる状況において、その不可能性を感じることで感知される」（古賀, 2019, p.72）ものである。また、「教育的瞬間」とは、van Manen（1991a）により定義された概念であり、「子どもに対する何らかの教育的な働きかけが大人に期待される状況に対して、能動的に出会うこと」（古賀, 2019, p.56）である。古賀（2019）は、特に対応が難しいと考えられる子どもや場面（例えば1歳児の保育）を題材としながら、その子どもや保育実践に対する願いなどが「保育不全感」の背景にあること、そしてそれらが保育者による現象理解のリソースとなって、日常における「教育的瞬間」を感知するための構えが形成されることを論じた。たしかに保育者の専門性の一端は、「教育的瞬間」の感知という形で顕現しているかもしれない。しかし、保育者による日々の専門的ないとなみは、また保育そのものは、様々な場面における「教育的瞬間」の感知と対応の繰り返しによって展開しているわけではないだろう[5]。

こうした「問題解決」のパラダイムの問題点を鋭く指摘しているのが、人類学者ジーン・レイヴである。Lave（2019）は、「知識」とその「学習」をめぐる伝統的な理論の問題点について触れるなかで、人々の「知識」が問題解決のために用いられていると考えられてきたこと、そしてそうしたまなざしを現象のとらえに適用することは、人々の日常生活を、解決すべき問題に対する終わりのない対応へと矮小化してしまう、極めて不自然な思考様式であると指摘している（特にpp.115-117の議論を参照）。この不自然さは、今日に至るまでの私たちの日々が、終わりのない問題解決の繰り返しによるものではなかったことを想像すれば、容易に腑に落ちることだろう。

　以上のようなLave（2019）の指摘を前にすれば、保育のいとなみを支える保育者の専門性を、今後も「問題解決」という従来の方法論を用いて十分に論じていくことは、難しいといわざるを得ない。89年の『要領』改訂により「子ども中心主義」への転換がなされ、保育者の専門性が曖昧化したからこそ（浜口, 2014）、当時の認知心理学の枠組みを応用したアプローチは、知見の実証性という観点から、たしかに期待感を持って受け止められたかもしれない。しかし、そのアプローチを経由して保育者に向けられるようになったまなざしは、現場の実践論理を包摂した保育者理解を一部難しくするものではなかっただろうか。この点について一度、保育といういとなみや場の基本的特質を確認しながら理解を深めたい。

3．なぜ保育者研究は「生活」から遊離するのか？
——省察論を援用した研究デザインのクリティークから

　まず、保育が「問題解決」の営為でないことは、保育が一定の「計画」をもとに子どもの成長・発達をうながすいとなみであることに触れることで確認できる。保育における「計画」は、子どもの主体性の尊重に重きを置く今日の保育において、一定の矛盾をはらむ、必要ながらも解釈が難しいものとして理解されてきた。例えば、磯部（2016）は以下のように述べる。

　　そもそもわれわれの日常生活にある「計画」は、ものごとに先だってその
　　実践の当事者（主体者）が作成する。（中略）しかし、保育においては、そ

の実践の目的、意図を踏まえて、事前に構想し、計画をするのは保育者であるが、その実践の主体は子ども自身である。ここに保育を計画することの困難がある。年間行事や毎年繰り返される活動は、子どもが主体的に「やってみたい」と心動かして始めるわけではなく、子どもの気持ちがその時どこにあるかは予測できないにもかかわらず、保育者が事前に計画する。実践が動き出す以前に、しかも子ども自身がヒト・モノ・コトにかかわる以前に保育者の意図や目的に従って作成された計画が、保育における計画そのものであるとするならば、「保育は、子どもの主体性を尊重し、子どもの遊びや生活を通して行う」という保育の基本テーゼと矛盾することになる。(磯部 , 2016, p.257)

　磯部（2016）が指摘するように、保育には意図や目的がある。ただし、そこで目指されている保育は、かつて津守（1983）が指摘したように、予め大人が決めた保育内容をそのまま計画通り進めるものでもない。保育者は教育課程／全体的な計画や、それに伴う長期・短期の指導計画を立てる。そして子どもたちとともに実践を進め、それを事後的に反省して新たな計画を立ち上げていくというサイクルのなかに居るのだと、磯部（2016）は述べる。関連して戸田（2004）は、保育実践のなかで具体的に子どもの思いを理解し、次の実践へ向けて保育のねらいや援助、また保育環境を構想していくことを、事前に構想したねらいや活動に子どもを当てはめていく従来の保育実践の「計画」と対比して「デザイン」と呼んだ。保育における遊びや生活というのは、保育者の手で予定調和的に進められるものというよりも、むしろ、保育者と子どもたちがともに創っていくものなのだという。
　以上の議論を参照すると、保育者は教育的な意図やねらいをその背景としながらも、新たに取り組む活動や環境構成を子どもたちとともに創り出していくという、現場における共同的な時間の流れのなかに身を投じていると考えられる。そして、そうした時間の流れの「発生」について示唆しているのが、藤原（2019）である。藤原（2019）は、大野（1974）による「ほどろ」という語の解釈を参照しながら、安定し盤石であった日々のサイクルが「崩れ」た時、人々の間に、それまでにはなかった時間の流れが「発生」するのだと指摘している。

第1章　保育のいとなみを支える「実践的知恵」の探求へ向けて　　53

保育者にとって（また子どもたちにとっても）事前に計画したり予想したりし得なかった出来事が生じた時、それまで安定していた園での日常は「崩れ」る[6]。日常の「崩れ」は、保育者や子どもたちに新たな活動を求めることになる。新たな活動の創造は、当事者たちにとっての有意味な時間の流れを生み出していく。そうした時間の「発生」は、卒園や進級といった節目まで絶えず続いていくことになる。予定調和を超えて生まれていく出来事の数々は、最終的に、当事者たちにとっての大切な思い出となって刻まれることになるだろう。

　当初の計画や予定調和な日々が崩れた時、人々は新しい活動を創造するほか、その創造が当事者たちにとって意味のある新たな時間の流れを生み出していく。本研究ではそうした、ある程度の教育的なねらいや見通しを背景としながら、新たに取り組む活動および環境構成を保育者と子どもがともに創り出していくという保育の時間的な流れのことを「保育的時間（time perspective of ECCE）」[7]と定義し、今日における保育の「場」にとって欠くことのできない生態学的特質（実践論理）の１つとしてとらえる。保育者の子ども理解や援助に活かされる実践知もまた、この保育的時間の特質と深く結びつきながら形成・発揮されていると考えることは、特段不思議なことではない。

　しかし、これまでの専門性研究においては、保育的時間の特質が、研究上における分析や議論の俎上には載せられてこなかった。その背景には、保育者による専門的営為をとらえる際に特に重用されてきた「省察（reflection）」論の影響があるものと考えられる。特にここで確認すべきは、省察論をもとにした研究デザインにおける主体のモノローグ性である。

　例えば、省察論にかかわる古典の１つとして数多引用されてきた Schön（1983/2007）は、当時の各種専門家による問題解決の困難さをめぐって、解決可能なスキルを持った「技術的合理性」に裏打ちされた専門家像から、問題のとらえ方それ自体を自ら問い直し、そして再構成していく「行為の中の省察（reflection in practice）」に基づく「省察的実践家」像への転換を説いた。そのなかで Schön（1983/2007）は、自身の「実践」概念の含意について、以下のように具体例を用いて説明している。

　「実践（practice）」という単語は意味が両義的である。弁護士の実践につい

て話をするとき、そこでの実践の意味は、弁護士の仕事や担当しているクライアントの種類、対応が求められている訴訟の範囲を指している。しかし、ピアノを練習しているひとについて話をするとき、実践の意味は、楽器がうまく弾けるように繰り返し練習することや新しい試みをすることである。前者の意味での「実践」は、一定の範囲におけるプロフェッショナル的な状況における活動を示している。二番目の意味での実践は、活動への準備を指している。プロフェッショナルの実践には、繰り返しの要素も含まれている。プロフェッショナルの実践者は、一定のタイプの状況に何度も何度も出会うスペシャリストである。(Schön, 1983/2007, p.62 下線引用者)

　Schön (1983/2007) によれば、現場では一定の枠組みや範囲内での出来事が繰り返し続く（例えば、学校における授業や、保育において保育者が頻繁に対応を要する場面や子どもの姿が該当する）。それが"当たり前"になってしまうと、実践者は現場で行われていることについて再考する機会を見失ってしまう。だからこそ実践者には、暗黙裡に経験し学習してきたものを見直し、そして批判的にとらえ直す省察を通して、不確実で独自性のある状況に対する新たな理解を得ていくことが期待される。こうした、単なる技術的な問題解決の知識と方法を蓄積・適用するのではなく、問題のとらえそれ自体を自ら振り返り、再構成し、そして新たに生じる問題への解決方法を考えていくという能動的な専門家像を、Schön (1983/2007) は「行為の中の省察」を主要概念として導入することで説いた。以上のような Schön (1983/2007) の議論や概念は、子ども理解と対応、そして事後的な省察による実践知の更新をその専門性の中核と想定する、省察的実践家としての保育者をとらえようとした先行研究において、その立論を支える1つの理論的支柱として参照されてきた。

　そして、こうした省察論をもとに保育者研究を立ち上げる時、それらは多くの場合、保育者による過去の行為や、その行為に至った当時の思考と判断をめぐる振り返りのプロセスを辿る研究デザインになる。van Manen (1991b) は、専門家による省察を、時間性をもとに次の4つに分類している。要約するとすれば、それは、①予期的な省察（例：活動中に何が起こるかを事前に考えておくこと）、②活動中にリアルタイムで行われる前言語的な省察、③活動中に立ち止

まって言葉で考える省察、④事後的な省察（例：過去の経験を振り返り意味を付与すること）である。そして、専門家が省察を要する（要した）場面というのは多くの場合、その専門職にとって特に省察が求められるほどに有意味な場面や行為である。だからこそ、保育者にとって省察を要する保育の一場面を切り出し、当時の対応のあり様と、その対応をめぐる事後的な省察から、省察的実践家としての保育者の専門性を論じる妥当性が担保・共有されてきた。この妥当性に支えられてきたのが、いざこざや片付けのような、現場においてよく見られ、かつ保育者が対応に苦慮する種々の問題状況を取り上げることで、それに対する援助、および事後的な振り返りをめぐる語りの整理を通して専門性を論じる、「問題解決」の方法論に基づく保育者研究のデザインである。

　しかし、保育の場は、子どもたちとともに少しずつ活動を創り出していくという、他者との共同的かつ前向きないとなみをなす場である。たとえ事後的な省察の主体は保育者であったとしても、保育実践の主体は保育者と子どもたちである。保育者はその流れに身を投じ、計画と実践の緊張関係に晒されながら、子どもたちとともに新たな活動を創り出していく「保育的時間」の流れのなかに身を投じている。先行研究が扱ってきた個別具体的な場面への対応と省察をめぐる専門性は、実際にはそうした「保育的時間」の流れのなかで共同的に展開しているものの一部を、保育者にとっての有意味性の観点から切り出したものに他ならない。

　以上の議論をもとに本研究では、「問題解決」の方法論により抽出されうる、比較的短い時間幅で展開される個別具体的な行為や現象のことを「局面（situation）」、そして保育的時間の流れのなかで子どもたちと保育者がともにつむいでいく活動とその経験の総体のことを「生活（life）」と呼ぶ。「生活」は、「局面」として区切られうる出来事同士が、保育的時間のもとで結びつけられることで浮かび上がる、現場を生きる子どもたちや保育者にとっての生きられた（生きられる）経験の総体である。この総体は、「問題解決」の枠組みからはとらえることが困難な、当事者たちによる共同的な産物である[8]。

4. 保育は子どもと保育者がともにまだ見ぬ「生活」を編む場である
——保育カリキュラム研究からの宿題

　そして、「問題解決」という方法論自体を取り上げていないものの、以前より類似の観点から、専門性研究の問題点および方法論の転換の必要性を訴えてきたのが、保育カリキュラム研究であった。例えば加藤（2007）は、保育者の声を参照しながら、現場のなかで、「計画」と「実践」との関係をめぐる違和感が生じてきたことを指摘する。先ほど触れた磯部（2016）による理論的な考察のみならず、現場の水準においても、両者を統一的に把握することに困難さが生じてきたのである。

> 幼稚園・保育園に代表される保育施設が社会的に営まれているということは、その園の保育実践が、意図的・組織的・計画的に展開されていることを意味している。（中略）つまりそういう意味で保育計画は、各園における保育実践の羅針盤として機能することが期待されていると同時に、その園の保育実践の質を映し出す鏡のような役割を果たしていると考えられている。ところが保育者たちに聞いてみると、いくら立派な保育計画を立てても、その保育計画がそのまま保育実践の羅針盤として機能するほど、計画と実践の関係は単純ではないのだと言う。あるいは文章で整理された保育計画が、自分たちの保育実践を正確に写し出しているとは到底思えないのだと、これまた声をそろえて語り始めるのである。（加藤, 2007, pp.34-35）

　以上のような、保育現場における「計画」と「実践」の統一的把握の困難さを受けて進められてきたのが、保育カリキュラム研究であった。加藤（2007）は保育カリキュラムを、保育実践の展開過程における「計画と実践の総体」と定義する。その上で加藤（2007）は、教育主体の保育者と活動主体の子どもとが心地よく響き合いながら展開していく保育カリキュラムを「対話的保育カリキュラム」と呼び、歴史的・理論的・実践的に、日本の保育のなかに位置づけようと試みている。関連して宍戸（2017）も、戦前・戦後から現代にかけての保育カリキュラムの展開を歴史的に整理し、これからの「子どもたちと保育者とがいっしょになって考えあい、創造していくカリキュラム」（p.286）の展開

に期待を寄せている。こうした加藤（2007）や宍戸（2017）による研究を代表として、今日まで、計画と実践の両者を接合しうる、新しい保育理論を立ち上げていく試みが展開してきた。

　この試みのなかで加藤（2007）が指摘しているのが、従来における保育計画研究と保育方法研究との断絶である。前者については、主に教育学を中心に議論が展開されてきたが、それらの多くは『要領』に対する解説や海外の実践紹介などであり、保育現場が抱えている「計画」の悩みに応えていくところにまで発展してこなかった現実があるという。後者については、保育者による子ども理解と、現場における指導・対応の検討という形で、多くの心理学者や教育学者がそれぞれの視点から議論を導入・展開してきた。本書でここまで触れてきた、保育者の専門性やその実践知にまつわる研究動向は、まさにこの後者の研究群に含まれる。そして加藤（2007）は、「ところが問題は、後者の研究を進める研究者は、前者の保育計画論に対しては責任を持たないため、せっかくの『子ども理解』や『関係論』に関する研究成果が、保育計画論の中に十分に活かされてこなかった点にある」（p.50）と批判する。なぜ活かされてこなかったかについては、ここまで論じてきた、「保育的時間」や、それとかかわっての「局面」と「生活」という概念区分を参照すれば明らかであろう。

　以上のような加藤（2007）の指摘は刮目に値する。保育者の専門性研究は、状況や文脈に根ざした子ども理解と援助や、それを支える思考様式のバリエーションから保育者の実践知を数多モデル化してきた歴史がある。しかし、加藤（2007）が批判しているのは、保育者がそうした個別具体的な「局面」における問題への対応に収斂しているのではなく、むしろ計画との緊張関係に晒されながら、子どもたちとともに「生活」を編んでいることへの思慮の不足である。「局面」への対応をめぐる専門性をいくらつなげても、保育における「計画」をめぐる議論との距離は縮まらない。だからこそ私たちは、この批判を引き受け、そして乗り越えていくために、「問題解決」とは異なる、保育的時間の流れを生み出しながら、子どもたちとともに「生活」を編んでいくことを支えている保育者の専門性をとらえるための方法論を新たに導出し、加藤（2007）からの批判に応答するための基盤を創出していく必要がある。

第4節　保育者の実践知を構成する2つの「知」

1．力量「技術知」と場への構え「実践的知恵」

　では、実証的研究が暗黙裡に、保育者の専門性を「問題解決」のために使われるものとして矮小化してとらえることをやめるためには、果たしてどうすればよいのか。ここで、先ほど紹介したLave（2019）による議論を再度援用したい。Lave（2019）は、知識と学習との関係をとらえる理論的枠組みをとらえ直すなかで、ある知識を持つ「主体」と、それが用いられる「世界」との間に境界線を引いたり、そのどちらかにのみ焦点を当てたりすることをやめなければならないと提案している。「主体」は、「世界」のなかで目的的かつ能動的に暮らしている。しかし、私たちの認識している「世界」は、「主体」に対して所与に存在してはいない。両者の間には、現実的に、「主体」が「世界」を作り、「世界」が「主体」を作るという統一的かつ弁証法的な関係がある（例えば、自分の手で周囲の環境を変えるだけでなく、環境が変わることで自分も変わってしまうことがあるように、両者を別々の要素として考えてはいけないということである）。ゆえに、「主体」と「世界」を統一的に把握する概念を用いることで初めて、知識が世界のなかでいかに用いられているかという点を含めた、人々のリアリティを描き出すことが可能となる。

　そして、以上のような「主体」と「世界」との統一的な関係性を踏まえながら、教育者の専門性を論じるための理論的示唆を与えてくれるのが、教育学者ビースタである。以降では、「主体」を「保育者」、「世界」を保育の「場」へと置き換えて考えたい。まず把握すべきは、保育という「場」そのものが有する特質である。Biesta（2013/2021）は、アリストテレスによる議論をもとにしながら、教育といういとなみについて以下のように論じる。まず、私たちは教育に対して、たしかに、子どもたちを教え育てることや、それを支えるカリキュラムや教育手法が効果的であることを望んでいる。私たちは教育を通して子どもが賢くたくましくなってほしいと考えるし、それがうまくいかず、子どもたちの成長・発達が滞ることを願うことはないだろう。ゆえに、教育といういとなみは一定程度、子どもたちを育てていく「ポイエーシス（制作）」の

第1章　保育のいとなみを支える「実践的知恵」の探求へ向けて　　59

側面を有している。しかし、教育は「ポイエーシス」以上の性質を有するいとなみである。なぜなら、子どもへの教育は、目的それ自体が問い直される性質を有するいとなみだからである。子どもの教育においては、「教育はどのようにしてなされるべきか」以前に、「教育の場で何がなされうるべきか」という、現場のあり方をめぐる「善さ」それ自体もまた問われなければならない（「善さ」をめぐる議論の先にしか、教育者がとる具体的方法の選択はない）。以上のような、現場のあり方それ自体が思慮深く問われ続けなければならない「プラクシス（実践）」としての性質を有するからこそ、実践の場は、エビデンスに基づく言説に（完全に）侵食されることはないのである。Biesta（2013/2021）は、前者の「教育はどのようにしてなされるべきか」をめぐる教育者の知識や力量のことを「技術知（テクネー、techne）」と呼んだ。反対に後者の「教育の場で何がなされうるべきか」という、教育の場それ自体のあり方をめぐる構えのことを「実践的知恵（フロネーシス、phronesis）」と呼び、両者を明確に区別した[9]。以上の Biesta（2013/2021）による議論は、子どもとの実践に携わる教師や保育者を、「技術知」と「実践的知恵」の両方を兼ね備えた専門家として定位するための、理論的な示唆を与えるものである。

　Biesta（2013/2021）の議論を鑑みるに、本章でここまで触れてきた心理学由来の「実践知」という概念、および「問題解決」の方法論は、保育者の「技術知」を明るみにすることに長けたものであったといえよう。本章の前半で、先行研究の議論をもとに「実践知」を「現場で生じる問題と関わりを持つ際に役立てられる実践者の思考様式・方略」として定義したが、それは明らかに、子どもに対する保育が「どのようにしてなされるべきか」という手法を問うものに他ならない。「実践知」という概念を用いるべきかどうか以前に、私たちが実証的研究をもとに明らかにしてきた保育者の専門性は、そこで暗黙裡に用いられてきた方法論の性質上、「技術知」としての性格から逃れがたいものであった。

　そして、保育者の専門性が、現場の「問題解決」のために用いられているわけではないことを明証するためには、Lave（2019）が論じる通り、そして保育カリキュラム研究が示唆してきたように、その専門性が保育という"場"と深く結びついていることが論じられなければならない。そこで注目すべきは、

Biesta（2013/2021）による「弱さ（weakness）」という概念である。

2. 実践的知恵は「子どもを変えることはできない」という思慮に宿る

　Biesta（2013/2021）は、子どもといとなむ日々の実践は、その先にどんな展開や結果が待っているかわからないという不確実性を有する側面があると指摘する。さらに、不確実性を伴う実践は「弱さ（weakness）」を伴うものと表現し、その側面を積極的に評価した。教育の「弱さ」とは、Biesta（2013/2021）によれば、子どもが1人の主体として出現するための存在論的な条件である。その上で、エビデンスに基づく効果的な介入方法を現場に導入することで「弱さ」を消し去ってしまうのではなく、むしろ担保し続けることの重要性を以下のように述べる。保育を、大人の手によって進められている（また進められるべき）いとなみであるととらえた時、子どもの主体性は奪われ、その実践は保育ではなくなってしまうのである。

> 　本書の目的は、私が教育の弱さ（*weakness*）と形容しようとする、通念とは異質な次元を明示することである。教育の弱さは、教育的な過程や実践が機械的な仕方で稼働するものではないという事実を指している。私が本書で前進させようとしている議論は、教育の弱さが、克服されるべき問題や欠如と見なされるべきではなく、むしろ教育的な過程や実践を教育的（*educational*）にしているまさに次元（dimention^{ママ}）として理解されるべきである、ということである。（中略）すなわち、どんな教育の関わりも——教育者によるものであれ、教養人によるものであれ——つねにリスク（危うさ）をはらんでいる。本書の仮定は、私たちがこの危うさを大切にし、それを、すべての教育の名に値する教育にふくまれるものとして肯定的に理解するべきである、という考え方である。（Biesta, 2013/2021, p. iii　強調等は出典による）

　以上の議論をもとに、ここで保育者研究における「実践知」概念の定義を更新する。まず、「実践知」を、現場における人々のいとなみを支える専門職の知の総体と広義に定義する。次に、保育者の「実践知」は、大きく以下の2つの知を包摂したものと考える。第1に、子どもたちといかに関わりを持つかを

めぐる保育者の知識・力量としての「技術知」である。第2に、保育をめぐる"弱さ"の観点から、子どもたちと織りなす実践が有する不確実性を保ちながら現場での日々をいとなもうとする構えとしての「実践的知恵」である。両者は、「実践的知恵」があっても「技術知」がなければ保育はできないが、「技術知」があっても「実践的知恵」がなければ保育は保育ではなくなってしまうというような、相補的な関係にあるものと考えられる。

　以上のようなBiesta（2013/2021）と類似の指摘は、国内においても垣間見ることができる。例えば赤木（2018）は、ある作業所（就労継続支援B型）における利用者と職員の関わりをめぐるエピソードから、保育のあり方に示唆を与えている。特に、作業所でいつも仕事をせずにパソコンを取り出しアニメばかり見てしまう50代の統合失調症のタカシさんの姿を、「アニメは仕事の1つだ」と皆がとらえたことで、タカシさんに対する見方が変わっていく過程を描くことを通して、赤木（2018）は「大人が子ども（利用者）を発達させることはできません」（p.133）と断言する。その上で、「手持ちの能力の全面的開花」や「子どもが変わる」といった発達保障につながる考え方を参照しながら、赤木（2018）は、子どもに対する教育のあり方について以下のように論じる。大人は、子どもを変えようとする誘惑にかられるが、教育において必要なのは、「子どもが変わる」土台を作ることなのだという。

> 教育とは「子どもを変えよう」するのではなく、「子どもが変わる」土台を作ることであり、その土台は、子どもの今の関心や能力を出発点にすることといえます。
> このように書くと、「当たり前やん！」とツッコミがきそうです。確かに、目新しいことではありません。しかし、（中略）私たちは「困った」と感じる子どもの行動を目の当たりにすると、どうしても「不適切行動をなくす」とか「ほめまくって『適切』な行動を身につけさせる」という方針になりがちです。子どもを変えようとしてしまうのです（もちろん、それは善意からきていることではあるのですが……）。（赤木, 2018, pp.133-134）

「子どもを変える」ことの可能性を秘めた「技術知」は、保育者が内在的に

有するものだけでなく、科学的な教育・介入プログラムを中心に、現場の外から幾つも保育者へ向けて提案されてくるものである。しかし、そのように技術知を過度に参照・導入し子どもたちに実行することは、保育実践の特質としての“弱さ”を失わせ、その保育を保育ではなくしてしまう。だからこそ、現場に立つ保育者たちは、子どもたちを自らの手で変えることはできないことを理解し、そして大切にしなければならない。そうした、大人側が技術知を過度に駆使することのないように、現場や子どもたちに相対しようとする保育者たちの構えは、Biesta（2013/2021）のいう実践を支える専門的な「実践的知恵」の表れであると考えられる。そして、そうした保育者たちの「実践的知恵」は、自身の手では対処・解決することができないような（またそれが妥当ではないと保育者たちが判断しうるような）、子どもたちの「問題」をめぐるアプローチの仕方に、具体的にたち現れてくることだろう。本書では以降の章において、先行研究が取り上げてきた現場の「問題」を独自に分類し直すことなどを通して、保育者の「実践的知恵」がたち現れる具体的様相を詳らかにし、その知恵の内実をとらえるための方法論的枠組みを策定していく。

注

1 本文中における現行の『幼稚園教育要領』の記述や引用は、すべて『幼稚園教育要領解説』（文部科学省，2018）による。

2 なお、こうした子ども理解に特段の注意を払おうとする保育者研究の動向は、日本にある程度固有の特徴といえるかもしれない。国外において、保育者に対する質問紙やインタビューにより、保育者の認識からボトムアップに実践知を可視化しようとした研究として、Dalli（2008）やHappo & Määttä（2011）、Sheridan et al.（2011）などがある。これらの研究で示唆されているのは、実践知として国外の保育者に認識されているものには、子ども理解だけでなく、保育方法やカリキュラムの知識、また多様な立場の人と関係を築く同僚性などが含まれていることである。子ども理解や状況依存性に注目して、実践知を実証的に探求しようとしてきた日本国内の保育者をめぐる研究動向は、89年改訂以降の保育現場、および「問題解決」のパラダイムを援用してきた専門性研究の経過を象徴するものといえよう。

3 しかしながら、古賀（2019）のアプローチもまた、調査の時点で保育者に省察をしてもらい資料を収集している時点で、そこから得られる保育者の専門的な思考は、前言語的・身体的なものから離れざるを得ないという論理的矛盾を抱えていることは、ここで指摘しておかなければならない。保育者の身体的・状況的で前言語的感覚なるものを、事後的に言語を用いて扱う時点で、抽象度を上げた言葉による公共性の付与は避けることはできない。本書で後述するように、実証的な保育者の専門性研究をめぐる動向を乗り越えるために必要なのは、当該研究が指摘するような知見の脱文脈化とは異なる観点からの批判である。議論を先取りするとすれば、そこで求められているのは、場との距離感や具体・抽象をめぐる論争ではない。むしろ、場がいかに創られていくかという、主体である保育者と保育をいとなむ場との能動的な関係性をとらえるための、新たな理論的枠組みの提案である。

4 関連して、日本の保育について研究した Tobin, Hsueh, & Karasawa（2009）もまた、日本の保育は他国にあまり影響を与えないだけでなく、むしろグローバルな流通に対して抵抗があるのではないかと指摘している。

5 なお、保育者が「問題解決」の枠組みでとらえられるべき専門性も有していることは、ここで一度指摘しておく必要がある。それは例えば、子どもの生命にかかわる事故等への対応が該当する。アレルギーによるアナフィラキシー反応、熱中症や窒息、また外傷といった事故を防いだり、それが万が一起こった際に適切かつ迅速に対処したりすることは、子どもを保護する保育者にとって最も欠くことのできない責務の1つである。また、地震等の災害時における適切な対処も、「問題解決」の枠組みでとらえられるべき、保育者に欠くことのできない重要な専門性である。そうした、子どもの生命と関係するような事態の発生を未然に防いだり、それが万が一生じた際に的確に対処したりすべきことが明確に求められる事項については、「問題解決」を方法論として据え、専門性に関する研究知見を蓄積し、保育者養成や研修カリキュラムの充実に活かすことが今後も期待される。本書ではそうした、子どもの生命や安全に関する側面を除いた、保育といういとなみそれ自体にかかわる専門性に焦点を当てる。

6 本書では「崩れ」という語を、決してネガティブな表現で用いていない。それは、先述のように、本書は「崩れ」を生むきっかけとなる「問題」それ自体を、ポジティブなものもネガティブなものも含めた現象として把握していることに現れている。例えば、保育では、子どもたちから生まれた、一見すると突拍子もないアイデアが鍵となって、保育が新たな方向性へと進展していくことがある。その過程は、それまでは当たり前だった日々や計画等の再編をもたらし、当事者たちにとってワクワクする方向に実践を進めていく契機を与える、非常にポジティブな「崩れ」として把握されていることだろう。

64

7 「保育的時間（time perspective of ECCE）」における "ECCE" とは、Early Childhood Care and Education の略称である。ECCE の語は、森上・柏女（2013）における、「保育」の英訳 "Early Childhood Care and Education" から採用した。

8 以上の指摘と関連する、省察を扱った保育者研究における主体のモノローグ性に対する批判として、例えば西（2016）がある。西（2016）は、津守真による省察論を解釈するなかで、「これまでの省察研究においては、反省、記録の考察、話し合いの進め方といった保育者側の要素が主に論じられてきた。しかし、（中略）省察は、目の前にいる子どもたちの力を得て進む相互的な過程として、新たに捉え直されるべきであろう」（p.38）と述べている。本書は終章までの議論を通して、保育やそれをめぐる省察が、子どもと保育者との相互的な過程であることを前提として専門性を論じる手立てとして、保育者個人の力量やそれを支える専門性には還元し得ない「生活」を分析単位として扱う方法論を提案していく。「生活」すなわち保育現場での日々は、保育者か子どもかによらず、誰か1人の力のみによっては存在・展開し得ないものである。

9 Biesta（2013/2021）においてテクネーは「技術」と訳出されているが、本研究では実践知をめぐる議論の文脈を加味して「技術知」としている。また、フロネーシスの定義における「知的な構え」という表現は、田辺（2003）による議論を参考に当てている。

第2章

実践的知恵の探求を支える方法論
「生活の共同生成」の定位

問いの設定

第1節　その問題は保育者の手で解決できるとは限らない
　　　　　──思考実験

1．先行研究が取り上げてきた子どもの仲間関係をめぐる問題

　前章を通して論じてきたように、これまで、保育者の専門性に関する実証的研究が数多く行われてきた。その研究動向において、特に取り上げられてきた保育の現象の1つが、子ども同士の仲間関係[1]をめぐる「問題」である。仲間関係をめぐる子どもの姿がよく取り上げられてきた理由は、保育において「発達課題として残りやすい、あるいは顕在化しやすい」（吉川, 2014, p.38）特徴を持つことにあると推察される。

　例えば高濱（2001）は、保育者の専門性をとらえるための手法として、保育者に3つの事例を提示し、反応を整理することでその専門性と熟達化を検討している。そこで使用された3つの事例には、「身体が大きいので、腕力にうったえて友達を負かせ、泣かせることがしばしばあります」「いつも仲間から孤立していて、遊びの中にはいっていくことがありません」（p.203）といったような、仲間関係に関して問題を抱えていることを彷彿とさせる情報が散りばめられている。なお、上記のような仲間関係上の問題を抱えた子どもを取り上げた理由について、高濱（2001）では明確に言及されていない。

　そして、保育者の専門性研究において特に議論の蓄積が見られる仲間関係上の現象が、子ども同士のいざこざである。いざこざに対する関わりを、保育者の専門性がたち現れる瞬間として把握してきた先行研究の例として、例えば上田（2013）や小原他（2008）がある。特に上田（2013）は、保育者による行為の理由としての価値観の相違を研究する際に、いざこざ場面に注目する理由を以下のように述べている。

　　　本研究では保育者の語りの中から、分析対象をいざこざ場面に限定した。
　　日常保育において、いざこざやけんかは頻繁に生起するものである。保育
　　者はこれを解決していかなければならないと考えているものの、同時に、
　　幼児にとって必要な経験であり、時として肯定的にとらえられる（森上ら,

2009)。従って、保育者の価値観と、実際の保育場面で解決していく関わりが明確であると同時に、保育者自身もなぜそのようにかかわったのかについては、比較的語りやすいものである。以上のことから、本研究では、いざこざ場面の語りに限定した。（上田，2013, pp.20-21）

　同様に小原他（2008）もまた、いざこざの内容は多様であり、関わり方も多岐にわたるからこそ、その1つひとつの判断に保育者の専門性が見出されるのだと指摘している。そうした前提のもと、保育者によるいざこざへの関わりをめぐる専門性や（例えば、水津・松本，2015）、経験年数等による違い（小原他，2008）、また保育者の価値観による相違といった内容が（上田，2013）、一定のボリュームを持って検討されてきた。

　保育者にとっての子ども同士のいざこざのような、専門家にとってそれが問題として立ち上がることが明確であるほか、解決の方向性がある程度共有されている現象は、専門性をめぐる実証的研究において特に取り上げやすい題材である。このことは、ドライブにおける、ドライバー間の経路選択の違いを比喩に考えることができる。たとえ目的地が同じであったとしても、地の利があるベテランドライバーであれば、路地を通って最短で辿り着いたり、遠回りをして景色を楽しめる道を選択したりするかもしれない。反対に、初心者のドライバーは、バイパスに乗って、標識やカーナビを見ながら何とか目的地まで辿り着こうとするかもしれない。誰もがそれを問題として把握でき、そして概ね同じ解決（結果）の方向を向くことが可能な現象を題材とすれば、そこに辿り着くまでの経路の比較を通して、種々の専門性およびその熟達化と多様性を明らかにしていくことが可能となる。

　例えば上田（2013）は、保育観が「介入志向スタイル」「集団重視志向スタイル」「非介入志向スタイル」の保育者計5名に対して、自身がいざこざに対して介入した経緯を尋ねることで、各保育者のいざこざへの介入プロセスの分岐に差異が生まれることを示唆している。また、上述の小原他（2008）は結論として、11年目以上のベテラン保育者はそれ以前の若手・中堅保育者に比べて、トラブルに介入する際に多様な関わりの選択肢を持っていること、またトラブルを通して子ども同士の関係を拡大させていく傾向があることを示唆して

いる。さらに劉・倉持（2008）は、日本と中国の保育者のいざこざに対する介入をめぐる語りを分析することで、日本では当事者全員が納得のいく解決方法を一緒に考える方向性を志向し、中国では是非を明確化して問題解決のためのスキルを教える介入方略を志向していることを示唆している。

　また、求められる結果の類似という観点から、エピソードの分析と考察により、その専門性のあり方が蓄積されてきた領域もある。例えば、仲間関係を育くむ上で、保育者にとって問題として浮かび上がる子どもの姿の代表例が、他児と十分にかかわらずにずっと1人で遊んでいる、"ひとりぼっちの子ども"[2]である。こうした子どもの姿については、高濱（2001）においても事例③として取り上げられたほか、子どもの特性に応じていかにクラスの他児との結びつきをうながすかという観点から、その専門性のあり方に関する知見が幾つか蓄積されてきた（例えば、伊藤, 2004; 宇田川, 2005）。関連して、仲間関係とは少し異なるものの、例えば場面の切り替えを円滑に進めるという解決の方向性を伴いつつ、保育者が日々葛藤を抱えやすい問題状況としての「片付け」も、保育者の実践知を把握する上で恰好の題材として取り上げられてきた歴史がある（例えば、砂上他, 2012）。保育者にとって問題として立ち上がることが明らかであること、そして解決の方向性がある程度想定できる現象を題材として、その解決方略をめぐるバリエーションから専門性を把握しようとする研究デザインは、保育者研究における王道のアプローチの1つとして用いられてきた。

2. 保育者たちが問題の解決から距離を置くということ

　しかし、保育実践のなかで保育者が直面する問題というのは、必ずしも解決のあり方や方向性がはっきりしているものばかりではない。むしろ、保育者にとっては何らかの対応が求められると把握されたとしても、実際には誰にもどうすればよいかわからない問題も、現場のなかにはある。その1つとして本書において注目するのが、子ども同士の"親密すぎる関係"である[3]。

　例えば吉岡（2002）は、「友だちのひろがりを願って」というタイトルをつけた自身の幼稚園での実践記録において、以下のような悩みを抱えていたことを振り返っている。

以前担任したクラスの時、友だち関係で悩んだことがあった。一度できた仲間のつながりがとても強くてメンバーもあまり変化がなく、そこに育つものはあるだろうが逆に仲間と離れる怖さがあって自分で自分を制約したり友だち関係が広がるきっかけを逃していたように思う。相手が変わることによっていろいろな肌合いの友だちとかかわってほしいし、いつもとは違う自分の気持ちやたのしさを感じてほしいと思っていたが、なかなかうまくいかなかった。仲良しがいるのはいいけれど友だちが広がるとまた楽しい事があることを実感してほしいし、そうなるようにはどうしたらよいだろうと常々思っていた。(吉岡, 2002, p.58)

　こうした振り返りの後、吉岡は自身が担任した年中クラスにおいて、子どもたちの仲良し2人組が5組できてしまい、「大好きな人がいてそれで幼稚園が楽しくなるのは大事なことだし、それが基盤になるのもいいかなと思いつつ、そこから仲間が増えて広がってほしいと思っていた」(p.59)と記している。そして、5組の仲間関係が動いたのは、自身の働きかけによってというよりも、むしろ5組のうちの1組に変化が現れたことによったのだと、吉岡(2002)は振り返っている。

　同様に平松(2012)も、事例「二人だけの閉じた関係?」において、保育所の4歳児クラスを担任していた和田保育者の回想をもとに、仲良しすぎるりひと君(以下、りひと)とえみかちゃん(以下、えみか)の様子を報告している。りひととえみかは、3歳児の4月から途中入園した仲間同士で、"ダンマリチームの横綱的存在"だった2人だという。いつも仲良くしていたここあちゃんが4歳児の夏に転園してからというもの、いつでもどこでも2人だけで行動するようになった。みんなの遊びに誘っても首をかしげてしまう。2人の様子は夜番(夕食後保育)でも見られたため、職員全員で問題意識を持っていたという。

　平松(2012)は当時について、「"自分ともう一人"の3歳児時代を越えて、4歳児らしくグループみんなで楽しみ、だんだん『わかばのルール』などクラス集団ができ始めていました。そんなときに、まるでその足を引っ張るようなりひと君とえみかちゃんの姿は、確かに気になりました」(p.122)と振り返っている。この問題について、同僚たちと相談しているなかで、当時主任であっ

た友恵先生は腕組みをしながら、以下のように思いきって発言したという。

> 「ねぇ、二人はなんで一緒にいたいかっていうとさぁ、『安心だから』な
> んだよね。だから、安心できる友だちがいるって、すごくすてきなこと
> で、『よかったじゃん』って言ってあげたいことなのではないの？」(平松,
> 2012, p.124)

　この発言を皮切りに、職員たちの、りひととえみかを見守るまなざしが変
わったという。そして、2 人は互いに支え合い、そして他児にも支えられなが
ら、運動会でかけっこを頑張る姿を見せた後、ゆっくりと「クラスの仲間」に
入っていったことが報告されている。

　以上の吉岡（2002）と平松（2012）の事例はいずれも、保育者がいかに問題の
改善・解決につながる介入をしたかについて、明示的には記されていない。さ
らに平松（2012）においては、「二人の閉じた関係を何とかオープンにできない
かと考えていた」(p.124) 職員たちがうなるほどに、何とかこの状況を解決し
ていきたいという姿勢それ自体を見直す瞬間さえ訪れている。このように、仲
間関係上の問題を、何とかして解決しようとするのではなく、むしろ受容しよ
うとする保育者の姿にこそ、〈問題 A を解決するための援助行為 B に専門性が
宿る〉と考える、「問題解決」の枠組みによる技術的な専門性理解を相対化す
る鍵があると考えられる。そこで以下では、平松（2012）による実践記録の示
唆をより詳細に把握するべく、りひと・えみかの姿と類似して、何とかして仲
良しと一緒に居ようとする姿を見せた、ある女児たちの仲間関係をめぐるエピ
ソードを議論の材料として検討したい。

3. リカとナナセのエピソードから

　以下のエピソードは、北海道 X 市の私立 A 幼稚園（以下、A 園）の、201Y 年
2〜3 月当時の年長児（5 歳児）4 クラス 81 名（男児 39 名、女児 42 名）に在籍して
いた子どもたちの姿について、著者が実施した自然観察の記録を書き起こした
ものである。自然観察の際には、「トモヒロ先生」として保育に帯同しつつ、
ビデオカメラと筆記により記録を行った。なお、自然観察は、A 園の園長お

よび保育者に対して、研究の概要、プライバシーの保護、結果の公表等について説明し、同意を得た上で実施された。

＊　　　　　　　＊　　　　　　　＊

　エピソード内で特に登場するのは、以下の女児たちである。まず、リカ（観察開始時6歳6ヶ月）である。リカは本調査において、開始当初から主たる追跡対象とした子どもであった。リカは次の特徴を有する女児であった。まず、リカは保育者たちから、やや自己中心的なところはあるが、他児や保育者とのコミュニケーションが苦手なわけではなく、他児と仲良く遊べるほか、その遊びをリードすることも可能な子どもであるという評価を得ていた。しかし、当時の担任保育者たちの言葉をまとめるとすれば、リカは園のなかで"何となく誰かといる"ことが多く、卒園が近づいた時期においても特段の仲良しはいないとのことであった。そのような状況から、リカは保育者間でよく名前が挙がる、仲間関係について少々気になる子どもであった。なお、家族の事情からリカは卒園後に引っ越しをして、本州の小学校に進学することが決まっていた。

　次に、ナナセである。ナナセはおとなしい性格の子どもであった。後述するように、ナナセはリカと特段仲が良かったわけではないが、徐々にリカと親密になっていった子どもである。ただし、そのナナセには、観察開始当初から、すでに仲良しの女児たちがいた、その女児とは、ホナミ・カオリ・マキである。ナナセ・ホナミ・カオリ・マキは親密な女児同士のグループを形成していたほか、ナナセはグループ内でも特に人気が高く、ときにグループのなかでナナセが「取り合い」になっていた。

　以上の、リカとナナセ、そしてナナセを取り巻く女児グループの関係を、Figure 2-1 に示す。この女児たちの約2ヶ月にわたる葛藤の様子を、リカとの会話で出てきた2つの語りと、5つの事例（エピソード）から確認する。なお、当該エピソードの個人名および園名等はすべて仮名であるほか、その仮名は後の章と関連していない（例：本章のA園と後の章のA園は、それぞれ異なる保育施設である。また、各章における「タロウ」はすべて別の子どもである。以下、本書全文において同様）。

第2章　実践的知恵の探求を支える方法論「生活の共同生成」の定位　　73

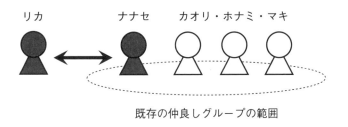

Figure 2-1　事例内に登場する女児たちの仲間関係の様子

　まず、以下に示すトランスクリプトは、リカの追跡を開始してから少しして、同学年の女児ナナセらと楽しそうに遊んでいる場面が観察された後、リカと著者が隣に座って会話をしていた時の語りである。なお、トランスクリプト内の〔　〕は、著者による問いかけをそのまま書き起こしたものである。

【仲良しの友だちに関する聞き取り（2月9日、13：10〜　保育室にて）】

　　〔ナナセちゃんと仲良しなの？〕
　　リカ：ナナセちゃんの一番の仲良し、マキちゃん、ホナミちゃん、カオリちゃん。
　　〔あ、そうなんだ。〕
　　リカ：うちの一番の友だち、(年長の) シンジくん、年少のミクちゃん。でも、卒業しちゃったんだけど、アイちゃんと、妹のマナちゃん、女の子。(中略) あとね、年中組のタクミくん。

　この会話の後、リカが自身の仲良しとして挙げた子どもたちの詳細について保育者に確認したところ、そこには一貫した特徴があった。それは、すべての子どもが、リカの自宅の近隣に住んでいたことである。保育者やリカの語りによれば、リカと近隣に住む子どもは、降園後に遊ぶ頻度が非常に高かった。このことから、リカは自身の仲良しとして、年長のシンジ、年少のミク、年中のタクミ、そしてすでに卒園したアイとマナといった多様な年齢の子どもを挙げ

たものと考えられる。また、その同学年のシンジとリカが一緒に遊ぶ頻度は低く、お互いに手持ち無沙汰になった際に出会ったら時折遊ぶ程度であった。このことから、観察開始当時、リカ自身にとっても、同学年に同性の仲良しはなかったものと考えられる。

　一方で、リカ自身は、その直前にたまたま遊んでいたナナセの一番の仲良しが、マキ、ホナミ、カオリという3名の女児であることを明確に認識していた。この後しばらくの間、リカは誰と一緒にいようとするわけでもなく、その時々で相手を選択して遊んだり、当てもなく園内を1人でふらついたりしていた。ナナセも同様に、リカに積極的に近づくことはなかった。

　そのナナセとリカが急速に距離を縮めはじめたのは、観察をはじめてからしばらくした後の、2月下旬のことであった。以下に、ナナセとリカが、登園した直後からかかわろうとしはじめたことが確認できる事例を、2つ続けて記す。

【事例1　「行きましょ」（2月27日、9：15～　保育室にて）】

　リカは登園した後、連絡帳を出すなどしている時、保育者と会話をしているナナセを見つけた。リカはナナセの隣に立って、その作業を見ていた。その作業が終わると、ナナセはリカに「行きましょ」と言い、リカの手を引いた。リカはそれを受けて振り向き、ナナセの手を強く握った。そしてリカはナナセに連れられて、設定保育のなかで製作していた保育室のお化け屋敷に入っていった。この後、リカとナナセは、午前中の自由遊びが終わるまで2人で手を握り合いながら遊んでいた。

【事例2　笑い合う2人（3月1日、9：00～　保育室にて）】

　登園したリカは、その後に登園してくるナナセを見つけた。リカはカバンを片付けているナナセに近づき、その隣に座ることで、2人は他愛もない会話をはじめた。途中、ナナセがカオリに話しかけたり、他児の遊びに見とれたりすると、リカはナナセの腕を引っ張って、朝の仕事をすぐに終わらせるように急かした。その一方で、リカがふいに著者に話しかけはじめると、ナナセはリカのお尻をはたいて、互いに笑い合った。そして、ナナセの朝の仕事が終わると、2人は手を握り、遊びにいこうと廊下を走りはじめた。

第2章　実践的知恵の探求を支える方法論「生活の共同生成」の定位　　75

A園の子どもは登園後、連絡帳などを出した後、すぐに遊びはじめるのがルーティンであった。日をあまり空けずに観察された2つの事例から伺えるように、登園直後からリカとナナセの2人は関わりを持つようになっていった。

　しかし、事態はそう単純ではなかった。ナナセには、すでに仲良しの女児たち（カオリ・ホナミ・マキ）がいたからである。その女児たちは、ナナセがリカと仲良くなろうとするところに介入をはじめた。以下のトランスクリプトは、事例2のすぐ後で、カオリが2人へ介入を試みた場面の一部始終である。

【事例3　「ナナセちゃんと同じだよ～？」（3月1日、9：07～　保育室にて）】

　事例2の後、リカとナナセが手をつないで年長の部屋を歩いていた時のことである。リカがナナセの手を放した一瞬の隙に、カオリがナナセを引っ張って年長の子どもたちが利用する保育室の一室に連れていった。リカはそれに気づき、2人に遅れて保育室に入った。保育室のなかには、当時の保育で使用されていた、様々な色のハンドベルが飾られていた。

> カオリ：（ナナセの手を握りつつ）ねーこの（ハンドベルの）色で一番どれ好き？
>
> ナナセ：え～迷っちゃう。
>
> カオリ：うち、これとこれ。（右手に水色のベルを、左手にピンクのベルを持った）
>
> リ　カ：うちこれかも。（右手にオレンジのベルを持った）
>
> カオリ：ナナセちゃんは？　このーさ、あのさ2人が持ってるなかのやつでもいいんだよ？
>
> ナナセ：……。（無言のまま首をかしげた）
>
> カオリ：どれがいい？　これ？　これ？（自分のハンドベルをナナセに見せつけた）
>
> ナナセ：……。（リカもカオリも持っていないハンドベルを指さした）。
>
> カオリ：これ……と!?（選ばれたハンドベルをナナセに手渡して、再度尋ねた）
>
> ナナセ：……。（無言のまま、カオリの左手のハンドベルを指さした）
>
> カオリ：これ……!?　フ～、ナナセちゃんと同じだよ～？（一瞬、リカを横目に見てニヤッとした笑みを浮かべて）リカちゃんのもさ、オレンジ

色でかわいいんだよ。

　そう言うとカオリは、ナナセの手を握って外へ出ていった。2人が出ていった後、リカは少しだけ2人を追いかけたが、それをやめて椅子に座り込んでしまった。

　仲良しグループのカオリは、隙をついてナナセをリカから引き離そうとした。すかさずリカもついていった際に、事例3の場面が訪れることとなった。そこでカオリはナナセに、リカと自分のどちらと同じ物を好むかについて尋ねたのである。

　砂上（2013）によれば、子どもたちの間には、同じ物を持つことが仲良しであることを示すことになる不文律が見出されていくという。ナナセもまた、ここでどちらかのハンドベルを選ぶことが、リカとカオリのどちらと仲良しかを表明することになると考えたのかもしれない。ナナセは無言で葛藤した末に、リカもカオリも手にしていないハンドベルを選び、曖昧さを残した。しかし、カオリはすかさず、もう1つのハンドベルを選ぶように伝えた。そこでナナセが選んだのは、カオリのハンドベルだった。これを受けて安堵したのか、カオリは「フ〜」と一息ついた後、「ナナセちゃんと同じだよ〜？」と、リカを横目に見て話しはじめた。そのような関わりを受けて、リカは諦める他はなかったものと考えられる。カオリは、子ども同士が仲良くなるために用いている関わり方を、リカからナナセを引き離すために用いていたと考えられる。

　この事例の後、ナナセとリカは事例1・2のように、登園直後から2人で関わりを持とうとすることはなかった。ナナセとリカは、タイミングを見て、カオリやホナミといった仲良しと離れながら関わりを試みたのであった。以下に示す事例4のトランスクリプトは、ナナセとリカが、互いの親密さを確認し合った場面の一部始終である。

【事例4　「そんなにうちのこと好きなの？」（3月6日、10：18〜　園庭にて）】

　遊びの時間の途中、外に出ていた多くの年長児たちは、焚き火を丸く囲んで火起こしをしていた。リカはその円のなかでナナセの隣に立った。ナナセの隣

には、カオリとホナミがいた。途中、リカとナナセは、煙が目に入って痛がって輪を抜け出した後、遠く離れたアスレチックでフラフラしはじめた。2人きりになった時、リカが話しはじめた。

> リ　カ：んーとね、もうすぐ年長終わったらね、（本州へ）引っ越しするからね、その片付けとかね、やってるんだよ。……（中略）だからね、それで夏休みとかになったらね、（北海道に戻って）くる。
> ナナセ：……。（無言でちょんちょんと遊具をさわる）
> リ　カ：どうしたの？　やだった？
> ナナセ：……。（コクンとうなずく）
> リ　カ：（少し笑みを浮かべながら）そんなにうちのこと好きなの？
> ナナセ：……。（再度、コクンとうなずく）
> リ　カ：……ね、あそこで遊ぼ？　あそこで。

　そう言うと、2人はブランコの下へ向かっていった。その後、カオリが近づいてきたため、2人はまた焚き火の近くに戻った後、手をつないで園舎に帰っていった。

　ナナセとリカは、カオリやホナミがいた集団の輪を抜け出した後、上記の会話を行った。そして2人は、手をつなぐといった身体的な動作のみではなく、言語的に明らかな形で、互いの親密さを確認しようとしていたことが伺える。

　しかし、いくら互いに好意を抱いていることを確認したとしても、皆がいるなかで、簡単に2人で関わりを重ねていくことはできなかった。以下の事例5は、事例4のすぐ後における昼食の席取り場面の一部始終を書き起こしたトランスクリプトである。外山（1998）によれば、子どもは食事場面において横並びもしくは直角に（机の角を挟んで横並びに）座ることを好む傾向にあるという。ナナセは仲良しグループの女児たちと座ることがほとんどだった。また、リカが誰かの近くに座ろうと必死になる様子はほとんど観察されず、3月1日の昼食場面で、一度だけホナミたちとナナセの隣に誰が座るかを争った程度であった（その時はリカがナナセの隣に座ることに成功した）。事例5は、そのリカが、事例

78

4の後にナナセの隣に座ろうと試みた際の様子である。

【事例5　「もう約束しちゃった〜」(3月6日、12：16〜　保育室にて)】
　保育者の一声で、子どもたちは一斉に昼食の準備をはじめた。廊下でナナセを見つけたリカは「ナナセちゃん今日一緒に食べるからねぇ！」とナナセに伝えて昼食の準備を進めた。廊下にいたナナセの隣には、その手をギュッと握るホナミがいた。
　リカは猛スピードで準備を進め、机に座るナナセの近くに向かった。ナナセは長机の長辺の端に座っていたほか、その横にはホナミがいた。A園の昼食では、長机が用いられていたほか、子どもたちは長机の短辺に座ることはできない決まりがあった。このままでは、ナナセの隣に座れるのはホナミだけである。ただし、ホナミの隣(ナナセが座っているのとは逆側)は空いており、ホナミが1人分横にズレさえすれば、ナナセの両隣にホナミとリカが座れる状況だった。

　　　リ　カ：ナナセちゃん！(ナナセの近くに立った)
　　　ホナミ：いや待って。(リカをじっと睨みつけてから、ナナセとの会話に戻った)
　　　リ　カ：……。(ホナミとナナセをチラチラっと見た)
　　　ホナミ：最初に言ったんだよ？
　　　ナナセ：……。(2人を見ずにお弁当を広げ続けた)
　　　リ　カ：……。(立ち尽くし、2人をチラチラと見ながら遠くの机に座った後)、
　　　　　　　ちょっと待って！(ナナセのもとへ駆けていって)ナナセちゃんじゃあ明日となりに座るから！
　　　ホナミ：(ニヤッと笑みを浮かべながら)もう約束しちゃった〜。
　　　リ　カ：もうそしたらいいよぉ

　リカはそう言うと、ナナセとホナミのもとを離れていった。

　ナナセとリカはこの後、2人きりで遊ぼうとしたり、昼食で隣に座ろうとしたりすることはなかった。また、この事例5の後にリカは「(私はナナセにとって)普通の友だちでー、あっち(ホナミ・カオリ・マキ)は1番の友だち」と著者

に語った（3月6日午後）。こうしてリカはナナセの「1番の友だち」の1人になれないまま、3月16日の卒園式の日を迎え、A園を卒園していった。

＊　　　　　　＊　　　　　　＊

　以上のように、リカやナナセたちは、上記のエピソードの後に幼稚園を卒園してしまった。また、当時のリカとナナセをめぐる上記の関係性に対して、保育者が特段の関心を払って介入する姿も観察されることはなかった。そこには、卒園が間近に迫っていたという、保育の時期的な状況・制約も背景にあったことだろう。だからこそ、以下では思考実験から、保育者に可能と考えられる援助のあり方について考えたい。

　例えば、このような子どもたちの葛藤がクラスのなかで生じ、吉岡（2002）や平松（2012）に登場する保育者のように気になった（問題意識を持った）としたら、私たちはこの問題にどのように対応すればよいのだろうか。素朴に、エピソードにあるナナセ・リカ・カオリ・ホナミの様子を眺めていると、ふと、「少しくらいナナセがリカと仲良くしていてもよいのではないか」「カオリとホナミはちょっと意地悪ではないか」と考えることがあるかもしれない。しかし、カオリやホナミもまた、どうしてもナナセとの親密な距離感を継続したくてリカを入れたくないと考えるほどに、この2月から3月にかけて葛藤を抱えていたものと考えられる。だからこそ、ホナミやカオリはリカとナナセの仲を阻もうとし、それを受けてリカは葛藤の最中において、自ら「折れる」選択をしたのである。

　このような子どもたちを前にして考えられる手立ての1つは、ホナミやカオリの、既存の仲良し関係を維持しようとする動機に対して働きかけることかもしれない。ホナミとカオリが、リカが仲良しの輪のなかに入っても問題ないと感じられるか、むしろ関係を何とか維持しようとする動機それ自体を解消していけるような方向に向かっていくことができれば、誰かが「折れる」ことはなく、また我慢する必要もなく、この葛藤状況は解決されうるかもしれない。素朴に考えれば、まずホナミやカオリの仲間関係をめぐる動機にアプローチすることが、問題解決の方法として想像されうる。

80

しかし、動機の変化それ自体を、子どもが変わっていくためのきっかけとして据えることは誤りであると、発達と学習との関係をとらえ直した上で、発達の最近接領域について論じた Vygotsky（2001）は指摘する。この指摘を整理した Newman & Holzman（2014/2020）は、ヴィゴツキーのいう動機と発達との関係について、以下のように説明する。

　　ヴィゴツキーによれば、発達の最近接領域において学習に導かれた発達による生活の1つは、子どもが発達的活動に（大人と同じように）意志的に（volitionally）、単に自発的にというよりは自覚的に（with conscious awareness）、乗り出せるようになることである。ヴィゴツキーは、生活的概念と科学的概念の学習の関係を探求する文脈で、この発見に関してかなり紙幅を割いて議論している。これは、「動機づけ」とは学習の成果ではなく、その前提となる内的なものだとする伝統的な理解に対する真っ向からの反論であった。典型的には、意志的であること（volition）や自覚的であること（self-consciousness）は、動機づけと決定的な関係を持つと見なされる。教育者や親として、私たちはいつも、学習させるために子どもを動機づけなければならないと（強い口調で）念押しされる。しかしヴィゴツキーによれば（私たちも同意する）、子どもが動機づけられるためには学習しなければならない。言いかえると、学習が発達を導くのである。
　　（Newman & Holzman, 2014/2020, pp.84-85）

　この説明を、リカやナナセらが直面していた仲間関係上の葛藤に置き換えた時、ここで取り上げられている「学習」は、仲間関係をめぐる種々の、子どもたちの変化を先導していけるような何らかの経験といいかえることができるだろう。そしてその「学習」は、子どもたちの発達の最近接領域の段階にあるものでなければならないと Vygotsky（2001）は指摘する。つまり、仲良しを含む、他児とのやりとりをめぐる動機の転換を可能とするのは、その動機さえも突き動かしてしまうような、子どもたちの発達を先導する、保育実践上の新たな経験に他ならないと考えられる。その経験は、ホナミやカオリにとって、またリカやナナセにとって、仲間関係それ自体を別のあり方に刷新してし

まうほどの、それ以前には経験したことのない楽しさを含み込んだ遊びや活動なのかもしれない。仲間関係の育ちを支える援助を、問題の解決という直接的・因果的な枠組みでとらえることの限界を、リカやナナセたちの姿、そしてNewman & Holzman（2014/2020）による議論は示唆している。

　以上のような議論を確認した時、平松（2012）における事例とその意味を改めて理解することができよう。りひととえみかは、「安心したい」という動機から2人だけの閉じた関係を形成していた。そして、運動会で頑張ることができたことを背景として、仲間関係が少しずつ動いていった。そうした包括的な営為を支える、子どもたちの仲間関係を育くむ保育者の援助およびそれを支える専門性というのは、「特定の問題を見つけて解決する」という枠組みの範疇にあるとは考えにくい。むしろそれは、赤木（2018）が示唆するように、仲間関係をめぐる子どもたちの動機さえも少しずつ転換させていくような、子どもたちの発達を可能にする新しい保育実践を創造し、そして進展させていく専門性であると考えられる。こうした、保育者の専門性に裏打ちされた援助行為と、保育実践の展開、そして仲間関係の変容（課題の解消）を統一的に把握することを可能とする議論の枠組みの1つが、Newman & Holzman（2014/2020）による「道具と結果方法論（tool and result methodology）」である。

第2節　「できない」が暮らしをつむぐ——概念と方法論の設定

1．技術知に偏らないための思考法——道具と結果方法論

　Newman & Holzman（2014/2020）による「道具と結果方法論」とは、旧ソビエトの心理学者レフ・ヴィゴツキーによる発達理論の枠組みをベースとして、伝統的な心理学の方法論に対する挑戦として編まれた、人々の実践をとらえるための方法論である。特にそこで論敵となっている、現場の実践をとらえるための伝統的な方法論が、「結果のための道具方法論（tool for result methodology）」である。

　「結果のための道具方法論」とは、文字通り、期待される結果Aを得るため

の手段である方法Bを探求するという、〈AのためのB〉の認識枠組みで実践をとらえる方法論である。第1章で触れてきた、保育者の専門性をめぐる「問題解決」のパラダイムも、子どもに「非認知能力」をはじめとする特定のスキルを効率的に獲得させようとする専門的介入プログラムの開発研究もまた、この「結果のための道具方法論」の枠組みが背景にある。例えば高橋他（2008）は、就学前期における、他児と円滑にコミュニケーションをとる等のために必要な社会的スキルを測定する尺度を、累計約1万人の4～6歳児を対象としたコホート形式の質問紙調査を通して開発している。その上で高橋他（2008）は、以下のように述べる。

> 質の高い保育の一貫として、保育所や幼稚園で集団実施形式のSSTなどの訓練手法が行われれば、就学前児の社会的スキルの良好な発達が促進される可能性があると言える。保育所や幼稚園においてSSTが実施されれば、トレーニングの成果はすぐさま園における仲間関係に適用可能であり、トレーニングの成果が適切に適用できているか保育士、幼稚園教諭もすぐにその場で確認できるという利点がある。（高橋他, 2008, p.88）

　こうした高橋他（2008）のみならず、子どもたちへの面接を通して仲間関係の状態を把握する「ソシオメトリック指名法（sociometric test）」などを用いながら、仲間関係において不利な状態にある子どもを抽出し、その子どもに不足している社会的な諸能力を把握する実証的研究が、20世紀から今日まで長年にわたって継続して実施されてきた（例えば、大内他, 2008; 大内・櫻井, 2008; Slaughter et al., 2015; Van der Wilt et al., 2018。体系的なレビューとして、例えばKupersmidt & Dodge, 2004/2013）。そして、その把握された社会的な諸能力に対して働きかけるソーシャルスキル・トレーニング（以下、SST）等の専門的な介入プログラムを開発することで、現場の問題を解決しようと試みてきたのである（例えば、佐藤, 2015）。さらに、保育者の専門性を扱った宇田川（2005）や伊藤（2004）などにおいても、基本的には、保育者がどのように子ども同士の関係を取り持ったかという、〈問題Aに対応することができた援助Bに取り組んだ保育者の専門性〉という方向性から議論が展開されてきたことも、ここで改めて

確認しておきたい。子どもの仲間関係をめぐる実証的研究の多くは、誰かが・何らかの形で特定の問題に対応し解決・改善するという、「結果のための道具方法論」のパラダイムが前提に敷かれてきたのである。

　そして、Newman & Holzman（2014/2020）は、この「結果のための道具方法論」に対立するヴィゴツキーの議論を以下のように整理する。

　　方法論に関するもっとも伝統的な見方に立つと、方法は実験内容や結果とは基本的に別のものとして扱われるか、そのように定義される。つまり、何かのために何かを得る手段が方法なのだ。実際、そうでないやり方は非科学的だと考えられている。方法は、適用されるものとして理解され、利用される。それはある目的のために機能する手段であり、基本的にプラグマティックな、あるいは用具としての性質を持つ。それとはまったく対照的に、マルクスとヴィゴツキーは、適用されるのではなく、実践されるものとして方法を理解した。それはある目的のための手段でもなければ、結果を得るための道具でもない。むしろそれは、ヴィゴツキーの定式化においては、「道具と結果」なのだ。（Newman & Holzman, 2014/2020, pp.43-44　下線引用者）

　方法は適用されるものではなく、実践されるものである。この、従来の方法論では認識が困難な命題について、Newman & Holzman（2014/2020）は工具店に並ぶハンマーを例に説明している。例えば、私たちは日曜大工でテーブルを作るという目的がある時、必要に応じて工具店に並ぶハンマーを買ってきて、それを使って木材に釘を打ちつける。大量生産された道具を利用する私たち道具使用者にとって、工具店に並ぶハンマーは、何らかの目的を達成するために使う道具として社会的に同定され、そして認識されている。一方、ハンマーそれ自体を作る道具製作者の方に視点を移してみると、認識枠組みは一変する。道具製作者は、ハンマーを作って売るという目的を持っている。しかし、道具製作者が用いている道具というのは、それを使って達成される製品（ハンマー）の生産活動から切り離して認識可能な、特定の名前やカテゴリーを有していない。道具使用者（ハンマーを使って日曜大工をする私たち）が突然それを見せられ

たとしても、名前も、それが何に使われるかも判別することは難しい。私たちは、製品（ハンマー）を作るという活動のなかに埋め込まれた際に初めて、製品を作る補助となる道具とその機能・役割を正確に把握することができる。

　この議論を保育者研究に適用するとすれば、その専門性は従来のように、現場から「援助行為（道具）とその先にある状況の改善（結果）」のみを抽出し議論するのでは、不十分であるといえよう。むしろそのような方法論は、実践を理解するための議論をすっかり歪めてしまうのだと、Newman & Holzman（2014/2020）は批判する。

　　否定表現を使わずに言えば、このような道具の本質（それらを定義する特徴）は、その機能にではなく、それが展開している活動にあるので、結果から切り離せない。その機能は、それらが展開している活動から切り離すことができないからだ。その生産過程のなかで、その過程によって定義されるのである。そうした《道具と結果》に機能がないということではない。<u>むしろ、（結果のための道具のように）その機能によって《道具と結果》を定義する試みは、それが何であるかを（そしてもちろん、その過程で定義が意味することも）すっかり歪めてしまうと言える。</u>（Newman & Holzman, 2014/2020, p.51　下線引用者）

　このようにしてヴィゴツキーが拒絶したのが、結果のための道具という因果的かつ機能的な方法論上の考えである。その上で、ヴィゴツキーが構想したのは、実践のある一部を変化させることで目的の達成を目指すような道具的な行動に取って代わる、全体性（totalities）を変革する、革命的活動であった。Newman & Holzman（2014/2020）によれば、革命的活動とは、「現在の状況をひっくり返し／変化させること」（p.15）である。ヴィゴツキーが理論的な支柱の１つとしたマルクスは、以下のように述べる。

　　環境が変化することと人間の活動が変化すること、ないし自己が変化することの同時性は、革命的実践としてのみとらえることができ、また合理的に理解することができる。（Marx & Engels, 1973/2002, p.234）

Newman & Holzman（2014/2020）が評価する通り、哲学者ゴットフリート・ライプニッツは「モナド」概念を用い、ある1つの「事物（thing）」が変わることで、すべて（全体性）が必然的に変わっていくことを論じた（Leibniz, 1885/2019）。この指摘を受けて Newman & Holzman（2014/2020）は、「特定の行為あるいは出来事が、全体ではなく、1つあるいは複数の他の事物の状態を変えるとする常識的な考えは幻想である。それは、いかなる検証も経ていない抽象なのだ」（p.57）と一蹴する。私たちは活動を通して、無限に複雑で多様なものの関係（全体性）を絶えず変化させていく。そして状況が変革されるからこそ、用いられる道具もまた新しいものに作り変えられていくことで、私たちの実践は少しずつ前に進んでいく。このようにして、道具と結果を従来のように区分することなく、それを革命的な統一体としてとらえた上で、その全体性から人間の諸実践を把握することを、Newman & Holzman（2014/2020）は「道具と結果方法論（tool and result methodology）」というパラダイムをもって提案したのである。

　このように考えてくると、〈問題Aを解決するための対応Bを支える専門性〉といった形式で、片付けを円滑に進める対応や、いざこざの解決を支える対応、泣いている子どもに対する対応、また“ひとりぼっちの子ども”が仲間に入っていくことを支える対応などの総和から保育者の専門性を摑もうとする今日の専門性研究のアプローチは、Newman & Holzman（2014/2020）が指摘するような、従来のパラダイムの範疇にある。そして、「道具と結果方法論」からすれば、技術的・道具的に保育者の援助行為をとらえ、抽出し、そこから専門性を把握しようとする従来のアプローチは、現場を生きる保育者の専門性を過小評価しかねないものに他ならない。この枠組みを相対化するために、改めて、保育の場において期待されている保育者の役割と責務を確認する。そこで鍵になるのが、前章で触れた、子どもたちと保育者の織りなす「生活」である。

2. 保育の場で子どもたちと暮らす

　まず、保育は学校教育における「授業」のような、時間的・構造的な枠組みを伴うことを基本としていない。その基本的特徴として据えられているのが、「生活」である。以下では特に、前章で定義した意味合いというよりも、むし

ろ今日における保育のガイドライン上における「生活」の意味合いを確認したい。例えば、文部科学省（2018）による『幼稚園教育要領解説』において「生活」は、子どもが経験する活動の総体を意味する語として用いられている。文部科学省（2018）によれば、保育では「幼児期にふさわしい生活を展開するなかで、幼児の遊びや生活といった直接的・具体的な体験を通して」（p.27）、生涯にわたる人格形成の基礎を培っていくことが期待されるという。その上で、特に子どもたちの生活の中心となるのが「遊び」である。文部科学省（2018）は以下のように、遊びそれ自体は何らかの成果を生み出すことが目的ではないものの、そこに子どもにとって不可欠な、多くの経験が含まれていると指摘する。

（2）　遊びを通しての総合的な指導
①　幼児期における遊び
幼児期の生活のほとんどは、遊びによって占められている。遊びの本質は、人が周囲の事物や他の人たちと思うがままに多様な仕方で応答し合うことに夢中になり、時の経つのも忘れ、その関わり合いそのものを楽しむことにある。すなわち遊びは遊ぶこと自体が目的であり、人の役に立つ何らかの成果を生み出すことが目的ではない。しかし、幼児の遊びには幼児の成長や発達にとって重要な体験が多く含まれている。

（文部科学省 . 2018, p.34）

　そして、だからこそ保育者は第一に、子どもたちが自ら取り組む遊びや活動が充実していくように、その専門性を発揮していくことが期待されている[4]。文部科学省（2018）は以下のように述べる。

②　幼児の活動が精選されるような環境の構成
幼児が積極的に環境に関わり、活動を展開する場合、その活動は多様な仕方で展開される。この多様な仕方でということは、様々な形態の活動が行われることも意味するし、一人の活動が変容し、新たな発展をしていくことも意味する。幼児一人一人の興味や関心を大切にして指導するためには、様々な形態の活動が行われることも重要である。しかし、幼稚園教育

のねらいを達成していくためには、幼児が活動に没頭し、遊び、充実感や満足感を味わっていくことが重視されなければならない。活動を豊かにすることは、いろいろなことをできるようにすることと同じではない。重要なのは、活動の過程で幼児自身がどれだけ遊び、充実感や満足感を得ているかであり、活動の結果どれだけのことができるようになったか、何ができたかだけをとらえてはならない。なぜなら、活動の過程が意欲や態度を育み、生きる力の基礎を培っていくからである。

（中略）

教師は、このような活動がより豊かに行われるように、幼児と活動を共にしながら環境の構成を工夫する必要がある。

（文部科学省 , 2018, pp.43-44）

　以上のような文部科学省（2018）の現場に対する規定を鑑みるに、殊に現在の保育は、前項で確認した「結果のための道具方法論（tool for result methodology）」における〈Aのための B〉、すなわち結果のための遊び・生活・保育者の専門性という考え方を徹底的に退けたいとなみであることを、私たちは確認することができる。保育者は子どもたちとともに、生活、特にその基本である遊びを充実させていくことを主たる役割として、子どもに対して働きかける。しかし、遊びは保育において期待されている結果そのものではない。子どもたちは遊びに没頭するなかで意欲や態度を育んでいき、自ら発達していく。自ら発達していくことを、発達する主体の外部に位置する保育者は制御（コントロール）できない。保育実践の基本において、保育者に可能なのは、子どもたちの遊びを中心とした生活に寄り添う、共同生活者となることに他ならない。

　共同生活者としての保育者という位置づけは、文部科学省（2018）のみならず、保育の実践記録において度々示唆されてきたものである。その代表例として、例えば岩附・河崎（1987）による『エルマーになった子どもたち』がある。年長さくら組の子どもたちは 11 月、童話『エルマーのぼうけん』（Gannett & Gannett, 1948/1963）をめぐって、「りゅうはどこへ行ったんやろ」「うん知りたいな」「へぇーあす遠足に行く片田の貯水池にはりゅうがおるの？」「そんならエルマーといっしょやな、ぼくたちも探検に行くんや」と意気込み、探検

（遠足）に向かった。そこで保育者は探検（遠足）の際に、「あっ！　りゅうの
しっぽが見えた！」と叫び、子どもたちからも「ぼくはチラッとしっぽが見え
たような気がする」といった話題が出るなどして、さくら組は『エルマーのぼ
うけん』の世界に引き込まれていった。その後、エルマーの劇あそびや家づく
りが次々に行われるなど、探検熱を反映しながら保育が展開され、そして子ど
もたちは卒園の日を迎えていった。この保育実践のプロセスに基づき、岩附・
河崎（1987）は特に保育者の立ち位置について以下のように述べる。

　　保育者は子どもたちのあそびそれ自体がおもしろく展開していくことに徹
　底的に努力し、苦心し、力を注ぎこんできたのです。
　　しかしながらこれらの働きかけは、まず頭のなかで「おもしろくするの
　は」とすべてを計画してから実行に移したというわけではありません。実
　際子どもたちは保育者の予想を上まわる熱中度を示し、思いもかけないダ
　イナミックな動きを作りだしていったのですから……。保育者たちは子ど
　もたちの前では首尾一貫して仲間としてふるまいました。ともに「恐怖」
　と「秘密」を分かちあったさくら組の一員なのです。ときには探検のこわ
　さおもしろさを味わい、ときには論争を楽しみ、そしていっしょになって
　調べあったりしたのです。
　　（中略）心を解き放って子どもたちのなかに飛びこみ、子どもたちの仲間の
　一員としてあそびを楽しみながら、同時にそのあそびがいっそうおもしろ
　くなるための見通しを作り実行していったところにこのあそびの指導の真
　髄が読みとれるのではありませんか。（岩附・河崎，1987, p.210）

　『エルマーのぼうけん』をめぐる数々の遊びや活動は、子どもの特定の発達
を支えたり、何らかの成長を実現したりすること自体を意図したものではな
かった。むしろ保育者は「子どもたちの仲間の一員としてあそびを楽しみ」な
がら、子どもたちとともに生活を創り出していく位置にいたのである。
　では、保育の場における保育者の基本的な立ち位置を、子どもとの共同生活
者として把握した際、結局のところ、子どもたちの抱えている問題というの
は、一体誰が・どのように解決するものと理解すればよいのだろうか。子ども

自身が困っている場合も想定される現象を放っておくのは無責任であるが、しかしそれを解決する技術的専門家としてのみ保育者を位置づけてしまうと、「問題解決」の方法論のドグマから抜け出すことはできない。この論点を超えるための次なる議論の示唆を与えてくれるのが、生態学、特に「分解」概念の再検討を通して、〈方法と結果〉といった二項対立を退けて対象を理解することの重要性を訴えた藤原（2019）である。

3．保育の場で「問題」と暮らす——生態学における「分解」概念からの示唆

　藤原（2019）は、生態学における「分解」概念を自然界および人間界に照らして検討することを通して、「分解」が、〈分解と再生〉のように他の語と対比的に用いられてきたことに批判を加えている。まず「分解」とは、生態学においては「死んだ生物組織が徐々に崩壊すること」と定義される（Begon, Harper, & Townsend, 2006/2013, p.426）。藤原（2019）の言葉を借りれば、それは「ものの属性（何かに分かちがたく属していること）や機能（何らかの目的のためにふるまうこと）が最終的にしゃぶりつくされ、動きの方向性が失われ、消え失せるまで、なんども味わわれ、用いられること」（p.18）であるという。その上で、藤原（2019）はこうした「分解」概念の理解をもとに、「分解者と消費者」「分解と再生」といったような二項対立的な枠組みで、生き物を、そして人間の世界をとらえてきた議論を批判する。そもそも、私たちが「作る」「生産する」「積む」「生み出す」、自己を「形成する」といった足し算や掛け算の世界を生きていると考えることは思い込みであるとした上で、藤原（2019）は、以下のように述べる。

　　私たちの暮らす世界は、破裂のプロセス、すなわち分解のプロセスのなかを生きているにすぎず、そのなかにあって何かを作るのは、分解のプロセスの迂回もしくは道草にすぎず、作られたものもその副産物にすぎない。（中略）つまり、私たちは足し算や掛け算というよりは、引き算であり割り算の世界を生きているのではないか。（藤原, 2019, p.29）

　分解は、次なる創造にとって欠くことのできない現象である。その一例として藤原（2019）が紹介しているのが、割れた器を再度使えるようにする日本

の伝統技法「金繕い（金継ぎ）」である。金繕いは、数ヶ月から1年以上をかけて、割れた器に対して、幾つもの工程を踏みながら、割れた箇所を漆と金粉で接合・装飾する日本の伝統技法である。金繕いによって修繕された器は、その傷が見えるように残る。そしてその傷の不完全さが、美しさを醸し出す。そこにあるのは、傷をきれいサッパリ消すのではなく、むしろその傷と共生しようとする人々の姿である。

　この金繕いによる修繕と、壊れた瞬間に廃棄されるプラスチック食器のように壊れないことが前提となって動く商品社会との対比を比喩として、藤原（2019）は人間社会について以下のように論じる。

　　このように器が割れないことが前提となって動く商品世界は、人間が壊れないことを、人間のどこかが欠けたり、人間のどこかにほつれが生じたり、人間のどこかが割れたり、人間のどこかにひびやにゅうが入ったりしないことを前提として動く人間社会とどこか似ている。健康な人間がノーマルである、という前提で動く社会は、やがて、欠けていることや壊れていることに耐えられなくなり、それを排除しはじめたことは、優生学の歴史を紐解くことだけで十分実証できる。けれども、欠けていること、ひびが入っていることを人間の前提とし、その欠けやひびを毎日少しずつ修繕しながらかろうじてやりくりしていると考えると、金繕いの技法は、サヴァイバルと共存の技法に似ている。（藤原, 2019, pp.294-295）

　以上の指摘のなかでも、特に「欠けやひびを毎日少しずつ修繕しながらかろうじてやりくりしている」という表現は、私たちが日々何らかの問題を抱えていることを前提として、その問題とつきあいながら生のいとなみを送っていることを彷彿とさせてくれる。

　その上で藤原（2019）は、第1章の「保育的時間」をめぐる議論で触れた示唆とかかわって、分解という語を構成する「とく（解く）」という語には、「時間の発生」の意味が込められていると指摘する。金繕いは、部分的に何かが壊れたり崩れたりすることを、創造の前提としている技法である。子どもたちの積み木は、積み上がったものが崩れた瞬間に、次の創造としての遊びがはじま

る。包丁の刃こぼれは、砥石による傷跡の補修を可能にする。私たちの日々の生活というのは、問題に直面し、壁にぶつかったり、立ち止まったりする瞬間が立ち現れることを前提とした上で、少しずつ新しい何かを創造していく「サヴァイバルと共存の技法」なのではないか。藤原（2019）は以下のように述べる。

> 「分解」の「解」は、「ほどく」、あるいは、「ほぐす」というやまと言葉にあてられた漢字である。「くだく」や「わる」のように原型をなくしてバラバラになることを表す動詞とは異なり、ふたたび結びあわされるという予感のうえにあえて離れていく、離れていくという予感のうえにあえて結びあわされる、という往還を表す概念である。（藤原 , 2019, p.306）

　私たちは日々問題を抱えたり、直面したりしながら生きている。そして問題があるからこそ、私たちは次の物事を予見することができ、前へと進んでいける。以上のような藤原（2019）の議論は、保育者の日々のいとなみを的確に表現しうる方向性を示唆している。というのも、保育の現場では、実証的研究が語るスマートな専門性以前に、受け持っている子どもたちやクラスに関する、すぐには解決し得ない問題が山積みなのが常である。むしろ、そうした問題がまったくない現場やクラスを探すことの方が難しいだろう。大なり小なり、保育者は保育実践の進行のなかで、「うまくいかないこと」、また子どもたちの「気になること」が幾つも生じつつも、それらを「受容」しながら、なんとか子どもたちと日々を過ごしているのが常である。なお、本書では以降、「受容」を、「解決」の対比語として、特定の問題を取り除こうとせずに共生することを試みる行為と定義する。藤原（2019）による「分解」概念の再検討は、問題のないまっさらな状態を目指すのではなく、むしろ現場のなかで生じる種々の問題を受け入れることを皮切りに、明日の生活を創造していく保育者と子どもたちによる保育実践の物語を、適切に表現するためのヒントを示唆してくれている。藤原（2019）は最後に、「分解」概念を以下のように表現している。子どもたちと保育者が園生活を通して出会う種々の問題は、次なる保育実践を生み出していくことを支えている、大切な資源なのかもしれない。

分解とは、壊しすぎないようにした各要素を別の個体の食事行為やつぎの何かの生成のために保留し、それに委ねることであり、それゆえ分解は、各要素の合成である創造にとって必須の前提基盤である、となるだろう。

（藤原, 2019, pp.317-318）

　保育者とは、現場のなかでたち現れるさまざまな問題を受容した上で、子どもたちとともに次なる生活を生み出していく専門家である。ここまで触れてきた藤原（2019）や平松（2012）、リカとナナセなどのエピソード、そしてNewman & Holzman（2014/2020）の議論から得られた示唆をもとに保育者の専門性を描き直すとすれば、それは上記のような姿へと、仮説的にまとめられるだろう。

4. ともに暮らすことに意味のある「課題」、その必然性がない「揉事」

　以上のような保育者の姿を明証していくために、本書では保育実践上で生じ、保育者が直面する「問題」を、大きく2つに分類する。かつて高濱（2001）は保育者の専門性研究を進める上で、「問題」を、「臨床的治療を必要とするような幼児やそのような幼児のとる不適応行動（trouble）」と、「幼児が活動の中で直面する困難や仲間関係のトラブルなど、保育者の援助が必要とされるさまざまな事態（issue）」（p.9）というように、問題の発生原因を軸に分類した。しかし、本研究はこのような分類の仕方をとらない。本研究は保育者の専門性を再考するという目的のもと、「問題」を、前章で保育実践に欠くことのできない生態学的特質として確認した、保育的時間の観点から分類する。

　第1に、その時々の「局面」に合わせて保育者が即時的・直接的に対応したり解決したりすることが期待される保育実践上の問題としての「揉事（trouble）」である。古賀（2019）が「教育的瞬間」の感知をとらえたように、保育者は日々の保育のなかで、状況に応じてその場で対応するか（または、しないか）の判断を求められる場面と多々出会う。そして、従来の実践知研究は、例えば「いざこざ」や「片付け」といったような、その場での即時的な対応を要する「揉事」の場面を抽出することで、保育者の専門性を把握してきた。この「揉事」から保育者の専門性とその実践知をとらえようとする従来のアプロー

チは、「問題解決」の分析枠組みや高濱（2001）などが用いているビネット法、また上田（2013）などが用いているビジュアル・エスノグラフィーといった社会科学的な調査手法と相性がよい。それは、「局面」を単位とすることで、野家（2008）が指摘するように、科学的因果性を担保した上で議論を展開するための時空的隣接性を確保することが可能となるからである。

　しかし、「揉事」への対応ばかりに注目してしまうことは、専門性に関する論議を、〈AのためのB〉という保育者の「技術知」をめぐるものへと収斂させてしまう危険性を有する。これでは、加藤（2007）が指摘するような保育計画論と保育方法論との間の距離も縮まらない。そして、保育者の専門性は、「いま、ここ」の状況や文脈に寄り添いながらも、さまざまな「揉事」の解決のためにのみ発揮されているものではないことを本章では確認してきた。保育者の専門性をとらえていく上で期待されるのは、保育的時間のなかで「揉事」以外の問題と保育者がどうかかわっているかに関する実践知を探求可能な、新たな方法論の導出である。

　その上で、第2に、保育者が即時的・直接的に対応したり解決したりしていくことが難しい（むしろそれはできない）、「生活」のなかで生成され、そして「生活」を育むことを通して次第に昇華・解消されていくことが期待される保育実践上の問題としての「課題（issue）」である。現場のなかで保育者は、例えば平松（2012）のりひと・えみかのような、またナナセ・リカらのような、その場その場の即時的な対応では解決することが困難な子どもたちの課題と数多く出会う。Newman & Holzman（2014/2020）から示唆を得て論じてきたように、殊に仲間関係をめぐる課題は、関係をめぐる動機の布置を変えうるような、生活の進展を通して変化をもたらしていくことが期待される。

　そして、ここでもう1つ確認すべきは、「課題」は園生活のなかでその布置を変えていくと同時に、園生活を通じて初めて立ち上がるものという点である。例えばナナセ・リカの関係や、りひと・えみかの関係というのは、園生活が深まっていくなかで初めて／次第に立ち上がってきた課題である。2人が惹かれ合い、そして親密になってきたのは、紛れもなく、園生活が進行するプロセスによってである。そのプロセス無くして、出会う前から、りひと・えみかが、またナナセ・リカが親密である／親密になろうと思うはずがない。「課

題」は、保育的時間の流れを不問に付しうるような、脱歴史化された特定の原因を想定することが困難な問題であり、かつ当事者たちに出会われる有意味な出来事である。

　つまり、保育における「課題」というのは、園生活のプロセスを通じて次第に生成され、それを成り立たせている園生活の諸条件を組み直すことでのみ変化しうる、実践上の歴史的な産物なのである。そうした、園生活における歴史的産物としての「課題」について、保育者は現場のなかでいかにして出会い、そして具体的な働きかけを展開しているのだろうか。

5．実践的知恵をとらえる方法論「生活の共同生成」──生活、課題、援助

　以上の議論をもとに本研究では、現場のなかで生じる種々の課題を受容しながら、子どもたちとともに次なる生活を創り出していく存在であり、かつそうした実践的知恵を有する存在として保育者をとらえる方法論を「生活の共同生成（co-create the life）」[5]と定義・措定し、現象をとらえるための分析枠組みとして用いる。特にこの「生活の共同生成」は、揉事とその解決を彷彿とさせる、主として「技術知」をとらえてきた専門性研究における方法論「問題解決」との対比から把握されるものである。「生活」の歴史性を引き受け、課題を受容した上で子どもたちとともにその後の生活を育んでいこうとする構えが、本研究が想定する保育者の「実践的知恵」であり、その知恵のあり様を実証的にとらえていくための方法論が「生活の共同生成」である。

　保育者をめぐる実証的研究を支える方法論「生活の共同生成」の具体的な定位へ向けて、本書では以降、保育者と子どもたちが（すなわち暮らしをともにする当事者たちが）共同的に「生活」を育んでいこうとする行為のことを「援助（assistance）」[6]と呼ぶ。反対に、「揉事」へ即時的・直接的に働きかけることでそれを解決することを目指そうとする行為を、「援助」と区別して「対処（dealing with）」と呼ぶ。なお、それ以外の、ある程度両者に中立的であることを前提とした行為や、特段使い分ける必要性がない箇所については、主に「対応」や「働きかけ」といった語を当てる。

　以上、本研究で策定してきた保育者が有すると想定される「実践知」の種類、それらをとらえる方法論、そして各方法論を支える主要な概念を整理した

一覧表を、Table 2-1 に示す。これらの分析概念をもとに本書では以降、「問題解決」の方法論からはその意味内容を適切に把握することが困難であったと考えられる、子ども同士の仲間関係に関する課題をめぐる保育者の「実践的知恵」に主として焦点を当てる。その上で、現場で立ち上がる種々の「課題」を受容しながら、「援助」を通して子どもたちとともに明日の「生活」をつむいでいく保育者の実践的知恵を実証的に把握可能な、専門性研究を支える新たな方法論的枠組み「生活の共同生成」を定位するための資料を得ることを試みる。

Table 2-1　保育者の各実践知を把握するために必要な方法論および主要概念

	実践知（practical knowledge）現場における人々のいとなみを支える知の総体	
保育者における実践知の種類	技術知（techne）子どもたちといかに関わりを持つかをめぐる知識・力量。	実践的知恵（phronesis）子どもたちと織りなす実践が有する不確実性を保ちながら現場での日々をいとなもうとする構え。
研究を支える方法論（実践知を有する保育者とその営為のとらえ）	問題解決（problem solving）保育者を現場で生じる問題を解決するいとなみをなす存在とみなすとらえ。	生活の共同生成（co-create the life）保育者を現場で生じる課題を受容しながら、子どもたちとともに次なる生活を創り出していく存在とみなすとらえ。
研究に際して注目される場面や経験の範囲	局面（situation）比較的短い時間幅で展開される個別具体的な行為や現象のこと。	生活（life）保育的時間の流れのなかで子どもたちと保育者とがつむいでいく活動とその経験の総体のこと。
研究に際して注目される「問題」の種類	揉事（trouble）その時々の「局面」に合わせて保育者が即時的・直接的に対応し、そして解決していくことが期待される保育実践上の問題のこと。	課題（issue）保育者が即時的・直接的に対応したり解決したりしていくことが難しい、「生活」のなかで生成され、そして「生活」を育むことを通して次第に昇華・解消されていくことが期待される保育実践上の問題のこと。
研究に際して注目される保育者の専門的行為	対処（dealing with）「揉事」へ即時的・直接的に働きかけることでそれを解決することを目指そうとする行為。	援助（assistance）保育者と子どもたちが共同的に「生活」を育んでいこうとする行為。

第3節 方法論「生活の共同生成」の定位をめぐる3つの問い
── 「問題解決」の方法論を相対化するために

　Table 2-1 において、方法論「生活の共同生成」を支える主要概念「生活」「課題」「援助」を、保育現場の日常に合わせて自然な形式で記述するとすれば、それは以下のように仮説的に表現される。同時に、以下の記述は概念間の関係、ひいては当該方法論の妥当性を確認するために必要な、各種調査研究を司る問いとして導出される。なお、問いは大きく3つ導出されるほか、本書でこれから検討していく順番で通し番号が振られている。

> 　子どもたちと保育者とが織りなす「生活」（保育実践）は、不確実性を伴う、大人側の予測や制御が難しいことを、その基本的な特質としている。それゆえ、「生活」のなかではときに「課題」が生成し、共同生活者である保育者と子どもたちの両者は、いずれそれと出会うことになるだろう（問い3）。保育者にできるのは、子どもたちが課題を生み出し抱えてしまうことを予防することでも、そうして発生した課題を大人の手ですぐに解消してしまうことでもない（保育実践の特質上それはできないし、それでも試みようとしてしまうと、Biesta (2013/2021) のいう "弱さ" は失われ、保育は保育ではなくなってしまう）。ゆえに保育者が日々のいとなみでとっているのは、「生活」のなかで立ち上がってきた「課題」を受容し、それを何らかの形で活かしながら進められる（問い1）、これからの「生活」を育んでいくための「援助」に他ならない（問い2）。

　以下、3つの問いそれぞれについて詳述する。

1. 問い1 ── 子どもの「課題」の受容は保育者に何をもたらすのか？

　まず、1つ目の問い「子どもの『課題』の受容は保育者に何をもたらすのか？」である（第3章）。というのも、藤原（2019）が示唆するように、私たちが外部の事物と共生することを選ぶのは、それがあって初めて出来事が完成するというような、何らかのポジティブな側面があるためである。これまで専門性研究において、子どもたちの引き起こす椿事は、共生する対象というより

も、むしろ保育者が何らかの形で対応し解決していくべき対象として把握されることが多かった。一方の本研究は、保育者を子どもとの共同生活者として位置づけた上で、その専門的な行為を、問題への対処ではなく、子どもとともに園生活を進展させていく援助に置いた。では、子どもたちの抱えている種々の課題が、解決されるものというよりも、むしろ受容し共生していくものであるとすれば、それは援助にとってどのように活かされるものとして保育者に把握されているのだろうか。

　この点を論じるために本研究では、保育の年度末における「クラス替え」に注目する。クラス替えとは、年度末における進級のタイミングで、各クラス（学級）に所属する構成メンバーを振り分け直す実践である。特にクラス替えのタイミングでは、日々の生活の流れを止めて、学年に属する子どもたちの課題をまとめて把握した上で今後の対応を練ることができる。それゆえクラス替えは、保育者たちにとって、完璧にとはいわないまでもある程度のところまで、子どもたちの種々の課題に対して自由に対処しうる、極めて稀な瞬間である。しかし、もし保育者が「生活の共同生成」をその中核に据える専門家であるとすれば、クラス替えを「問題解決」のために用いているとは考えにくい。では、保育者はいかなる教育的意図をもとにクラス替えを行っているのだろうか。また、クラス替えという援助に際して、子どもたちの課題はいかに活かされているのだろうか。

　以上について本研究では、クラス替えの素案を検討した保育者たちを対象としたFGIにより、その実践知を可視化することを通して検討する。結論を先取りすると、保育者にとってクラス替えは、次年度の園生活のなかで子どもたちがさらに成長していけるように人的環境を整える援助であること、そして子どもたちの年度末における課題は、クラス替えを通して何らかの解決が目指されるものというよりも、むしろ次なる援助に見通しを与える里程標として保育者に見とられ、そして活かされていることが論じられる。

2．問い2
── 子どもの「課題」をめぐってなされる営為は「対処」か「援助」か？

　次に、問い2「子どもの『課題』をめぐってなされる営為は『対処』か『援

助』か？」である（第4章）。上記の問い1で扱った「クラス替え」において
は、現場における生活の流れが止まっている。では、実際に園生活のなかで
子どもたちの仲間関係をめぐる「課題」に出会った際になされるのは、それを
解決しようとする「対処」なのだろうか。それとも、「課題」の存在を認めつ
つ、子どもたちとの生活を育んでいこうとする「援助」なのだろうか。

　こうした問い直しの必要性を喚起させるのが、高濱（2001）である。高濱
（2001）は、仲間関係に問題を抱えた、タイプの異なる架空の事例を保育者に提
示し、「保育者が熟達化にともなって保育上の問題をどのようにとらえ、それ
をいかに解決するようになるかを検討」（p.209）している。しかし、そもそも
保育者は高濱（2001）が仮定するように、子どもの抱えている課題を、自らの
手で直接対処・解決できると考えているのであろうか。むしろそのように、保
育者の思考や役割を「問題解決」の枠組みから仮定することは、その専門性
を技術的・因果的な議論に収斂させるものである。本章におけるリカやナナ
セ、そして平松（2012）や吉岡（2002）の事例から確認したように、子どもたち
の仲間関係をめぐる課題というのは、その関係性にまつわる子どもたちの動
機の転換が、その解消の鍵を握っていると考えられた。そして、Newman &
Holzman（2014/2020）の議論から示唆を得たように、動機の転換は全体的な状
況の変化、殊に保育の特質に引きつけていえば生活の進展による変化の可能性
が確認された。つまり、保育者にとって仲間関係をめぐる課題というのは、直
接解決する／できるものというよりも、むしろその歴史性を引き受けた上で、
生活を育てることを通していずれ解消されていくことを期待する対象として把
握されているものと予想される。

　以上のような予想のもと、高濱（2001）によるビネット法と、関連する子ど
もたちの事例を用いながら、課題を抱えた仲間関係の変容をうながす保育者の
実践知を可視化する。その最たる特質は、保育者が働きかけうると考えていた
のが、園生活の基本である遊びを育てることまでであった点に集約される。保
育者は、子どもたちが今までにない遊びの楽しさに出会うことで、次第に課題
が生活に与える影響の度合いが変わっていくことを期待・想定していることが
論じられる（例：新しい仲良しができて特定の他児への依存度合いが減る）。保育者が
実践のなかで行うことが可能なのは、課題に応じて、子どもたちを取り巻く生

活のあり方に変化をうながしていく援助に他ならない。

3. 問い3——保育者は子どもとともに「生活」する存在か？

　最後に、問い3「保育者は子どもとともに『生活』する存在か？」である（第5章）。この問いを論じる必要性は、問い1・2を経て喚起される。ここまでの議論で、子どもたちの課題は保育者にとって、援助に見通しを与え（問い1）、そして園生活が育まれることを通していずれ解消されていくことを期待するものとして（問い2）、保育者には把握されていることが確認される。

　ただし、以上の議論はいささか美しすぎる。課題は園生活を通して生じるからこそ、それを生じさせる行為主体（アクター）もまた、必ずしも子どもに限定できないことを確認しておく必要があるだろう。というのも、従来の保育者の専門性研究は基本的に、時空的隣接性をその前提として、子どもを、問題を引き起こす主体として暗黙裡に位置づける枠組みを採用してきた。そしてそれは、幾分かの実践記録においても同様である。子どもの抱えている問題をその始点とし、保育者の教育的意図や働きかけを背景としながらその改善プロセスを扱うこれまでの議論は、美しい専門家像を生産してきたといえよう。しかし現実的には、それぞれの学年・クラスにおいて、保育者と子どもたちが生活を織りなすなかで、少しずつ歯車が噛み合わなくなり、課題が当事者たちの前に姿を現していくと考える方が自然である。実際、実践の最中にいる人々が、その先に何が起こるのかを正確に予測することは困難である。また、人間の生活は複数の要因が複雑に絡み合っており、特定の現象を生じさせた原因を正確に取り出すこともまた、基本的に困難である（野家, 2008）。そうした予測不可能な生活に、子どもたちとともに身を投じるからこそ、保育者は共同生活者たりうるのである。

　保育者が現場で立ち上がる課題について、その解消だけでなく、むしろ生成にさえ関わっていることを扱うのは、「専門性」を論じる上で疑問を呈するものかもしれない。保育実践のなかで課題を生じさせてしまうのは、専門性の足りない、未熟な保育者たる所以と考える者もいることだろう。しかし、その点を論じることを抜きにして、因果論的・技術論的な議論を超えた、「生活の共同生成」を生きる保育者の専門性を論じることはできない。この試みは、保育

者と子どもを〈教育主体－被教育主体〉という非対称的な関係性からとらえてきた（実証的研究を支えてきた方法論および研究デザイン上そのようにとらえざるを得なかった）専門性研究の枠組みを、暮らしの視点から相対化することを意味する。

　第5章ではこの点を、ある私立幼稚園における年長学年の組別対抗リレーをめぐる15のエピソードから検討する。観察されたエピソードの内容を予め紹介するとすれば、それは以下のようにまとめられる。まず、運動会を前にして、保育者は組別対抗リレーを年長の子どもたちに対して導入した。リレーの導入当初、子どもたちはリレーを楽しんでいたものの、徐々に自身の足の遅さにプレッシャーを感じる子どもが現れたり、その子どもを責めるクラスメイトが現れたりするなど、「勝利至上主義」とも呼べる価値観が学年内に生成・表出してしまった。組別対抗リレーの導入という保育者の援助を背景としながら、少しずつ、学年のなかに課題が生成されていったのである。そうして課題に出会った後、少しずつ課題を受容していくように試行錯誤していった子どもたちと保育者の姿が、複数のエピソードをもとに描かれる。以上の議論を通して保育者は、いみじくも、子どもとともに道具（生活）と結果（課題のあり様）の両者を創出し、その全体性を変革していく専門家として把握される。現場において課題が生成されてしまう、現場の外にいる我々からするといわゆる「失敗」に見えるような姿も含めて、保育者は子どもたちとともに「生活」する専門家である。その「失敗」は、藤原（2019）が例示する金繕いのように、また崩れた積み木のように、子どもとともになされる次なる生活の創造を可能にしていく、当事者たちにとって意味のある、大切な資源であることが確認される。

注

1 本書では子ども同士の人間関係を表す語として、『要領』等のガイドラインに言及する文脈のなかで子ども同士の人間関係を扱う場合は「人間関係」を、それ以外の場合は心理学・保育学研究において長年用いられてきた語である「仲間関係（peer relationships）」を用いる。仲間関係とは、相互作用の積み重ねを通して築かれ、園生活での現実を構成している、子どもたちの同年齢他者との関係を意味する概念である（高櫻, 2007）。

2 本書では "ひとりぼっちの子ども " を、広義に「保育者が仲間関係を広げていきたいと考えるほどに他児と関係を結んで遊べずにいる子ども」と定義し用いる。

3 本書では " 親密すぎる関係 " を、広義に「保育者が仲間関係を広げていきたいと考えるほどに親密な子ども同士の関係性」と定義し用いる。

4 なお、保育の中心が生活のなかの「遊び」であることを考えると、ここで文部科学省が表記している「活動」は、基本的には「遊び」に読み替えてもよいだろう。両者の使い分けは、それぞれの文章が、保育者（大人）か子どもか、どちらの視点を重視・意図して執筆されているかによると推察される。

5 「生活の共同生成」における「生成」に対して、本研究では "create" の英単語を当てている。これまで「生成」に対して、Newman & Holzman（2014/2020）では "becoming"（なる）という語が、加藤（2007）では "emergent"（出現する）という語が当てられてきた。これらに対して本書は、「生成」という語を、子どもと保育者が生活を「創り出す」という意味合いで用いていることから、"create" の語を当てることが適切と判断した。

6 森上・柏女（2013）の定義によれば、「援助（assistance）」とは「幼児が環境にかかわって興味や関心を持ちながら生み出していく活動を豊かにしていく支えや、その中で一人ひとりの体験が幼児の成長・発達をうながすようにする保育者の保育的活動の総称」（p.102）と定義される。これは、本研究における「生活の共同生成」概念を背景とした定義と大きく異なるものではない。先行研究の動向と関連して、「援助」を保育者の中核的専門性が顕れる行為として認識しつつも、それを実証的に把握するための道具立てが不足してきた可能性は、十分に考えられる。

第3章

子どもの「課題」の受容は保育者に何をもたらすのか？

クラス替えをめぐる
フォーカス・グループ・インタビューから

第1節　問題と目的

　第3章は、1つ目の問い「子どもの『課題』の受容は保育者に何をもたらすのか？」を、保育における「クラス替え」に注目して検討する。クラス替えは、保育者が子どもたちの課題をまとめて把握した上で、次年度の保育を展望しうる、保育実践上の数少ない機会である。そのクラス替えに際して、保育者は子どもたちの抱える課題をいかに活かしながら新年度クラスを編成しようとしているのか、その構えを把握することが、第3章の目的である。

　はじめに、保育の「クラス替え」をめぐる研究動向を確認しておく。先行研究（特に心理学の諸研究）は保育のクラス替えを、研究目的の達成に有効な、子どもたちに仲間関係の再編を迫る契機の1つとして、道具的に把握してきた経過がある。心理学において、子ども同士の仲間関係というのは、相互作用を通した社会性の発達や安心感を生み出す、1つの社会的な資源として把握されてきた（Bukowski & Hoza, 1989）。その仲間関係の資源を十分に活用できなければ、幼児期の頃から必要な社会的経験を十分に得られず、その後の発達にリスクを生む可能性がある（Parker & Asher, 1987）。それゆえ、社会性の発達だけでなく、子ども同士が形成する仲間関係それ自体もまた、心理学における重要な研究課題となってきた。また、その仲間関係に関する研究の多くは、すでに関係が形成された段階に注目し、仲間関係への適応・不適応を客観的に把握する手法と（例：ソシオメトリック指名法）、それを生じさせる要因の検討を組み合わせ（例：子ども個々の有するコミュニケーション能力や社会的スキルの弱さを測る実験および観察者評定）、不適応な状態にある子どもたちへ向けた科学的介入プログラムを開発するという横断的研究のデザインが主流を占めてきた（研究動向の整理として、例えば Kupersmidt & Dodge, 2004/2013）。

　ただし、こうした研究デザインには1つの問題点があった。それは、仲間関係が形成された後の子どもの姿しか把握できないことである。では、保育施設において子ども同士の仲間関係はいかに形成されていくのだろうか。この論点に対して謝（1999）が注目したのが、クラス替えのような「環境移行」である。環境移行（すなわち保育の場におけるクラス替えや入園の時点）のすぐ後であれば、年度の途中に比べて、まだ子ども同士の仲間関係が十分に形成されていな

い段階にあると推察される。ゆえに謝（1999）は、環境移行のタイミングから調査を開始することができれば、子どもたちによる仲間関係の形成プロセスそれ自体を把握する縦断的研究が可能になると考え、幼稚園への「入園」以降における仲間関係の形成過程を検討している。2年保育の新入園児8名に注目し、半年間にわたって縦断的に追跡した結果、特に子ども同士の仲間関係は入園後、6月から7月中旬（入園後1ヶ月半から3ヶ月）にかけて形成されることが示唆されている。謝（1999）は入園を、仲間関係の形成プロセスを把握するという研究目的に合致する恰好の現象の1つとして道具的に把握した。

　上記のように、保育における環境移行を、仲間関係の形成・変容を生じさせる契機として道具的に把握する視点は、研究者が想定する、クラス替えをめぐる保育者の教育的意図へと横滑りしてきた。例えば、クラス替え後における子どもたちの仲間関係の変容について研究した小島（2008）は、以下のような仮説をその前提に敷いている。

　　子どもが育つ環境を定めているのはおとなにほかならない。しかも多くの場合、おとなが子どもの発達にとって良いと考えてそのような環境を提供している。本研究が扱った「クラス替え」の実践もまた、多くの場合それが園児の発達に大きな意味をもち、とりわけ社会性の発達に刺激をもたらすとの想定のもとで行われているのだろう。だが、そうしたおとな主導の子どもの環境移行が一人ひとりの子どもにとってどのような経験となっているのか、またおとなが期待するような変化がじっさいにみられるのか、個人差はないのかといったことがこれまでは十分に検討されてこなかった。（小島，2008, p.14　下線引用者）

　こうした前提をもとに小島（2008）は、朝と帰りのあいさつ場面における着座位置、および昼食における着座位置の近接関係を指標として、クラス替え以後における子どもたちの仲間関係の変容を検討している。結果、子どもたちは「ほぼおとなの予想どおりに」（p.14）仲間関係を広げていたことや、以前から仲の良かった友だちが、さらに仲良しの相手を増やしていく際に重要な役割を担っていた可能性が報告されている。ただし、なかには仲良しが同じクラスに

居たとしても、仲間関係を安定して作れない子どもも見られたことから、子ども一人ひとりをつぶさに観察する必要性を今後の検討課題として残している。

この検討課題と関連して桃枝（2021）は、クラス替えを伴って年中に進級した1名の男児りょうに注目し、縦断的な自然観察および保育者への面接を通して、クラス替え後における仲間関係の変容プロセスを追跡・検討している。結果、りょうは別のクラスに移った年少の頃の仲良しと交流を持ちつつも、徐々に年少の時には別クラスであった他児と関わりを持つようになり、仲間関係を広げていった過程が描かれている。また、こうしたりょうの成長の背景には、クラス間の枠をゆるやかにとらえる保育者の姿勢が影響していたのではないかと桃枝（2021）は考察している。

しかし、ここで一度立ち止まって確認する必要がある。そもそも先行研究が想定してきた通り、クラス替えは仲間関係を広げたり、社会性の発達をうながしたりするための契機として保育者に活用されてきたのだろうか。例えば大野（2009）は、クラス替え後の1学期におけるクラス運営に対する保育者の認識を、面接調査を通して検討している。結果、新年少クラスでは子どもが「園生活に馴染む」ことが、新年中クラスでは子どもが「新しいクラスに馴染む」ことが、保育者にとって1学期に考慮すべき課題として把握されていたことが示唆されている。もし、小島（2008）などが議論の前提としてきたように、保育者がクラス替えを、子どもたちの仲間関係に広がりを生む契機として活用しているとすれば、それと関連した認識が語りの前面に出てきても何ら不思議ではない。しかし、大野（2009）が示唆しているように、そもそも子どもたちに新しいクラスへ適応してもらうことそれ自体が、保育者にとっての1学期の重要な課題となっている状況を考えれば、私たちは子どもたちの経験もさることながら（小島, 2008; 桃枝, 2021）、むしろ新しい環境への再適応を求めるという壁を"わざわざ"作り出している保育者の教育的意図それ自体を詳細に把握しなければならない。

では、保育者はクラス替えを通して何を実現しようとしているのだろうか。この検討を進める上で大切になるのは、子どもの仲間関係を研究するためにクラス替えを道具的にとらえてきた、これまでの方法論的前提から距離を置くことである。例えば小島（2008）は自身の想定として、「仲の良い者どうしができ

るかぎり同じクラスになるように、またそのことにより園児一人ひとりに心理的不安が重くのしかからないように、またこれに加えて、それでもなお新しい仲間関係づくりも展開していけるように、とのおとながわの配慮がなされているものと思われる」(p.3) と述べている。しかし、環境移行を通した仲間関係の変化を心理的負担として位置づけ配慮するのであれば、そもそもクラス替えはせず、日常の保育のなかで仲間関係に広がりを生みうる活動を展開した方がよいだろう。クラス替えは、仲間関係を広げるのか、それとも子どもにとって負担になるから配慮するべきかという議論は、先行研究の延長線上で研究者側が導いた仮説に他ならない。そして、クラス替えを実施すると決め、何らかの教育的意図をもとに子どもたちを新年度のクラスに割り振り直すことで環境移行を生じさせているのは、紛れもなく専門家としての保育者である。その保育者が、子どもたちの抱えている課題を特段視野に入れずにクラス替えを実施しているとは考えにくい。つまり、クラス替えを通した心理的負担として次年度に現れうるような子ども個々の課題は、環境移行後に解決していくことが求められる負の遺産としてではなく、むしろ環境移行前の、クラス替えを実施する保育者の専門性との関係から積極的かつ統一的に把握されるべきである。しかし、これまでのところ、クラス替えをめぐる保育者の専門的な思考のあり様が論じられることはなかった。

　以上より第3章では、クラス替えを実施する保育者の教育的意図を、子どもたちを新年度クラスに割り振る際の専門的思考の可視化を通して検討する。そのために第3章では、各園における新年度のクラス替えの素案が決定した段階で、その編成に主として携わった保育者を対象に、どのように新年度クラスに子どもたちを割り振ったのかを尋ねるFGIを実施して資料を収集する[1]。得られた語りは、修正版グラウンデッド・セオリー・アプローチ（以下、M-GTA）を用いて分析する（木下, 2020）。M-GTAは、数ある質的データの分析手法のなかでも、複数の事態を考慮しながらも、行きつ戻りつしながら進むプロセス的な現象の全体像を「結果図」として可視化することに長けた分析手法である。特にクラス替えは、後に紹介する協力者の語りにも見られる通り、複数の事情を勘案しながら、また何度も子どもたちを入れ替えつつ、迷いながらも最終的な新年度のクラス編成案を決定していく思考と判断のプロセスに他ならない。そ

の決定プロセスの特徴を落とすことなくとらえつつ、M-GTA の「結果図」により思考様式の仮説モデルを描写することを通して、クラス替えをめぐる保育者の教育的意図を把握する。この把握の先に、子ども一人ひとりの抱えている課題を、保育者が援助へいかなる形で活かしているのかを言語化することが、本章の目的である。

第2節　方法

1．調査協力者

　M-GTA においては、協力者を少しずつ増やす理論的サンプリングを進めることが基本となる（木下 , 2020）。しかしながら、当該調査が計画されたのは、国内に COVID-19（新型コロナウイルス感染症）の感染が拡大していた時期であった。また、クラス替えは通常、各年度につき一度しか行われないという、対象とする現象それ自体の性質に基づく調査タイミングの制約もあった。そこで本調査では、予め調査可能な協力園すべてに調査を依頼し、計画的にすべての資料を収集した後、可能な限り分析の妥当性を担保する措置をとることとした。以下にその概要を記す。

　本調査は 202X 年 3 月下旬にかけて、北海道 Y 市とその近郊に所在する、私立認定こども園 2 園（以下、A 園、B 園）および私立幼稚園 1 園（以下、C 園）の、計 3 園を対象に実施された。対象園は特殊な教育プログラムを導入していない、遊びを中心とした保育を行っていることを基準に選定された。対象園はいずれも、年齢横割りによる同年齢保育を実施していたほか、各学年に 2〜3 つのクラスを有していた。なお、各園の設置法人はすべて異なる。

　結果的に、C 園については主任教諭 1 名が全学年のクラス替えの素案を決定していたが、その他の A・B 園については、当該年度の担任保育者をはじめとする、複数名の保育者間の相談と合議によりクラス替えの素案が決定されていた。そのため、C 園のみ調査協力者と著者による 1 対 1 の面接を実施したほか、A・B 園については素案決定に携わった保育者ほぼ全員を対象とした FGI

を実施した。協力者はすべて女性であった。

　調査の依頼に際しては、まず各園の園長から調査協力の承諾を得た。その後、新年度のクラス替えの素案決定に携わった保育者たちを対象としたFGIを実施したい旨を伝え、日程等を調整した上で調査は実施された。各園の都合により、クラス替えに携わったすべての保育者に面接をすることは叶わなかったものの、保育者13名を対象とした計4回のFGIを通して、5つのクラス替えにまつわる語りを得た[2]。各園において語りを得たクラス替えの内容と、そのクラス替えの素案決定に携わった調査協力者の一覧を、Table 3-1に示す。なお、以降で詳述する分析結果について、調査協力園を広げたり、各年度における差異を分析したりすることを通して、本研究における結果の妥当性の検証、および知見の更新を進めることは今後の課題である。

Table 3-1　第3章における調査協力者と語られたクラス替えの概要

事例 No.	協力園	事例（語りを得たクラス替えの内容）	協力者（素案の決定に携わった保育者）
1	私立A認定こども園	年少（3クラス）→新年中（3クラス）	A1・A2・A3・A4・A5 先生（旧年少クラス担任・副担任）
2		年中（3クラス）→新年長（3クラス）	A6・A7・A8 先生（旧年中クラス担任）
3	私立B認定こども園	年少（3クラス）→新年中（2クラス）	B1・B2・B3 先生（旧年少クラス担任）
4・5	私立C幼稚園	年少（2クラス）→新年中（2クラス）2歳児（1クラス）＆新入園児→新年少（2クラス）	C1 先生（主任教諭）

2. 面接手続き

　面接はすべて著者が行った。一部を除いて、協力者と著者は初対面であった。そのため、各園における今年度の保育の様子などについて会話を交わすことで、協力者と著者との間にある緊張をほぐした上で面接は実施された。回答

第3章　子どもの「課題」の受容は保育者に何をもたらすのか？　109

の記録には IC レコーダーと、A・B 園のみ FGI における話者を特定するために ビデオカメラを用いた。また、面接進行の補助として筆記記録も同時に行ったほか、後述する質問内容に応じてタブレット端末、付箋、マグネットシートを補助器具として用いた。面接は、各協力園の静かな一室で行われた。調査は、当時流行していた COVID-19 の感染拡大防止対策を可能な限り施した上で、対面形式により実施された。

　面接は、以下の 5 項目の質問による半構造化面接により実施された。まず、(1) クラス替えの実施状況と決定フロー、(2) クラス替えの基本的な意図とねらい、(3) 次年度へ向けた保育や子どもたちの課題と期待という、3 つの基本的な情報および考え方を尋ねた。その後、(4) 実際に新年度クラスへ子どもたちをどのように割り振ったのかを可能な限り再現してもらった。最後に、(5) 面接内で話題としてきた学年の子どもたちについて、次年度に担任を受け持つことが決まっている保育者には次年度の保育の抱負を、そうでない保育者には次年度の保育に対する励ましを伺い、自由に交流してもらった。以上の質問項目から得られた語りのうち、当該年度のクラス替えと直接関わりが深いと考えられる語りを分析に使用した。面接の所要時間は、平均 71 分（最短 65 分、最長 75 分）であった。

　上記の質問項目のうち、特に項目 (4) については、協力者と以下のように作業をしながら、子どもたちを新年度のクラスへどのように割り振っていったかを、可能な限り机上で再現してもらった。はじめに、完全に当時のプロセス通りでなくても、クラス替えの素案決定に際して印象に残っている子どもたちの振り分けを中心に再現してもらうべく、協力者が判別可能な範囲で付箋に子どもの氏名を記載してもらい（例：タロウ、A くん）、その付箋をマグネットシートに貼って机上で操作しやすいようにしてもらった。その上で、新年度のクラスにその子どもたちをどのような教育的意図や葛藤を抱えながら、また保育者同士の相談をもとに割り振ったのかを、実際にマグネットシートを動かしながら語ってもらい、机上で再現してもらった。以上の作業を、可能な範囲で継続して再現し続けてもらった。机上における作業の様子は、タブレット端末によって撮影された。机上における作業の様子の一例を、Figure 3-1 に示す[3]。

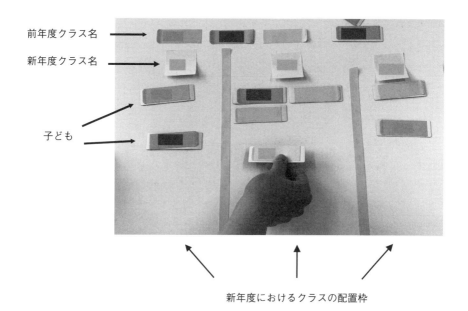

前年度クラス名
新年度クラス名
子ども

新年度におけるクラスの配置枠

Figure 3-1 FGI 時における新年度のクラス編成の素案決定にかかわる再現作業の様子

3．倫理的配慮

　調査の依頼時および面接前に、調査への参加は任意であり、参加の拒否や中止、録音の中断・停止が可能であること、また拒否や中止に際して一切の不利益がないことを調査協力者に説明した。次に、記録については電子・筆記を問わず厳重に管理されること、記録使用に際しては個人が特定されないよう十分に配慮すること、また面接内でも子どもの名前を出すことが難しい場合は仮名を用いて差し支えないことを説明した。以上の説明に対して同意を得られた協力者にのみ、本調査は実施された。なお、本文中における協力者の仮名は、園名の仮名のアルファベットと数字の２つを組み合わせることで判別可能にしている（例：「A1 先生」）。

4．分析手続き

　M-GTA による語りの分析は、以下の手順で進められる（木下，2020）。(1)

データに根ざした分析が可能となるように、分析テーマと分析焦点者を設定する[4]。(2) 逐語起こしされたプロトコルデータのなかから、分析テーマに関連する箇所を具体例として着目・抽出し、ワークシート上に概念名、定義、具体例を記載することで複数の概念を生成する。なお、ワークシートは概念毎にそれぞれ分けて作成する。(3) 概念同士の関係性を検討することで、複数の概念からなるカテゴリーを生成し、カテゴリー同士の関係性をとらえる。本研究では、カテゴリーと概念との関係を円滑に理解するために、必要に応じてカテゴリーと概念との間にサブカテゴリーを設定した。(4) カテゴリー、サブカテゴリー、概念間の関係から結果図を作成し、ストーリーラインを生成する。本研究においては、分析テーマを「保育者におけるクラス替えの素案決定プロセスに関する研究」、分析焦点者を「新年度におけるクラス編成の素案を立てた保育者」とした上で、以上のプロセスに基づいて分析を進めた。

　なお、本調査では先述の通り、理論的サンプリングおよび理論的飽和化を厳密に図ることが困難な状況下にあった。そのため、本調査では以下の措置をとることで、M-GTA を用いた語りの分析および議論の妥当性を可能な限り担保することとした。まず、Table 3-1 にある 3 園にまとめて協力を依頼し、可能な限り豊富な語りを得られるように配慮した上で面接調査を実施した。3 園から得られた語りは著者が分析し、概念およびカテゴリーを生成した。その上で、分析のスーパーバイズとして、本調査からは独立した、保育者を対象とした質的な面接調査および論文執筆の経験がある研究者 1 名、および協力園 3 園とは異なる私立認定こども園の園長 1 名（保育者としてクラス替えの担当経験あり）に、分析ワークシートをすべて開示した上で著者が作成した概念およびカテゴリーの妥当性を確認してもらったほか、追加で想定されるカテゴリーや概念について検討してもらった。2 名から得られた指摘をもとに再分析および概念・カテゴリー名の修正を行った上で、これ以上の修正および概念の追加の必要がないとの助言をもって、保育者のクラス替えをめぐる思考のあり様をとらえるための有用な仮説的枠組みを得たと判断し、分析を終了した。

第3節 結果と考察

　3園による5つのクラス替えをめぐる語りを分析した結果、保育者によるクラス替えの素案決定をめぐる専門的な思考様式は、4つのカテゴリーと4つのサブカテゴリーからなる、計18の概念に分類された。生成されたカテゴリー、サブカテゴリー、概念の定義と具体例の一例をTable 3-2に示す。また、最終的に描写された、概念およびカテゴリー同士の関係性を示した結果図をFigure 3-2に示す。

　以降では、保育者から得られた語り、およびM-GTAを用いて分析・視覚化された結果を、以下の2つのステップで考察する。まず、結果と考察内において、保育者たちの語りから導出された概念の1つひとつを、カテゴリー毎に確認していく。その後、総合考察において、特に結果図（Figure 3-2）を保育者の思考様式の仮説モデルとして参照しながら、クラス替えをめぐる教育的意図を確認した上で、保育者が子どもたちの抱える種々の課題をいかに援助へ活かそうと把握していたかについて考察・言語化する。

　なお、第3章の本文中においては以下、Figure 3-2内のカテゴリーを【　】、サブカテゴリーを《　》、概念を〈　〉の囲みで表記している。保育者の語りを一部本文中に挿入する際には、該当箇所を「　」で囲み、そのなかに発話者を記載している（例：A1先生による語りなら（A1先生））。また、本文内において、語りの意味内容がTable 3-2に示すどの概念にまとめられているかが明示的ではない箇所には、適宜文末などに補足を加えている（例：〈関係の再編成〉にまとめられた語りの意味内容については、（〈関係の再編成〉より）などと明記している）。

Table 3-2　カテゴリー・サブカテゴリー・概念・具体例の一覧

カテゴリー	サブカテゴリー	概念	定義	語った園	具体例
クラス替えの有無の判断	クラス替えの有無	子どもの実態に基づく判断	各年度における子どもやクラスの実態に応じて、クラス替えの必要性を検討・判断すること	A・B	いろいろな子とかかわる機会を（作りたい）。やっぱり固定で仲良しの子というのがクラスでだいたい年中の時って決まってきたりもするので、それをちょっとあえて外してみたりとか、違う、もっといろいろな子とかかわったり、話してみたり（してほしい）。（A6先生）

第3章　子どもの「課題」の受容は保育者に何をもたらすのか？　113

カテゴリー	サブカテゴリー	概念	定義	語った園	具体例
クラス替えの有無の判断	—	教育課程に基づく判断	各園の教育課程との関係からクラス替えの必要性を検討・判断すること	C	うちの教育課程から言うと、年少は自分らしさ、個の発揮みたいな感じなんですけど、年中になったら、それが小集団になって、（中略）年長で今できた関係性をより深めて、仲間と協同的な遊びということに向かうためには、クラス替えをするともう一度、一からの関係性づくりからはじまってしまうので、そこは継続して、担任だけが替わるんですよね。(C1先生)
		経験則に基づく判断	各園で継承されてきた経験則をもとにクラス替えの必要性を検討・判断すること	A・B	（以前は）先生がそのまま持ち上がりだったので、何かもっといろいろな大人とかかわる機会を設けた方がいいね、みたいな話からですよね、（クラス替えがはじまったのは）きっと。(A6先生)
園の基本方針に基づくクラス編成	クラス間のバランスをとる配置	小学校区の均等化	小学校への移行を円滑にするために同じ学区の子どもを同じクラスに割り振ること	B・C	小学校に行く時に子どもたちが安心して「〇〇君も一緒だから安心だな」と思ってもらえるんじゃないかというのもあったり、つながりをやっぱり大事にして進学してほしいというのがあるので、小学校区中心に人数バランスを決めています。(C1先生)
		男女比の均等化	各クラスの男女比が可能な限り均等になるように子どもを割り振ること	A・B・C	男女比もそうだ。10人、10人だった。(B3先生)
		在園時間の均等化	各クラスにおける保育の利用時間に偏りが出ないように子どもを割り振ること	A・B・C	こども園になったので、2号認定として1日8時間以上、12時間近く園で過ごすお子さんと、そうでない5時間程度で帰るお子さんとのバランスは最後、やっぱり調整はかけなきゃいけなくて。(B2先生)
		誕生月の均等化	各クラスで月齢の偏りが生まれないように子どもを割り振ること	C	（新年少については）誕生月の偏りとかも見て。ここ（年少）で1年過ごせば、（中略）（年中でのクラス替えでは）そこまで神経質にならなくてもいいのかなという気はしています。(C1先生)
		新入園児の均等化	新入園児と在園児の割合をクラス毎に均等にするように子どもを割り振ること	C	慣れてきた4年教育児（在園児）と新たに入ってきた3年教育児（新入園児）がバランスよく半々になっていったら、うちのクラスも同じような成長するだろうという。(C1先生)

カテゴリー	サブカテゴリー	概念	定義	語った園	具体例
園の基本方針に基づくクラス編成	配慮を要する子ども・保護者の配置	特別な配慮を要する子どもの配置	特別な配慮を要する子どもと丁寧にかかわるべく、関連する子どもの配置や担任予定の保育者の力量および希望、また加配保育者の有無を念頭に置いて割り振ること	A・B・C	がっちり加配を付ける彼（スグル）を、1年目の先生の方に（入れた）。加配がちゃんと付くので。(加配が)付かなかったら逆なんですけど、付くということなので、1年目の先生のところに入れました。(B2先生)
					特別支援の子はよく考えますね。（中略）こっち（片方のクラス）ばっかりに偏っているとかいうふうになった時には、もう少しバランスを見て入れ替えようというのはあるかなと。(C1先生)
		保護者対応に基づく配置	対応が難しい保護者の子どもが特定のクラスに集まらないように分散させたり、トラブルのあった保護者の子ども同士を別のクラスに割り振ること	A・B・C	1年目の先生にはこの保護者の対応は少し難しいのではないかという意見も全部考慮して、できるだけ負担が偏らないようにはしたけれど。(B2先生)
子どもの成長と課題を踏まえたクラス編成	子どもの成長と課題の見とり	子ども個々の見とり	子ども一人ひとりの成長およびそれと関連する課題をとらえること	A・B・C	ゲンキが結構新しい環境だったり新しい遊びだったり集団活動だったりが、ちょっと最初、全然できなくて。(A3先生)
					彼（タロウ）は思いのほか、成長したなと、自我が抑えられるように成長したんだなという姿があったので。(B3先生)
					こっちの子（リョウ）はその（ヒデキの遊びの）思いをくみ取れず、その遊びを結局、邪魔しちゃったりとか（中略）、その遊びがうまく成り立たない。(C1先生)
		仲間関係の見とり	子ども同士の仲間関係およびそれと関連する課題をとらえること	A・B・C	でも2学期ぐらいにショウタ君と仲良くなってからちょっとずつ積極的になったり、遊びの面でもゲンキが引っ張ったりとかする面もあって。(A3先生)
					（クラスは別だけれど）関係性はすごくあって、入園当初からもうこの2人（ヒデキ・タケシ）はワイルドに遊ぶので、（中略）今は別のクラスだけど「今この2人（ヒデキ・タケシ）がまたくっついて同じクラスになるのはどうかな……？」というのはすごく悩んで。(C1先生)

カテゴリー	サブカテゴリー	概念	定義	語った園	具体例
子どもの成長と課題を踏まえたクラス編成	子どもの成長と課題の見とり	子ども－保育者関係の見とり	子どもと保育者との関係性および関連する課題をとらえること	A・B・C	やっぱり彼（タロウ）は今、B3 先生と同じクラスで、ちょっと認める姿が一瞬あれば満足して発揮できると思うんですね。せっかく発揮できるようになってきたところを、こうしてしまう（また B3 先生と一緒にする）のはもったいないのかなというのがあって。（B2 先生）
		保護者との見とりの共有	保護者と子どもの成長および課題を共有し、クラス替えについての共通理解を図ること	A・B・C	「いや、むしろ成長していますよ」って（お母さんに伝えた）、というのがあって、（C1 先生）
	見とりに基づく配置	関係の維持	子どもの成長と課題に応じて、適当と考えられる他児・保育者と同じクラスに割り振ること	A・B・C	そこで 2 人の信頼関係があっての年中の方がいいかなと思って、ゲンキも新しい場所になるけど、きっとショウタといたら大丈夫かなと思って（同じクラスにした）。（A3 先生）
				A・B・C	遊びの面は絶対、お互いの相乗効果でよりもっと遊べるようにって考えていけると思うので、そこ（ヒデキ・タケシ）は組ませました。（C1 先生）
		関係の再編成	子どもの成長と課題に応じて、特定の他児・保育者とは異なるクラスに割り振ること	A・B・C	彼（タロウ）は頑張れるから、こっち（年少の時担任だった B3 先生の居ないクラス）で頑張れ。（B2 先生）
				A・B・C	（ヒデキと）遊びたくてもその遊びを十分できないんだったら、（リョウは）そういう遊びが成り立つような子とませた方が（よい）。（C1 先生）
整合性と決断	－	整合性を図る	子どもを割り振っていく過程で当初の方針とは異なる配置が生じた際に、全体の様子に合わせて最も妥当な配置になるよう微調整を行うこと	A・B・C	（調整の結果）他がちょっとズレた時に、「あ、待って、（課題を抱えた子どもと相性がよさそうな）この子はそういえば（もともと配置したクラスから）いなくなっている。さっきこの子（課題を抱えた子ども）と仲良くなるようにイメージしたのに……。でもやっぱりこの（別の相性が良さそうな）子だったら（一緒にやっていけるかもしれない）」みたいな感じで。（B3 先生）
		迷いと決断	不安が残る子どもの振り分けについて、迷いながらも決断すること	A・B・C	（ヒデキは）せっかく伸びてきている。この子（タケシ）もその子なりに伸びているけど、果たしてまた一緒になって、どんな姿になるんだろうとか思ったんですけど、（中略）いろいろそういうのを考えていくと、いや、それぞれ育っているんだから、信じて（ヒデキとタケシを）組ませてみようと。（C1 先生）

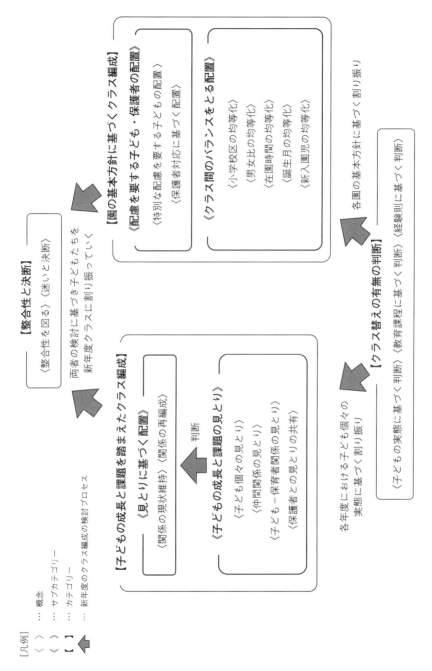

Figure 3-2 保育におけるクラス替えの素案決定プロセスに関する仮説モデル（結果図）

1. プロセス全体の動き

　まず、クラス替えは実施する必要性が公に定められているいとなみではない。実施の有無は、各園の状況や方針によって適宜判断される。そこで保育者は年度末にかけて、はじめに【クラス替えの有無の判断】を行っていた。そこで保育者は、各年度における〈子どもの実態に基づく判断〉、各園の〈教育課程に基づく判断〉および〈経験則に基づく判断〉を組み合わせることで、クラス替え実施の有無および子どもたちの割り振りの方法・方針を検討していた。その上で、クラス替えを実施することになった際、保育者は大きく2つの方針をもとに検討を進めることで、子どもたちを新年度のクラスに少しずつ割り振っていた。

　第1に、【園の基本方針に基づくクラス編成】の検討である。保育者は各園の実態に合わせた《クラス間のバランスをとる配置》と《配慮を要する子ども・保護者の配置》という2つの基本方針を概ね満たすように、新年度のクラスへ子どもたちを割り振ろうと考えていた。本研究では大きく7つの、クラス替えをめぐる基本的な編成方針が語られた。

　第2に、【子どもの成長と課題を踏まえたクラス編成】の検討である。クラス替えに際して保育者は、〈子ども個々の見とり〉、子ども同士の〈仲間関係の見とり〉、そして〈子ども－保育者関係の見とり〉を複合的に組み合わせることで、《子どもの成長と課題の見とり》を進めていた[5]。また、保育者はその過程で必要に応じて〈保護者との見とりの共有〉を行うこともあるという。それは、子どもに対する新年度クラスへの《見とりに基づく配置》を進めていくためであった。保育者は、年度末までの子ども一人ひとりの成長と課題に合わせて、次年度の生活を通した育ちを実現するために最も適した人間関係の組み合わせが実現するように子どもたちを割り振ろうと考えていた。その割り振り方はシンプルに、特定の子ども・保育者の関係を分けるか、そのまま一緒にするかという、2つの概念に分けられた。まず、保育者は子どもの成長と課題を見とった上で、ときに〈関係の維持〉が必要だと判断することがあった。そのように判断した場合、保育者は該当する子どもを、可能な範囲で特定の他児や前年度クラスの担任・副担任保育者と再度同じクラスに配置していった。反対に、保育者は子どもの成長と課題を見とった上で、ときにクラス替えを1つ

の契機として、〈関係の再編成〉を進めることが肝要だと判断することもあった。そのように判断した場合、保育者は、その子どもを特定の他児や担任・副担任保育者とは別のクラスに配置していった。

　ただし、子どもたちを少しずつ新年度のクラスに配置していくと、次第に【園の基本方針に基づくクラス編成】および【子どもの成長と課題を踏まえたクラス編成】に基づく割り振りとの整合性が取れなくなってしまうことがある。その際、保育者は可能な限り両者の方針を満たすように〈整合性を図る〉べく、子ども同士を入れ替えるなどして割り振りの見直しを行っていた。その上で保育者は、子どもの成長と課題の見とりに基づく配置が果たして適切かどうかに関する〈迷いと決断〉を経て、新年度のクラス編成の素案を固めていた。

2.【クラス替えの有無の判断】

　クラス替えにあたって、はじめに保育者が確認していたのが、【クラス替えの有無の判断】であった。というのも、保育においてクラス替えは必須の実践ではない。基本的には、毎年同じクラスのまま進級し卒園を迎えてもよいほか、単一のクラスしか有していない保育施設ではそれが常である。実際、A園においてクラス替えは「『してもいいし、しなくてもいいよ』みたいなニュアンス（A1先生、〈経験則に基づく判断〉より）」があるのだという[6]。そうした状況下において、複数クラスを有する保育施設の保育者がクラス替えを行うに至るのは、一体どのような判断によるのだろうか。

　協力者たちから語られた、クラス替えの有無に関する判断基準をめぐる語りは、大きく3つの概念に分類された。第1に、各年度の子どもやクラスの実態に応じてクラス替えの必要性を検討・判断する、〈子どもの実態に基づく判断〉である。この判断は、大きく2つの特徴からなっていた。

　まず、細部としての、保育者が気になる子どもたちの実態についてである。例えばB1先生は1年間にわたって年少児クラスの担任をしてきて、「何かやっぱり、学年で動いているけど、やっぱりクラスの子で固まって仲がいい子たちもいるなかで、例えば3人で仲良く、いつも一緒にいるけど、何かその関係性があんまりよくないなと（B1先生）」感じてきたのだという。同様にA6先生も、自身が担任をしてきた年中児クラスの子どもたちに対して、「いろいろな

子とかかわる機会を（作りたい）。やっぱり固定で仲良しの子というのがクラスでだいたい年中の時って決まってきたりもするので、それをちょっとあえて外してみたりとか、違う、もっといろいろな子とかかわったり、話してみたり（A6先生）」してほしいと感じていたのだという。このように、保育者は当該学年における子どもたちの実態を大まかに見とった上で、次年度での成長を期待しつつ、クラス替えの必要性について判断していた。

　次に、大枠としての、クラス全体の特徴についてである。例えば、保育施設によっては3歳以上児クラス（3歳児の年少児クラス～5歳児の年長児クラス）は3歳未満児クラス（0歳～2歳児クラス）と比べて定員が増えるため、年少児クラスの段階で新入園児が多く入ってくることがある。結果、「ふたを開けてみないとやっぱりどんな感じの子たちかわからない（A4先生）」にもかかわらず、そのなかで保育者は新年度のクラス編成案を決めざるを得ない。また、年中への進級時に改めてクラス替えをしたとしても、保育のなかでそのクラスがどのように形作られるかは見通しきれない。それゆえ結果的に、A5先生の言葉を借りれば、「カラーというか性格」が特徴的なクラス集団が毎年出来上がっていく（例えば、B1先生の担任クラスはしっかりしている子どもが多い「頭脳派集団」、B3先生の担任クラスはアイデアマンが多いが意見のぶつかり合いが絶えない「個性派集団」、A4先生の担任クラスは静かな子どもが多い穏やかな「受身型」のクラスになったのだという）。そうした現状に対して保育者は、各クラス集団の「カラー」の「バランスを整える（A1先生）」ために、子どもたちを適宜入れ替える必要があると考えるのだという。

　第2に、〈教育課程に基づく判断〉である。この内容について語ったのは、C園の協力者のみであった。C1先生によれば、「うちの教育課程から言うと、年少は自分らしさ、個の発揮みたいな感じなんですけど、年中になったら、それが小集団になって、人とつながったり、交わったりすることが楽しい。それを次の学年に行った時に、年長で今できた関係性をより深めて、仲間と協同的な遊びということに向かうためには、クラス替えをするともう一度、一からの関係性づくりからはじまってしまうので、そこは継続して、担任だけが替わる（C1先生）」のだという。C園は自園の教育課程に基づき、年長への進級時にクラス替えを実施しないことを、園としての積極的な判断として位置づけていた。

第3に、各園の〈経験則に基づく判断〉である。例えばA園では、かつて
から「少から中は（進級時にずっとクラス替えを）していた（A1先生）」ものの、年
中から年長へ進級する際にクラス替えがはじまったのは、「もっといろいろな
大人とかかわる機会を設けた方がいいね（A5先生）」という議論が出た3年前
からなのだという。また、過去のクラス替えをはじめるに至った経緯と関連
して、例えば先輩保育者から、すべての子どもを「ばらばらに離すわけではな
くて、その子の発達だったりとか、今の精神状態とか、遊びの広がりの様子と
か、そういうのを全部踏まえた上で、どの子とどの子を一緒にくっつけた状態
で上げる（B2先生）」かを考える必要性を教わったり、「（今までの方法では）あま
りうまくいかないぞという先生たちの感触（A8先生）」を活かすなどして、保
育者は新年度におけるクラス編成の決め方を、各園の経験則とその継承に基づ
いて検討・判断していた。

3.【園の基本方針に基づくクラス編成】

　以上のような園毎に異なる判断基準をもとに、クラス替えを進めるべきと判
断した際、保育者は大きく2つの基本的な編成方針をもとに、子どもたちを新
年度クラスに割り振っていた。まず詳述するのは、【園の基本方針に基づくク
ラス編成】である。保育者は《クラス間のバランスをとる配置》および《配慮
を要する子ども・保護者の配置》という、大きく2つの方針を念頭に置きなが
ら、新年度クラスに子どもたちを割り振っていこうと考えていた。

　《クラス間のバランスをとる配置》　まず、《クラス間のバランスをとる配
置》である。極端にいえば、保育者からは、"片方のクラスは男児のみ、もう
片方のクラスは女児のみ"といった分け方にならないように、また"あるクラ
スに1月～3月生まれの月齢が低い子どもがまとまる"といったことがないよ
うに、子どもの幾つかの属性に注目し、それが新年度のクラスにおいてある程
度まで均等になるように割り振りを調整している旨が語られた。協力園3園か
らは、以下の5点が語られた。

　第1に、〈小学校区の均等化〉である。特にC園では、「小学校に行く時に
子どもたちが安心して『○○君も一緒だから安心だな』と思ってもらえる（C1

先生)」ように、最後のクラス替え（年中進級時）では同じ小学校区の子どもたちが同クラスに揃うよう、意識して振り分けているという。ただし、この配慮は園の置かれた状況にもよると考えられる。C園は都市部にある私立幼稚園であり、子どもたちの学区も複数にまたがっていた。反対に、郊外に位置したB園では、かつて〈小学校区の均等化〉を行っていたものの、「学区ごとによって、すごく人数に差がある（B2先生）」という話になり、現在ではそのような配慮を行わなくなったのだという。

第2に、〈男女比の均等化〉である。協力園すべてにおいて、各年度・学年で男女の数にはばらつきが見られるものの、各クラスでその比率が概ね均等になるよう調整されていた。

第3に、〈在園時間の均等化〉である。特に認定こども園では、子どもの認定区分[7]により在園時間にばらつきが出る。また、通園バスを利用している保育施設で、特に複数時間帯に分かれるバスコースがある場合もまた、1便・2便といった形で登園時間にばらつきが生じることになる。保育者からは、可能な限り各クラスでそうした在園時間の偏りが少なくなるように、〈在園時間の均等化〉を意識している旨が語られた。

第4に、〈誕生月の均等化〉である。この均等化について語られたC園においては、月齢による発達差が特に顕著である新年少児クラスで、誕生月のバランスを意識しているという。また、C1先生によれば、そのバランスについては、新年中への進級時にはそこまで神経質にならなくてもよさそうなのだという。

第5に、〈新入園児の均等化〉である。この均等化について語られたのはC園のみであったが、それは未満児クラスから新年少児クラスへの移行に伴うクラス替えについても語られたことに由来すると推察される。先述のように、未満児クラスから以上児クラスへの移行の際には、多くの新入園児が加わることになる。そのため、在園児と新入園児がバランス良く半々になるように考慮しているという。また、今回の調査では明示的に語られなかったものの、新年中児クラス以降において途中入園する子どもが複数現れたら、その子どもたちが同じクラスにならないように分散させる可能性は十分に考えられよう。

《配慮を要する子ども・保護者の配置》　次に、《配慮を要する子ども・保護者の配置》である。語りは、以下の２つの概念に分類された。

第１に、〈特別な配慮を要する子どもの配置〉である。保育者からは、障害診断の有無にかかわらず、特別な配慮を要する子どもがいずれかのクラスに偏らないように配慮しながら新年度のクラス編成案を練っている旨が語られた。また、加配保育士がつく子どもについては、複数いる場合はクラスを別にしつつ、可能な限り若手保育者の担任クラスに配置しようと考えられていた。以上の配慮によって、次年度も特別な配慮を要する子どもに丁寧な声かけや関わりを持つことができるように、新年度に予定されているクラスの担任保育者の力量や希望、および加配保育士の配置を考慮しながら、該当する子どもを新年度クラスに割り振っている旨が語られた。なお、以上の配慮の先に見られる、特別な支援を要する子どもも含めた、子どもに対する保育者の丁寧な関わりの実際をめぐる語りは、後述する概念〈子ども−保育者関係の見とり〉内にまとめられた。

第２に、〈保護者対応に基づく配置〉である。保護者のなかには、園および保育者にとって対応が難しい者もいる。そうした保護者が特定のクラスに偏らないように、また若手保育者に可能な限りその保護者が当たらないように、新年度のクラスが編成されていた。また、保護者と保育者との関係だけでなく、例えば「この１年間で子ども同士のトラブルがあって、大人同士もちょっと険悪になっちゃった（A1先生）」場合など、子ども同士のトラブルにより関係が悪くなっている保護者同士についても、場合によっては可能な限り別のクラスになるように、該当する子どもたちを新年度クラスへ割り振っている旨が語られた。

4.【子どもの成長と課題を踏まえたクラス編成】における《子どもの成長と課題の見とり》

ただし、保育者は【園の基本方針に基づくクラス編成】という基本方針のみに基づいて、機械的に子どもたちを新年度クラスに配置していたわけではなかった。むしろ、そうした各園の基本方針を背景としつつも、保育者が気を揉みながら検討していたのが、【子どもの成長と課題を踏まえたクラス編成】で

第3章　子どもの「課題」の受容は保育者に何をもたらすのか？　123

あった。

　【子どもの成長と課題を踏まえたクラス編成】にあたって、まず保育者は《子どもの成長と課題の見とり》として、子どもに対する以下の3つの見とりを行っていた。第1に、〈子ども個々の見とり〉である。第2に、子ども同士の〈仲間関係の見とり〉である。そして第3に、〈子ども－保育者関係の見とり〉である。以上の3つを複合的にとらえることで、保育者は年度末の時点で、子どもたちのそれまでの成長の経過と、現在どのような課題を有しているかを見とり、それをもとにクラス替えを進めようと考えていた。各概念にまとめられた語りの意味内容を具体的に把握するために、以下では Table 3-2 に語りの例を記載している、複数の見とりを組み合わせながらクラス編成を検討していた各園の代表例として、A 園のゲンキ、B 園のタロウ、C 園のリョウ・ヒデキ・タケシを中心に確認していく。その後、【子どもの成長と課題を踏まえたクラス編成】内にまとめられた概念〈保護者との見とりの共有〉の内容についても確認する。

　ゲンキの場合（A 園・新年中児）　まず、A 園のゲンキである。ゲンキについては、〈子ども個々の見とり〉と〈仲間関係の見とり〉が組み合わされていた。ゲンキはもともと、「新しい環境だったり新しい遊びだったり集団活動だったりが、ちょっと最初、全然できな（A3 先生）」い子であった（〈子ども個々の見とり〉より）。けれども、ゲンキは徐々に、その課題を克服しはじめたことを保育者は見とっていた。特に A3 先生によれば、「2 学期ぐらいにショウタ君と仲良くなってからちょっとずつ積極的になったり、遊びの面でもゲンキが引っ張ったりとかする面も（A3 先生）」出てきたのだという（〈仲間関係の見とり〉より）。そうしたゲンキの育ちに対する見とりのもと、保育者はゲンキとショウタとの関係を、年中児クラスでも継続して大切にしていく必要性を認識していった。

　タロウの場合（B 園・新年中児）　次に、B 園のタロウである。保育者はタロウに対して、〈子ども個々の見とり〉と〈子ども－保育者関係の見とり〉を組み合わせることで、年度末までの成長と、これからの課題を解釈していた。タ

ロウはもともと、自我が抑えられずに集団保育の場面で特に支援を要する、ひとりだちがなかなかできない子として保育者たちから認識されていた。しかし、タロウは「進級デイ」と呼ばれる、学期末における年中クラスの体験日において、環境が変化したにもかかわらず、「思いのほか、成長したなと、自我が抑えられるように成長したんだなという姿（B3先生）」が見られたという（〈子ども個々の見とり〉より）。また、その成長した姿を受けて、「せっかく発揮できるようになってきたところを、こうしてしまう（またB3先生と一緒にする）のはもったいない（B2先生）」という考えも生まれていった（〈子ども−保育者関係の見とり〉より）。もともと担任だったB3先生のことを頼らずとも、タロウは園生活を楽しんでいける段階に来ていると、保育者たちは見とったのであった。

ヒデキ・リョウ・タケシの場合（C園・新年中児）　最後に、ヒデキ・リョウ・タケシである。ヒデキとリョウは年少児の際に同じクラスで、タケシは別のクラスであった。ヒデキは遊びのイメージがパッパッと出てくるような子であり、かつ園生活のいろいろなことに折り合いをつけられる子でもあった（〈子ども個々の見とり〉より）。そのヒデキと特に遊びたがっていたのが、同じクラスのリョウであった。しかし、リョウはそこまで理解力が高くなく、「（ヒデキの遊びの）思いをくみ取れず、その遊びを結局、邪魔しちゃったりとか（中略）、その遊びがうまく成り立たない（C1先生）」日々が続いていたのだという（〈子ども個々の見とり〉より）。

　反対に、別のクラスに居たタケシは、「発想力がすごく豊かな子で、遊びが（ヒデキに）たぶん合う（C1先生）」ほか、実際ヒデキと楽しくワイルドに遊ぶ関係性もできていたという（〈子ども個々の見とり〉および〈仲間関係の見とり〉より）。ただし、ヒデキは自己主張が強く、また園生活で気持ちに折り合いをつけたり、場面を切り替えたりするのが得意ではなく、それにリョウが引きずられてしまわないかどうか、「今は別のクラスだけど『今この２人（ヒデキ・タケシ）がまたくっついて同じクラスになるのはどうかな……？』というのはすごく悩ん（C1先生）」だのだという（〈仲間関係の見とり〉より）。以上のような見とりをもとに、保育者は新年度の２クラスへ、ヒデキ・リョウ・タケシをどのように割り振るのが最適か、悩みつつ判断していったのであった。

〈保護者との見とりの共有〉について　以上の子どもたちについては語られなかったが、保育者はときに、必要に応じて〈保護者との見とりの共有〉を図ることがあるのだという。例えば双子の場合、同じクラスになることで、その保護者にとっては懇談会や行事の出席が楽になるといった現実的なメリットがある。しかし、そうした利便性をもとに同じクラスにしてしまうと、ときに2人は自宅と同じように、保育施設でもべったりと遊んでしまい、双子の成長にとってはポジティブに働かないと見通せることがある。保育者からは、そのような子どもの姿が予想された際、必要に応じて保護者と相談の上、自身の見とりを共有し、今後の子どもの育ちのためにクラス替えの方向性をすり合わせている旨が語られた。また、双子等でなくても、我が子の育ちに悩みを抱えている保護者に「『いや、むしろ成長していますよ』って（お母さんに伝えた）（C1先生）」りするなどして、クラス替えの方向性について事前に相談をすることもあるのだという。

5.【子どもの成長と課題を踏まえたクラス編成】における《見とりに基づく配置》

　以上のような見とりを複合的に組み合わせることで、保育者は《見とりに基づく配置》により、子どもたちを新年度クラスに割り振っていた。その割り振り方はシンプルに、子どもの成長と課題に応じて、適当と考えられる他児・保育者と同じクラスに配置する〈関係の維持〉と、反対に特定の他児・保育者とは異なるクラスに配置する〈関係の再編成〉の2つの概念に分けられた。「クラス替え」という用語からすると、つい既存の関係性をバラバラにするイメージを抱きうるが、保育者から語られた具体例は、必ずしもそうではなかった。むしろ、子ども一人ひとりの成長と課題に関する見とりをもとに、教育的な意図を持って、あえて特定の子ども同士を一緒にしておくことも、保育者にとっては大切な配慮になっていたのである。以下では引き続き、《子どもの成長と課題の見とり》で取り上げた3つの事例をもとに確認する。

　ゲンキの場合（A園・新年中児）　まず、A園のゲンキとショウタである。ゲンキとショウタが仲良くなってから、徐々にゲンキは遊びの面でショウタを

リードするなど、自分を出すことができるようになってきた。そうした姿を受けて保育者は、新しい環境でも積極的になることができる現在の仲間関係を大切にすることが、ゲンキにとって最適なクラス編成であると考えたのであった。A3先生は「2人の信頼関係があっての年中の方がいいかなと思って、ゲンキも新しい場所になるけど、きっとショウタといたら大丈夫かな」と考え、ゲンキとショウタを新年度に同じクラスへ配置したのであった。また、それでもなおゲンキらのことが少し不安だったA3先生は、「でもちょっと2人、不安なので、私（A3先生）が見ようかなと思って」と、自身が次年度に担任することが決まっていたクラスに配置した。保育者は特定の子ども同士のみならず、それまでの担任保育者をも同じクラスに組み合わせるという、〈関係の維持〉を大切にした割り振りを、ゲンキに対して行ったのであった。

タロウの場合（B園・新年中児）　次に、B園のタロウである。タロウは年度末にかけて、自我を抑える力が育ち、自分の力を発揮できるようになってきた様子が見られてきた。また、それに合わせて、担任保育者に頼らずとも自立していけるのではないかという見通しが保育者のなかで立っていった。それを受けてB2先生は、「彼（タロウ）は頑張れるから、こっち（年少の時担任だったB3先生の居ないクラス）で頑張れ」と、あえて年少当時の担任保育者が居るクラスとは別のクラスに配置し、タロウに新たな成長の機会を生みうる人的環境を用意したのであった（〈関係の再編成〉より）。

ヒデキ・リョウ・タケシの場合（C園・新年中児）　最後に、C園のヒデキ・リョウ・タケシである。C1先生が悩んでいたのは、リョウ・タケシのどちらを組み合わせるのが、ヒデキにとって最も適切な組み合わせなのかであった。そこでC1先生が下した決断は、子どもたちの遊びのさらなる充実であった。C1先生は、「遊びの面は絶対、お互いの相乗効果でよりもっと遊べるようにって考えていけると思うので、そこ（ヒデキ・タケシ）は組ませ」てみようと判断したのであった（〈関係の維持〉より）。反対に、リョウについては、「（ヒデキと）遊びたくてもその遊びを十分できないんだったら、（リョウは）そういう遊びが成り立つような子と組ませ（C1先生）」た方がよいだろうと判断し、ヒデ

キ・タケシとは別のクラスに配置したのであった（〈関係の再編成〉より）。ただし、C1先生はこのように割り振ってもなお、この判断が果たして適切だったのか、当時のヒデキの担任保育者と最後まで悩み続けていた。この点については、後に触れる概念〈迷いと決断〉のなかで詳述する。

6.【整合性と決断】

　以上のように、保育者は【クラス替えの有無の判断】の後、【園の基本方針に基づくクラス編成】が背景にありつつも、毎年における子どもたちの実態に応じた【子どもの成長と課題を踏まえたクラス編成】を丁寧に進めることで、少しずつ子どもたちを新年度のクラスに割り振っていた。しかし、その作業を進めていったり、すでに割り振った子どもを移動し直したりすると、徐々に当初の割り振りの方針・意図と整合性が取れなくなってしまうことがある。その際、保育者は可能な限り【園の基本方針に基づくクラス編成】と【子どもの成長と課題を踏まえたクラス編成】の両者を適切に実現できるように〈整合性を図る〉べく、代替となる組み合わせを探すなどしていた。そこでは例えば、課題を抱えた子どもに対して、「『やっぱりこの（別の相性が良さそうな）子だったら（一緒にやっていけるかもしれない）』みたいな感じで（B3先生）」代替となる子どもを割り振ったり、その際には同じ小学校区といった、考慮を要する属性が同じ子ども同士を入れ替えたりするなどして、全体の均衡を保てるように微調整を行っていった。

　ただし、そのようにして割り振ったとしてもなお、特に【子どもの成長と課題を踏まえたクラス編成】については、男女比を概ね均等にするといったハッキリとした割り振りの基準がなく、保育者自身の見とりに基づく判断に委ねられている。その見とりが正しいかどうかは、次年度の園生活のなかでしか判断することができず、クラス替えの時点では見通しきれない。しかし、新年度クラスの素案は立てなければならない。そうした状況下において、保育者は最終的に〈迷いと決断〉を経て、新年度クラスの素案を固めていた。

　具体例として、先述したヒデキ・リョウ・タケシ（C園・新年中児）について再度取り上げたい。C1先生は、一度はヒデキ・タケシを同じクラスに（〈関係の維持〉より）、リョウは別のクラスに割り振った（〈関係の再編成〉より）。しか

し、それでもなお、C1 先生はこの判断が正しいのか、最後まで悩み続けたのだという。最終的に、C1 先生は担任保育者と相談の上、以下のような判断をした語りを残している[8]。

> （ヒデキは）せっかく伸びてきている。この子（タケシ）もその子なりに伸びているけど、果たしてまた一緒になって、どんな姿になるんだろうとか思ったんですけど、じゃあ、こっちとこうなる（ヒデキとリョウが次年度も一緒のクラスになる）のがいいのか、こうなる（ヒデキとタケシが次年度一緒のクラスになる）のがいいのかとか、いろいろそういうのを考えていくと、<u>いや、それぞれ育っているんだから、（ヒデキとタケシを）信じて組ませてみようと。</u>（C1 先生、〈迷いと決断〉より）

　このような迷いを含んだ語りは、C1 先生やヒデキ・リョウ・タケシのケースのみで見られたわけではない。ときに保育者は「大丈夫かなぁ〜〜と思って、ちょっとまだ不安はあるんですけど……（A3 先生）」といった不安を口にしたり、ときに「お互いに力を発揮できるかもしれない、かもしれない（B2 先生）」と自分に言い聞かせたりしながら、自分たちの見とりを信じて、また次年度における子どもたちの育ちを信じて、〈迷いと決断〉を経て新年度クラスの素案を決定していた。

第4節　総合考察

　第3章の目的は、クラス替えの方針をめぐる保育者の専門的な思考様式の仮説モデルを生成し、その教育的意図を考察した上で、保育者が子どもの抱えている課題を受容し、援助へいかに活かしているかを明らかにすることであった。この目的を達成するために、私立幼稚園および認定こども園、計3園を対象として、クラス替えの素案を作った保育者を対象とした FGI を実施した。得られた語りは、M-GTA を用いて分析された。結果、協力者の語りから、4つのカテゴリーと4つのサブカテゴリーからなる、計18の概念が生成された。描かれた

第3章　子どもの「課題」の受容は保育者に何をもたらすのか？　　129

保育者における思考様式の仮説モデルと、語りの具体例は、それぞれ Figure 3-2 と Table 3-2 に示した通りである。以下では結果図により描かれた内容を再度確認し、クラス替えに対する保育者の教育的意図を検討した上で、クラス替えに際して、保育者が子どもの抱えていた課題をいかに活かしていたかを考察する。

　これまで先行研究は保育におけるクラス替えを、仲間関係に変化を生じさせる環境移行の1つとして、研究目的を達成するために道具的に扱ってきた。たしかに、本研究の協力者も、例えば仲良しが固定化している子どもについては、次年度「もっといろいろな子とかかわったり、話してみたり（A6 先生）」してもらうことなどを期待していた（〈子どもの実態に基づく判断〉より）。ただし、そのように仲間関係をめぐる課題意識を持っていたとしても、課題の解決それ自体を目指してクラス替えが実施されていたわけではなかった。

　保育者は年度末のクラス替えに際して、まず【クラス替えの有無の判断】を経る。その後、保育者は各園の実態に応じた【園の基本方針に基づくクラス編成】により、次年度のクラスに子どもたちを割り振っていく。ただし、その割り振りは機械的なものではなかった。振り分けの細部として保育者が頭を悩ませていたのが、【子どもの成長と課題を踏まえたクラス編成】であった。保育者は〈子ども個々の見とり〉〈仲間関係の見とり〉〈子ども－保育者関係の見とり〉を組み合わせながら、子ども一人ひとりの今年度末までの成長と、現在抱えている課題を見とっていく。その上で、保育者は子どもの姿に合わせて、例えば「すごく不安感が強いお子さんで、安心して遊べるようになってほしいなと（B2 先生）」判断するなどした際には、〈関係の維持〉として、その子どもを特定の他児や保育者と同じクラスになるように割り振っていた。反対に、例えば仲良しな相手とばかり遊んでいる子どもに対して「ほかも目を向けて生活していくというのも1つおもしろいんだよということに気づいてもらえたらいいのかな〜と思って、ここは離してもいいかなと（C1 先生）」判断した際には、〈関係の再編成〉として、特定の他児や保育者とは別のクラスに割り振っていた。保育者は「最初から少しでも安定して、そのクラスで少しでも楽しさを見つけられる環境にするにはどの組み合わせがいいかというのはすごく考え（C1 先生）」たり、「その子の発達だったりとか、今の精神状態とか、遊びの広がりの様子とか、そういうのを全部踏まえた上で、どの子とどの子を一緒にくっ

つけた状態で上げる（B2先生）」のが最適かを考えたりしながら、子どもたちを新しいクラスに割り振っていたのである（C1先生〈関係の再編成〉より、B2先生〈経験則に基づく判断〉より）。

つまり、保育者にとってクラス替えは、年度末までの子ども一人ひとりの成長と課題を見とった上で、その子どもたちが次年度も安定し、そしてさらなる楽しみに出会いつつ生活していくために最も適した人的環境を構成するという、積極的な「援助」の1つとして把握・実践されていたことが考えられる。そして、子どもたちの抱えている課題というのは、保育者に、クラス替えという援助行為それ自体を支える見通しと方向性を示唆してくれていた[9]。具体例として提示したA園のゲンキも、B園のショウタらも、C園のヒデキらも、クラス替えに際して保育者に、それまでの園生活の経過を背景とした、課題の生成と変化（保育現場のジャーゴンを借りるとすれば「育ち」）を見とられていた。そして、園生活の歴史性が伴っているからこそ、保育者は「大丈夫だろう」「信じて組ませてみよう」と、次年度の園生活を生きる子どもの姿を予感し、迷いながらも、必要な援助を判断することができたものと推察される。これがすべて新入園児だったとしたら、「ふたを開けてみないとやっぱりどんな感じの子たちかわからない」ために（A4先生〈子どもの実態に基づく判断〉より）、たとえその子どもの抱えている課題が事前に共有されていたとしても、対症療法的な判断しかできないだろう。保育者にとって子どもの抱えている課題は、園生活を通して生成・変容してきたものとして把握されるからこそ、これからの生活を形作っていく援助の里程標として活かされていることが考えられる。

しかし、クラス替えはあくまで子どもの新年度クラスへの振り分けのみにとどまる特殊な状況下であり、保育者がその後の保育で、子どもたちの抱えている課題に自らの手で「対処」していけると考えているか否かまでは、語りから十分に検討・判断することができなかった。では、保育者は子どもたちの抱えている課題に対して、日々の園生活のなかでどのようにアプローチしうると考えているのだろうか。そのアプローチの仕方は、「対処」として理解しうるものなのだろうか、それとも「援助」として理解しうるものなのだろうか。第4章ではこの点を、「問題解決」の方法論を日本の保育者研究へと積極的かつ明示的に輸入した高濱（2001）の調査手法を一部採用しながら再考する。

第3章　子どもの「課題」の受容は保育者に何をもたらすのか？　　131

注

1　なお、本研究で用いているクラス替えの「素案」とは、保育者たちによる新年度のクラス編成の第一次案のことを指す用語として用いている。第3章の全協力園において、子どもたちの新年度クラスへの割り振りは、第一次案が決定された後、園長をはじめとする管理職や、職員会議等を経て必要な相談と修正が行われた上で最終決定がなされていた。ただし、保育者たちによれば、素案を決定した後は、基本的に第一次案をベースとした微修正にとどまったという。以上より、第3章において把握されるクラス替えの思考様式は、クラス替えの素案を決めた保育者における思考様式であるという知見・議論の限界を有している。

2　得られた語りのなかには一部、新入園児のクラスへの割り振りに関する語りも含まれた。その語りのなかには、さらに上の学年でのクラス替えにつながる語りも含まれていたことから、除外せず、すべて分析に使用することとした。

3　なお、A園の保育者からは「私たちも付箋に（学年の子ども）全員分の名前を書いて、それでこの3個の部屋を作って分けていった（A1先生）」と、自分たちも本調査の手続きと同様に、付箋を使うことでクラス替えの素案を決定していたとの報告があった。

4　木下（2020）によれば、「分析テーマ」とは、その分析で自分が明らかにしようとする問いを平易に表現したものである。また、「分析焦点者」とは、分析者（著者）とデータとの間に置く第三者の視点のことである。特にそこで置かれるのは、現象に携わっている協力者の視点である。以上の2つを連動させることにより、語りの深い解釈を目指すことが、M-GTAにおける方法の1つとして位置づけられている。

5　概念名、および本文中で使用されている「見とり」という語について、本研究では「子ども一人ひとり、また子どもとその周囲との関係性をめぐる状態について、自身の保育経験をもとにとらえようとする保育者の専門的行為」と定義し用いる。特に、本研究の協力者たちは、心理学等に由来する第三者的な評価指標ではなく、一貫して自身の（また同僚も含む自分たちの）今年度までの保育経験を参照しながら子どもたちを「見とって」いた。そして、自らの判断に基づいているからこそ、協力者たちは後述するように、クラス替えの素案を決定していくなかで〈迷いと決断〉に迫られていた。こうした"揺れ"を伴う行為は、森上・柏女（2013）や秋田（2019）等の保育学・保育用語辞典には記載がない「子ども理解」と同様（川田, 2021）、現場において"ジャーゴン"として共有されてきた、保育者の専門性の基礎にある行為であると考えられる。

6　複数クラスを有する保育施設のなかには、クラス替えを"しない"という選択肢自体が、保育者には無いこともあると考えられる。実際、後述するように、C園の場合は年中進級時においてクラス替えをすることが、園の教育課程における前提となっていた。しかしながら、A園ではクラス替えを"しない"可能性が開かれており、実際にクラス替えをするかどうかで保育者間の意見が割れ、相談の上実施することにした旨が語られた（A8先生より）。以上のことから本研究では、M-GTAにおける「対極例」とは異なり、協力園における保育者の語りの事実をもとにして、【クラス替えの有無の判断】というカテゴリーを作成・採用している。

7　認定区分とは、保護者が認定こども園、幼稚園、保育所および地域型保育事業を利用するために、教育・保育の必要性に応じて設定される3つ（1号認定・2号認定・3号認定）の支給区分のことである。保護者が各自治体に申請し、各自治体は保護者の就労状況等に応じて区分を決める。それぞれの設定区分によって、子どもが利用できる施設・事業が異なるほか、保育の利用時間が変わってくる。1号認定は4時間（教育標準時間）、2号認定と3号認定は8時間（保育短時間）もしくは11時間（保育標準時間）となる。特に認定こども園では、1号認定の子どもと2・3号認定の子どもとが一緒に保育を受けることになるため、同じクラスの子どもたちであったとしても、園で過ごす時間にばらつきが生じてしまうことになる。

8 以下においてC先生は、年少の頃は別のクラスだったヒデキとタケシが「また一緒になって」という語りを残している。それは、ヒデキとタケシの2人が、C園への入園前から仲が良かったことに由来する。C先生によれば、ヒデキとタケシは「もともと入園前から仲のいい子で、多分ご家族ぐるみで仲がいいんですよね。関係性はすごくあって、入園当初からもうこの2人はワイルドに遊ぶので、泥水の中に飛び込んだり、入園から2〜3ヶ月は服もべちゃべちゃでずっと遊んでいた」りしたのだという。

9 実際、一部の協力者は、「ある意味、こういうのがあった方が（課題が明確な子どもの方が）分けやすい感じがしませんでした？ 『こことここはとりあえず離そう』『こことここを離そう』ぽんぽんぽんと決まって（B3先生、〈関係の再編成〉）」と、課題が見とりにくい子どもほど次年度クラスに割り振るのが困難であったと振り返っていた。また、そうした課題が見とりにくい子どもは、むしろポジティブに「誰とでも男女関係なく遊べるという子はどっちに入ってもいい（C1先生、〈整合性を図る〉より）」と判断できることもあり、他児の抱えている課題との兼ね合いで割り振り先が決められることもあった。

第3章 子どもの「課題」の受容は保育者に何をもたらすのか？ 133

第4章

子どもの「課題」をめぐってなされる営為は「対処」か「援助」か？

“ひとりぼっちの子ども”と“親密すぎる二者関係”をめぐる面接調査から

第1節　問題と目的

　第4章では、2つ目の問い「子どもの『課題』をめぐってなされる営為は『対処』か『援助』か？」を検討する。調査に際しては、「問題解決」の枠組みを保育者研究に輸入した高濱（2001）の調査方法を一部採用し、仲間関係に課題を抱えた子どもを表した架空の事例を保育者に提示して対応のあり方を尋ねる、ビネット法による面接調査を実施する。その上で、専門性に裏打ちされた保育方法をめぐる思考様式の水準から、現場を生きる保育者の実践論理と「問題解決」の方法論に基づく保育者のとらえとの離齬を明らかにする。

　課題を抱えた子どもの仲間関係の様態として、特に学術研究が注目してきたのが、高濱（2001）でも事例③として保育者に提示された"ひとりぼっちの子ども"であった。"ひとりぼっちの子ども"は、社会的経験が十分に得られず、後の発達にネガティブな影響を及ぼしうる状態として、保育実践においても（例えば、伊藤 , 2004; 小林 , 2020）、心理学研究においても（例えば、Coplan & Ooi, 2014; Parker & Asher, 1987）、検討・介入の対象として長年取り上げられてきた。特に、子ども個々の社会的スキルに注目してきた諸研究は、SSTをはじめとして、"ひとりぼっちの子ども"一人ひとりの課題の解決へ向けた早期介入のあり方を開発・提案し、現場に一定の示唆を与えてきた（例えば、大内他 , 2008; 大内・櫻井 , 2008; 佐藤 , 2015; 高橋他 , 2008）。このような、課題Aに対する解決方法Bを探求・提案しようとする議論の枠組みの背景には、第2章で触れた「結果のための道具」方法論がある。

　しかし、社会的経験の偏りに対する不安から、また保育におけるクラス運営との関係から、保育者にとって課題として浮かび上がるのは、そうした"ひとりぼっちの子ども"ばかりではない。むしろ、第2章で扱ったリカやナナセらの様子や、平松（2012）および吉岡（2002）の事例に見られるような、子ども同士の親密すぎる関係についても、保育者にとっては課題のある仲間関係としてとらえられてきた。そうした関係が現場でたち現れた時、保育者たちは「いろいろな肌合いの友だちとかかわってほしい」（吉岡 , 2002, p.58）と感じたり、「"閉じた関係"でこれでよいのか悩んでいる」（平松 , 2012, p.119）と思い悩み同僚に相談したりするなど、葛藤しつつ働きかけを模索・実践していることが報

告されてきた。

　そして、子ども同士の親密すぎる関係に対しては、〈AのためのB〉という枠組みでその対応を論じることが難しい。それは、第2章で確認した通り、子どもたちの仲間関係をめぐる動機を突き動かすのは、他でもない、子どもたちが経験する活動だと考えられたことに由来する。無論、大人でさえ馬が合うかわからない相手と何度も関わりたいとは思わないように、子どもの場合にも、ただ単にドロケイやグループ活動といった遊びの場が保育のなかで設けられ、他児と引き合わせられるのみで仲間関係の変容が達成されているとは考えにくい。仲間関係は子どもたちによる関わりの歴史の上に形成されており（倉持・柴坂, 1999）、その関係を維持しようとする動機の布置が変わっていくためには、相応の活動と過程を要するだろう。つまり、仲間関係をめぐる課題への対応は、直面する課題とそれを解決するための働きかけが、必ずしも1対1で結びつくわけではないのである。そのため保育者は、子ども同士の親密すぎる関係を課題としてとらえた際、直接的にそれを解決するというよりも、援助による生活の進展を媒介として、その解消を間接的に達成していることが予想される。しかし、これまで先行研究では、「問題解決」のパラダイムをその前提としてきたからこそ、保育者が仲間関係をめぐる課題に対して実際にはどのようにアプローチしようと構想しているのか、その思考様式が可視化されることはなかった。

　以上の議論を受けて第4章では、課題を抱えた仲間関係の変容をうながす保育者の働きかけのあり様を検討する。それにあたって本研究では、先行研究が注目してきた"ひとりぼっちの子ども"だけでなく、子ども同士の親密すぎる関係性の最小単位であり、平松（2012）や吉岡（2002）の実践記録においても課題として触れられてきた"親密すぎる二者関係"[1]にも注目する。また、それらの仲間関係が変容していくまでの保育者の思考を可視化するために、本研究では面接調査を行い、得られた語りを戈木クレイグヒル（2016）によるグラウンデッド・セオリー・アプローチ（GTA）を用いて分析する。GTAは、Corbin & Strauss（2015）を継承しつつ、多様なプロセスと、各プロセスに至るまでの分岐点を視覚的かつ詳細に把握できる「カテゴリー関連統合図」を生成する手続きを取り入れた質的データの分析手法である。特に、第3章で採用した

M-GTA の結果図は（木下 , 2020）、プロセス性を意識しつつも、進んだり戻って
きたりするような、迷いも含めた思考のプロセスを可視化することに長けてい
る。一方、GTA によるカテゴリー関連統合図は、現象の始点である「状況」
から、現象の終点である「帰結」まで、基本的には後戻りせずに分岐を伴いな
がら進んでいく、未来志向的な思考や実践のプロセスを可視化することに長け
ている。第 4 章において可視化すべきは、子どもたちの課題を見とった後、そ
れが変容していくまでの一連のプロセスを見通す、保育者の専門的な思考様式
の全体像である。

　以上より第 4 章では、課題としての " ひとりぼっちの子ども " と " 親密すぎ
る二者関係 " に対する場合を題材として、仲間関係の変容をうながす保育者の
営為に関する仮説モデルを生成することを試みる。この生成を通して、保育者
が子どもたちの抱えている課題に対していかにアプローチしうると考えている
のかを保育者自身の思考のレベルから可視化し、その営為が「援助」として把
握されるものであることを検証することが、第 4 章の目的である。

第 2 節　方法

1．資料の収集方法

　本章では目的を達成するために、各保育者の保育経験を直接聞き取るのでは
なく、架空の事例を提示し、その子どもにどのように働きかけようと考えるか
を尋ねる、半構造化面接によって資料を収集することとした。その理由は、大
きく 2 点ある。

　第 1 に、思い浮かべる子どもの姿の離齬に関する問題である。" ひとりぼっ
ちの子ども " も " 親密すぎる二者関係 " も、保育者が課題として認識した際に
表出する子どもの姿であり、例えば発達障害にかかわる診断の有無のような、
特定の子どもを抽出するための明確な定義が保育者間で共有されているわけで
はない。ゆえに、実際の経験を自由に語ってもらう形式では、保育者間で思い
浮かべる子どもの姿や働きかけのイメージに離齬が生じてしまい、分析および

考察が困難になる可能性が考えられた。

第2に、働きかけの構想プロセスの想起に関する問題である。経験をなぞりながら語ってもらう場合、そこで語られる働きかけは、すでに実施された1パターンのみとなる。一方、情報をある程度統制した架空の子どもであれば、「もし○○だったら××をするけど、でも△△だったら……」といったように、多様な働きかけのあり方、およびその構想・実践プロセスを、面接場面のなかでリアリティを持って表現してもらうことが可能であると考えられた。

以上の理由から本研究では、架空の事例を使った面接調査を実施していた高濱（2001）の調査手法を採用し、資料を収集することとした。

2．調査協力者の選定

GTAを用いる際には、分析のなかで協力者を少しずつ増やしていく、理論的サンプリングを行うことが基本となる（Corbin & Strauss, 2015）。しかし、実際に調査を依頼した際には、「長期休みの特定の日に合わせてほしい」等の返答を受けたり、「半年から1年程度の期間を空けなければ都合がつかない」と返答を受けたりするなど、保育者の日々の業務の多忙さと、当該面接調査における予定拘束時間の長さが相まって、協力者を計画的に増やしていく理論的サンプリングを厳密に実施していくことに難しさが生じた。そこで本研究は、予め協力者の属性に多様性を持たせることで、可能な範囲で理論的飽和を目指すこととした。以下にその手続きと、本研究における知見および議論の限界を記す。

本調査は201Y年の1月から3月にかけて、北海道X市とその近郊に位置する、長期休みのある公立幼稚園5園と私立幼稚園5園（うち認定こども園1園を含む）を対象に実施された。対象園は、特殊な教育プログラムを導入・実践していない、遊びを中心とした保育を行っていることを基準に選定された。また、私立園の場合、各学校法人につき協力園は1園までとした。なお、唯一の認定こども園は制度の準備・移行段階にあり、従来の幼稚園と同様の形態で保育を実施していた。

また、保育者の子ども理解と対応は、保育経験を積むなかで熟達していくことが示唆されている（高濱, 2001）。そこで本調査では、保育経験による協力

者の多様性を持たせるべく、高濱（2001）の区分を援用し、保育歴2〜4年目群（以下、若手）、5〜10年目群（以下、中堅）、11年目以上群（以下、ベテラン）の保育者、各10名に面接を依頼することとした。依頼の方法として、各園の園長から調査協力の承諾を得た後、園長に各群に該当する保育者を1名ずつ挙げてもらい、面接を依頼した。なお、協力園のなかには、職員構成から、若手・中堅・ベテランの、いずれかの群の保育者が在籍していない園もあった。そのため、経験群別に各園で依頼可能な職員の総人数を把握した後、職員数の多い園に、最大2名まで協力者の追加を依頼することで、各群10名の協力者を得られるようにした。最終的に若手10名（平均2.7年目, SD =0.64; 公立2名, 私立8名）、中堅10名（平均5.7年目, SD =1.27; 公立3名, 私立7名）、ベテラン10名（平均21.1年目, SD =7.35; 公立5名, 私立5名）に調査を実施した。協力者はすべて女性であった。以上より本研究の知見は、遊びを中心とした保育を実施している、主に幼稚園の女性保育者の語りによるものという特質・限界を有している。

3. 提示事例および作成手続き

　提示事例は、以下の2段階を経て作成された。第1段階として、著者が独立して仮の事例を作成した。まず、他児と関係を結べずにいる"ひとりぼっちの子ども"の事例を、高濱（2001）で用いられていた「内気な幼児」の事例を一部修正することで作成した（事例I）。次に、"親密すぎる二者関係"の事例を、平松（2012）による実践記録「二人だけの閉じた関係？」を一部修正して作成した（事例II）。以上の2事例に加えて、両者への働きかけのあり方をより意識的に語ってもらうべく、"ひとりぼっちの子ども"と"親密すぎる二者関係"の両者が登場する、仲良しだった3人組が2人と1人に分かれてしまった三者関係の事例を作成することとした（事例III）。事例IIIは、岩田（2011）による「『同じ条件』による『集団』の形成と排除」の事例と、平松（2012）の実践記録「『ご自由に』の不自由さ」を参照して作成した。なお、事例内の子どもの性別は、他児を排除する等、仲間関係の操作につながる関係性攻撃が男児よりも女児に多く見られるという畠山・山崎（2002）の知見をもとに、本研究では女児に限定した。また、子どもの年齢は齋藤（2016）や平松（2012）をもとに、すべて3年保育の4歳児とした。

その後、第2段階として、協力者30名のいずれも在籍していない公立幼稚園の保育者2名（経験歴7年目、32年目）に、保育における各事例の妥当性の確認、および修正に関する意見を求め、必要な修正を施して事例を完成させた。また、すべての事例文の前には、「あなたが担任をしているクラスに、次のような子どもがいると仮定して、質問にお答え下さい。いずれも3年保育の4歳児で、発達障害等の診断は受けていないとします。」という教示文を印字した。本調査で提示した3つの事例を、Table 4-1に示す[2]。

Table 4-1 保育者に提示した事例一覧

事例I あなたのクラスには、先生や友だちに対してほとんど話しかけない女児Aがいます。非常に内気な感じの子どもです。友だちの遊びのなかに入っていくことはありません。先生に甘えてくるというのでもありません。絵を描くことが好きで、いつもお部屋のなかでお絵かきをして過ごしています。

事例II あなたのクラスには、他の友だちと遊ぼうとしない、あまりに仲良しな女児2人組（BとC）がいます。いつでもどこでも、2人だけで行動します。どちらかが先に登園してきても、もう1人が登園するまでは玄関で待っているという具合です。誰かに遊びに誘われても、2人は笑って首をかしげたりしてしまい、一言もしゃべらない状況になってしまいます。

事例III あなたのクラスには、今まで常に一緒だったほど仲良しだった、女児3人組（D、E、F）がいます。しかし、近頃はこの3人組のなかでも、DとEが2人だけで遊ぶようになってきました。たとえば、Fが「いれて」と言って2人のままごとに入ろうとしても、DかEが「フライパンもっている人しかだめなの」などと言って断ってしまうこともありました。そのためか、Fは保育のなかですねたり、ふてくされたりしています。

4. 面接手続き

　面接はすべて著者が行った。一部の保育者を除いて、協力者と著者は初対面であった。そのため、最初に、各園の実践や子どもの様子などに関する話題を取り上げつつ会話を交わすことで、協力者と著者との間の緊張をほぐした上で面接は実施された。回答の記録はICレコーダーを用いたほか、面接進行の補助として筆記記録も同時に行った。面接は、協力者の所属する園の静かな一室を借りて行われた。

　面接でははじめに、教示文と事例1つを印字したA4用紙（合計で3枚）を、

事例Ⅰ・事例Ⅱ・事例Ⅲの順に保育者に手渡して読んでもらった。その後、保育者が話しやすいように、高濱（2001）と同様に、3つの事例を"対応しやすい事例・対応が難しい事例・中程度の事例"に分けてもらい、その順番で各事例に対する質問を実施した。面接の所要時間は、平均50分（最短34分、最長76分）であった。

　質問項目は、子ども理解からその後の子どもの姿までを尋ねていた高濱（2001）におおよそ準拠した。しかし高濱（2001）は、保育者の子どもに対する働きかけの詳細を尋ねる質問項目を用意していなかった。そこで本研究は、（4）と（6）の質問を追加し、以下の7つの質問を行った。（1）対応をしやすい（もしくは難しい／中程度）と感じたのはなぜか、（2）この子どもたちにどのような目標を設定するか、（3）目標設定の理由は何か、（4）子どもたちにどんな関わりや言葉かけをしていくか、（5）その子どもたちにはどのような変化が見られると思うか、（6）保育の流れを見通した時にこの子どもたちが変わるきっかけはありそうか、（7）この事例で不足していると思う情報は何か。その上で本研究では、目的との整合性から、（2）から（6）に対する一連の語りをGTAの分析に使用し、（1）と（7）については考察に際する補足資料として用いた。

5．倫理的配慮

　調査の依頼時および面接前に、調査への参加は任意であり、参加の拒否や中止、録音の中断・停止が可能であること、また拒否や中止に際して調査協力者に不利益はないことを説明した。次に、録音記録は厳重に管理されること、結果の公表に際しては個人が特定されないよう十分に配慮することを説明した。以上の説明に対して同意を得られた協力者にのみ、本調査は実施された。なお、本文中の保育者の仮名は、園名の仮名のアルファベット、経験歴の区分（Y=若手；M=中堅；O=ベテラン）の2つを組み合わせたほか、該当者が2名いた場合には数字を振って表記している（例：J幼稚園に若手保育者が2名いる場合は「JY1先生」「JY2先生」と表記している）。

6．分析手続き

　GTAは、以下の5つのステップで資料の分析が進められる（戈木クレイグヒ

ル，2016）。（1）逐語起こしされたプロトコルデータが示す意味内容に応じて、内容毎にデータの切片化を行う。（2）各切片を構成するプロパティとディメンションを抽出し、その切片の内容を適切に表現するラベル（名前）をつける。（3）内容が類似するラベルを統合してカテゴリーを作成する[3]。（4）「パラダイム」の３層、「状況（条件）」「行為／相互行為」「帰結」にカテゴリーを分類する。（5）分類されたカテゴリー同士の関係を把握するカテゴリー関連図を描き、その関連図内でも「行為／相互行為」に位置し、かつ他のカテゴリーと結びつきが強く、一連のプロセスのなかでも特に重要な位置を占めると考えられたカテゴリーを「コアカテゴリー」に決定した上で、関連図に名前をつける。（6）協力者一人ひとりの語りから描写されたカテゴリー関連図を組み合わせて、「カテゴリー関連統合図」を作成する。この一連の分析作業は、カテゴリーがこれ以上生成されず、カテゴリー同士の関連が詳細に把握でき、少数派事例に関しても十分に説明できる状態（理論的飽和）に至るまで行われる。

　しかし、保育者（特に若手保育者）によってはときに、子どもに対する働きかけを意識的に語ることが「難しい」と感じ、発言数が少ないことがあった。そのため、分析ステップ（3）の段階で、1人分の語りのみではカテゴリーを適切に生成できず、他の保育者の語りと接続・統合させていくためのカテゴリー関連図を描写することが困難な状況に陥ることがあった。そこで本研究では、若手保育者による語りの不足を補うために、以下の手続きをとることで、発言数の少なかった若手保育者の語りも含み込んで理論的飽和を目指すこととした。まず、分析ステップ（1）と（2）は、若手・中堅・ベテランいずれかにかかわらず、面接を実施した保育者個々の語りに向き合い分析を進めた。その上で、分析ステップ（3）の段階で、若手保育者の語りの不足を補うために、同園の若手・中堅・ベテラン保育者の語りを統合し、園単位でのカテゴリー関連図を作成した。その後、園毎のカテゴリー関連図を１つずつ統合することで「カテゴリー関連統合図」を作成しながら分析を進め、理論的飽和を目指した。

　結果的に、全10園30名の協力者のうちの５園14名の時点で、理論的飽和に達したことが判断された。その後、現役保育者および保育者養成に携わる研究者、計７名が参加した研究会にて、生成されたカテゴリー関連統合図の妥当性の確認を求めた。その際、概ね現場の保育者の実践的思考と合致していると

考えられること、しかし一部のカテゴリーの名称に違和感があると指摘を受けたため、その内容について修正した。その後、残りの資料も分析作業を徹底し、理論的飽和に達して以降、カテゴリーの追加等が必要無いことを改めて確認した。最後に、保育者を対象とした面接研究および論文執筆の経験がある、本研究とは独立した研究者1名に、分析に関するスーパーバイズを依頼した。協力者の語りをすべて確認してもらい、語りのカテゴリー化と分類については概ね妥当と考えられるが、ただし、コアカテゴリーは特に保育者の専門性を表現していると考えられることから、名称をより的確なものに修正した上で、そのコアカテゴリーを中心に考察を進めていくようにとの助言を受けた。この助言を受けてコアカテゴリーの名称を修正し、本研究の分析を終了した。

第3節　結果と考察

1.　結果の概要と凡例

　30名の協力者の語りを分析した結果、本研究で提示した "ひとりぼっちの子ども" と "親密すぎる二者関係" に対して保育者が構想した一連の働きかけは、子どもの仲間関係の状態や、保育者が直接介入していく際の難易度、事例の想定される時期、そして遊びの盛り上がり度といった判断基準（プロパティ）に応じて、2つのコアカテゴリーのいずれかを経由し展開する、6つのプロセスに分岐していることが示唆された。最終的に描写されたカテゴリー関連統合図を Figure 4-1 に示す[4]。また、協力者による語りの例を Table 4-2 に示す。

　以降では、保育者から得られた語り、および GTA を用いて統合・視覚化された結果を、以下の2つのステップで考察していく。第1に、保育者が構想した6つの働きかけのプロセスを1つひとつ詳細に考察し、その内容を把握する。第2に、各論を統合することで、"ひとりぼっちの子ども" と "親密すぎる二者関係" に共通して、保育者が、子どもの仲間関係が変容するまでの過程および働きかけのあり方をいかに構想しているかに関する仮説モデルを提案・考察する[5]。

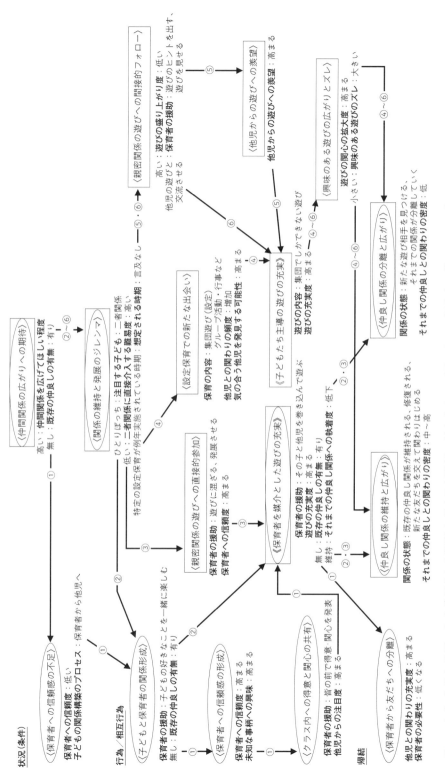

Figure 4-1 "ひとりぼっちの幼児" と "親密すぎる二者関係" が変容するに至るまでの保育者の働きかけのプロセスを示すカテゴリー関連統合図

Table 4-2 各援助プロセスにおける語りのプロトコルデータ例および分析例

プロセス	カテゴリー	ラベル	語りのプロトコルデータ例	主な「プロパティ：ディメンション」
①	〈仲間関係の広がりへの期待〉	先生から友だち・遊びへと広がっていく	楽しいことがある、大好きな先生がいるとかっていうところが、まず第一歩なのかなと。(その後に)お友だちとか、いろんな遊びとか(につながっていく)。	**仲間関係を広げてほしい程度**：高い **既存の仲良しの有無**：無し(A)
	〈保育者への信頼感の不足〉	まず保育者との信頼関係を築く	まずは先生との信頼関係と言いますか、大人への、「この人に信頼寄せていいんだ」っていうことを感じながら、まずは園生活に喜びを感じてもらいたいなっていうように思います。	**保育者への信頼度**：低い **子どもの関係構築のプロセス**：保育者から他児へ
	〈子どもと保育者の関係形成〉	隣で絵を描いて見せてみる	まずはやっぱりあいさつをして、そこからその子が何に興味を持っているのか。まあ、1人で絵を描くことが好きであれば、ちょっと私も隣で絵を描いてみて、見せてみたりとか。そんなところですかね。	**保育者の援助**：子どもの好きなことを一緒に楽しむ **既存の仲良しの有無**：無し(A)
	〈保育者への信頼感の形成〉	先生と一緒にすることが楽しいという感情の生起	まず、担任の先生とのそういう楽しい遊びというか、経験で、「あ、この先生と一緒だと楽しいな」とかってなると、その先生への信頼っていうのも出てくると思うので、まず登園してちょっと目が合ったらニコッって。ちょっとずつ、何でしょう、明るい表情が見られてくるのかな～と。	**保育者への信頼度**：高まる **未知な事柄への興味**：高まる(先生と一緒だと楽しいことが出てくる)
	〈クラス内への得意と関心の共有〉	設定保育でAの得意をクラスメイトに紹介する	例えばクラスの設定活動のなかで、絵を描く。その活動の時に、色んな子のをピックアップして、「こんなお友だち、こんな絵を描いたんだね～」とか。で、そこにAちゃんもあえてピックアップして子どもたちに伝えたりとか。	**保育者の援助**：皆の前で得意・関心を発表 **他児からの注目度**：高まる
	《保育者を媒介とした遊びの充実》	他児とAを誘って一緒にお絵描きをする	他にいる子どもたちに「一緒にお絵かきしたいお友だち～」とか言いながら、ちょっとその島で(他児と)一緒に同じことをする楽しさみたいな。	**保育者の援助**：その子と他児を巻き込んで遊ぶ **遊びの充実度**：高まる **既存の仲良しの有無**：無し

146

プロセス	カテゴリー	ラベル	語りのプロトコルデータ例	主な「プロパティ：ディメンション」
①	〈保育者から友だちへの分離〉	Aに他児が興味を持って遊びがはじまっていく	もしかしたら、一緒に島で遊んでいたお友だちも、Aちゃんに興味を持って、Aちゃんに「遊ぼう」って言った時にAちゃんが「いいよ」って言って、もしかしたらそこでの遊びもどこかではじまるかもしれないなと思います。（EM先生 - 事例1に対する語り）	他児との関わりの充実度：高まる 保育者の必要性：低くなる
②	〈仲間関係の広がりへの期待〉	他児の遊びに目を向けられるよう援助する	あんまり1人の遊びを保障するとか、2人だけの遊びを保障するとか、そんなことではなく、少しずつ他所の子の遊びとか前の子の遊びに、こっち（事例Ⅱ）も同じですけど、目が行くような援助をするかなって思います。	仲間関係を広げてほしい程度：高い 既存の仲良しの有無：有り（F）
	〈関係の維持と発展のジレンマ〉	Fは自信が無いのではないか	たぶんそこら辺に自信がなかったり、何をしていいかわからなかったり。だから人にくっついていくんじゃないかなって思うんです。この「いれて」って言っても入れないとか、	注目する子ども：ひとりぼっち（F）
	〈子どもと保育者の関係形成〉	Fの好きそうな遊びを2人ではじめる	「例えばじゃあ、どんな風にしたい？」とかってイメージを、4歳ぐらいだと結構言えるので、こんなものしたいとか、あんなものしたいとか。もし何もないんだったら、私の方から「こんなのは？」とかって、ちょっとこの子の好きそうなものから提案して、遊びを2人ではじめ、	保育者の援助：子どもの好きなことを一緒に楽しむ 既存の仲良しの有無：有り（F）
	《保育者を媒介とした遊びの充実》	興味を持った他児も交えて一緒に遊ぶ	「おもしろそうだね」って入ってきたような子がいたら、その子たちと一緒にやりながら、この子たちだけじゃなくても、他にも楽しい子がいるし、もしかしたらこの子たちも入ってくれば、入ってきたで、3人にあまりこだわらないで、4人とか5人になってもいいし、別なところで仲間になってもいいから、まずこの子の楽しくてやりたいっていうことをじっくり支えてあげるかなって思うんです。Fちゃんはね。	保育者の援助：その子と他児を巻き込んで遊ぶ 遊びの充実度：高まる 既存の仲良しの有無：有り（F）

プロセス	カテゴリー	ラベル	語りのプロトコルデータ例	主な「プロパティ：ディメンション」
②	〈仲良し関係の分離と広がり〉	遊びを通して関係が分かれていく	鬼ごっこするって言ったらそこに入ってドンとそういうことをやって、「あー楽しかったね」って言って、ちょっと疲れたから一回水飲むだとか、休むだとかって言ったら、次なんとかするって言ったら「○○ちゃんこっち」とか、「○○ちゃんと一緒にやろう」とか、子どもたち同士が声をかけあっていったりするし、そこから（以前の関係が）分かれていったりするかなって思います。(IO先生 - 事例 III に対する語り)	関係の状態：新たな遊び相手を見つける それまでの仲良しとの関わりの密度：低
③	〈仲間関係の広がりへの期待〉	いろんな他児と話したり遊べるようになってほしい	やっぱり、他とも普通にかかわれる。もちろん仲のいい2人(B・C)であることは認めながら、いろんな人ととも話をしたり一緒に遊んだりかかわったりっていうことはできるようになっていってほしいなって思うところです。	仲間関係を広げてほしい程度：高い 既存の仲良しの有無：有り(B・C)
	〈関係の維持と発展のジレンマ〉	2人同時にアプローチ	やっぱり2人(B・C)同時にアプローチして安心感はそのままキープでいきたいかなって思います。	注目する子ども：二者関係(B・C) 二者関係に直接介入する難易度：低い
	〈親密関係の遊びへの直接的参加〉	遊びを発展させるなかで心を開いてくれる	この子たちが楽しいって思っている遊びを発展させていけるように、環境を整えたりとか、教師がかかわっていったりするかな。そうするうちにきっと、「あー先生と遊ぶと楽しいんだ」っていうことがこの子たちわかってくると思うので、教師に心を開いてくると思うんですよね。	保育者の援助：遊びに混ざる、発展させる 保育者への信頼度：高まる
	《保育者を媒介とした遊びの充実》	大勢での遊びの楽しさを知ってくる	集団遊びとか、そういったことにこの子たちが興味を持って「ワーッ」って、大勢、2人だけではないところでの、大勢いるからこそ楽しいよみたいな遊びに関心が持てたり、入ってきてくれたりすると、それもまたきっかけになるのかなって思います。	既存の仲良しの有無：有り(B・C) 遊びの充実度：高まる
		他児を交えて遊ぶと周囲に目が向いてくる	そしたら今度は、教師が誘うこととか、「ちょっとこっちやってみないー？」とか、教師の周りで遊んでいる友だちにもだんだん、目を向けていってくれるんじゃないかなって思います。	保育者の援助：その子と他児を巻き込んで遊ぶ それまでの仲良し関係への執着度：低下

プロセス	カテゴリー	ラベル	語りのプロトコルデータ例	主な「プロパティ：ディメンション」
③	〈仲良し関係の分離と広がり〉	それぞれが魅力的な他児を見つけて離れる	そうなった時にこのBとCの関係性がね、もしかしたら離れるかもしれないし、「あ、こんな子もいたんだ！」「あんな子もいたんだ！」って、お互いに魅力的な子を見つけた時に2人は離れるかもしれない。（CO先生－事例Ⅱに対する語り）	関係の状態：新たな遊び相手を見つける それまでの仲良しとの関わりの密度：低
④	〈仲間関係の広がりへの期待〉	ずっと2人一緒という風にはなってほしくない	実際その、去年持っていた子で、ずっと2人一緒の子がいたんですよ。で、やっぱりお母さんも「同じ名前しか出てこないし。それはいいんだけど」って言ってて。だけどやっぱりその子がいないと何もできないってなるのは、やっぱりお母さんも心配だし、私もそうはなってほしくないなと思ったので、	仲間関係を広げてほしい程度：高い 既存の仲良しの有無：有り（B・C）
	〈関係の維持と発展のジレンマ〉	仲をギクシャクさせてしまうかも	2人（B・C）の仲がちょっとギクシャクするのも、私の声かけによってありえるかもしれないと思います。	注目する子ども：二者関係（B・C） 二者関係に直接介入する難易度：高い
		生活発表会の時期だったらどうか	例えば生活発表会とか、劇の役がありますってなったら、その時期に2人が一緒かはわからないですけど、	想定される時期：特定の設定保育が例年実施されている時期（生活発表会）
	〈設定保育での新たな出会い〉	劇の配役で関係が膨らんでいく	もしかしたら（BとCの配役が）別々になるかもしれないってなったら、その同じ役の子のなかでの関係がちょっと膨らむかなっていうのとか。割とその、同じクラスにいるけど何かで区切られた時に、やっぱり1人黙っていられるわけではないと思うから、なんとかその他の子ともかかわる状況が作られると思うので。	保育の内容：行事（生活発表会） 他児との関わりの頻度：増加する 気の合う他児を発見する可能性：高まる
	《子どもたち主導の遊びの充実》	他児との遊びの楽しさに気づく	きっと、ちょっとずつ、「この子なら心を許せるかも」って思って、「また一緒にごはんを食べてみようかな」とか、「あの子ちょっとおもしろいから一緒に遊んでみようかな」とか、（他児ともっとかかわりたいという気持ちが）ちょっとずつ出てきて、	遊びの充実度：高まる 遊びの内容：集団でしかできない遊び（仲良し以外とも一緒の遊び）

プロセス	カテゴリー	ラベル	語りのプロトコルデータ例	主な「プロパティ：ディメンション」
④	〈興味のある遊びの広がりとズレ〉	2人の外にある遊びに興味が湧いてくる	「今日はあっちで遊ぼうかな」とか、自分の口から出てくるようになるのかなと思いますね。すぐじゃなくても、だんだんかな。ソロで、どっちかが行きはじめて、その子についていきはじめて、仲良くなっていくみたいな感じの方が浮かびますかね。	**遊びの関心の拡大度**：高まる **興味のある遊びのズレ**：小さい
	〈仲良し関係の維持と広がり〉	一方がもう一方についていく形で広がる	2人（B・C）それぞれはまずないと思うので、2人いっぺんにか、どっちかが外に向きはじめて、そっちに（もう片方が）ちょっとついていってとかが、はい。（DY2先生－事例Ⅱに対する語り）	**関係の状態**：既存の仲良しが維持されつつ、新たな友だちを交えてかかわりはじめる **それまでの仲良しとの関わりの密度**：高
⑤	〈仲間関係の広がりへの期待〉	他児と触れ合う場面をねらっていく	やはりいろいろな遊びに取り組むなかで、もうちょっと経験を広げさせたいとか、そのなかでこの2人が仲良しなのはいいんだけれど、他の子と触れ合ったりかかわったりする場面もねらっていくかなと思います。	**仲間関係を広げてほしい程度**：高い **既存の仲良しの有無**：有り（B・C）
	〈関係の維持と発展のジレンマ〉	保育者が他児と遊ぶ状況を作るのは避けたい	教師の促しで「やってみてよかった」っていうこともあるかもしれないけど、できればそうじゃない場面で2人が「あ、他の子と遊んでも楽しいな」とか「他の子たちとも遊んでみたいな」とか、そういう風に感じるような、やっぱり（子ども）自らそうしてみようって思う状況とかを作っていくのがいいので、あんまりこう、（自ら介入して）「やってみようよ」っていうのは、ちょっとどうかなとは思うんですけど。	**注目する子ども**：二者関係（B・C） **想定される時期**：言及なし **二者関係に直接介入する難易度**：高い
	〈親密関係の遊びへの間接的フォロー〉	遊びが停滞している場合は援助の仕方は変わる	（2人が同じような遊びばかりしている）だとか、楽しめていないとか、変化がないとかっていうのはきっと、実際に見て、表情とか行動している様子を見ながら、停滞しているなとか、楽しめていないなっていうのであれば、ちょっとねらいは変わってくる、援助の仕方も変わってくるかなと思います。	**遊びの盛り上がり度**：低い

プロセス	カテゴリー	ラベル	語りのプロトコルデータ例	主な「プロパティ：ディメンション」
⑤	〈親密関係の遊びへの間接的フォロー〉	難しい制作を投げかけた	前に持っていた子であったのは、2人がすごく作るのが上手で、折り紙とか制作とかがすごく上手だったので、ちょっと難易度の高いものを。グルーガンを使ってちょっと製作をするものとか、折り紙でもちょっと難しい折り方とかをこちらが投げかけたら、それをできるようになりたい、もっと素敵なのを作りたいっていうことですごく意欲的になった。	**保育者の援助**：遊びのヒントを出す
	〈他児からの遊びへの羨望〉	2人が友だちの先生になる	ちょっと難しいものをこちらが投げかけてあげて、非常に意欲的になった時に、「欲しい」って言ったお友だちのぶんや、職員室の先生のぶんを作ってあげるっていうことで、人との関わりがたくさんできたり、「教えてほしい」って言ったお友だちに教えるっていう形で場をともにしたりとか、そういうのですごく関わりが増えたっていうのがありました。	**他児からの遊びへの羨望**：高まる
	《子どもたち主導の遊びの充実》	目的意欲や挑戦意欲が2人を超えた生活を生む	だから、きっかけとしてはそういう集団遊びってこともあるし、のめり込める、目的意識がある、挑戦意欲とかが持てるようなものに、うまく他児とか周りの人とかとかかわるタイミングを、きっかけを作ってあげると、2人だけじゃない生活になっていくというか。	**遊びの内容**：集団でしかできない遊び **遊びの充実度**：高まる
	〈興味のある遊びの広がりとズレ〉	遊びの充実と関わりの広がり	やっぱり何かこう、2人だけにしておいて保障してあげる時間と、何かこちらからエッセンスとして、遊びとかの投げかけによって、2人も充実するけど、周りの子ともかかわれるっていうことは、変化は十分にあるかなとは思います。	**遊びの関心の拡大度**：高まる **興味のある遊びのズレ**：小さい
	〈仲良し関係の維持と広がり〉	2人の関係に変化が出てくる	最後、また2人でお弁当を食べたりしてるんですけど。そんなに簡単にはね、変わんないんですけど、変化は出てくるかなっていうのは、何となくありました。(FO先生 - 事例Ⅱに対する語り)	**関係の状態**：既存の仲良し関係が維持されつつ、新たな友だちを交えてかかわりはじめる **それまでの仲良しとの関わりの密度**：高

プロセス	カテゴリー	ラベル	語りのプロトコルデータ例	主な「プロパティ：ディメンション」
⑥	〈仲間関係の広がりへの期待〉	他児と遊んで楽しかったと感じてほしい	（援助のねらいは）他の友だち、そのBちゃんCちゃんじゃない子と遊んでも、また楽しかったっていう思いを持つっていうところですね。	**仲間関係を広げてほしい程度**：高い **既存の仲良しの有無**：有り（B・C）
	〈関係の維持と発展のジレンマ〉	保育者が2人の世界にはいない場合	教師との関係もどうなのかなって思ったり。2人だけでガッツリ入って、教師もまあ、ちょっとっていう子もいると思うので。	**注目する子ども**：二者関係（B・C） **想定される時期**：言及なし **二者関係に直接介入する難易度**：高い
	〈親密関係の遊びへの間接的フォロー〉	2人で遊びを楽しんでいるとしたら	女の子だからまあ、何かおままごととかお店屋さんごっことかかなっていう、私のなかでのちょっと想像なんですけど、そういうものをしている。	**遊びの盛り上がり度**：高い
		類似した遊びの場所を近くにしてあげる	で、きっと、他にもそういうことをしている子はいるのかなーって思うので。何かちょっとそことつながれるようなことをしたいなと思って。友だちと、場所を近くにしてみるとか、	**保育者の援助**：他児の遊びと交流させる
	《子どもたち主導の遊びの充実》	他児とのお店屋さんごっこの楽しさに気づいてもらう	その子（他児）が来たら売るっていうことをしてもらって、なんかまあ、ちょっとずつそういうやりとりも楽しいんだなとかっていう風にちょっと関わりとしては支えていく。	**遊びの内容**：集団でしかできない遊び **遊びの充実度**：高まる
	〈興味のある遊びの広がりとズレ〉	売りに出る遊びをはじめる	で、2人だけで作ったものをまた売りに来るだとか、そういう関わりを（子どもたちが）してもいいのかなと思いますね。	**遊びの関心の拡大度**：高まる **興味のある遊びのズレ**：小さい
	〈仲良し関係の維持と広がり〉	他の子と遊んでいる姿も出てくる	で、まあ、そうですね、玄関で待っている日もあれば、他の子と遊んでいる日があるとか、そういう風に変わってくるのかな〜って。（CM先生−事例Ⅱに対する語り）	**関係の状態**：既存の仲良し関係が維持されつつ、新たな友だちとかかわりはじめる **それまでの仲良しとの関わりの密度**：中

　なお、以下の本文中では Figure 4-1 内のコアカテゴリーを《　》、通常のカテゴリーを〈　〉、プロパティを" "で囲み表記している（一部、第3章の議論に触れている箇所を除く）。また、Figure 4-1 内で、矢印の軌跡によって表現され

ている、保育者による6つの働きかけの選択・実践プロセスを、それぞれ「プロセス①」などと表記している。加えて、保育者の語りの一部を本文中に挿入する際には、該当箇所を「　」で囲み、発話者と語りが生まれた事例を囲みの中に記載している（例えば、AY先生の事例Ⅰに対する語りなら（AY-Ⅰ））。また、表記が重なることから、以下では"ひとりぼっちの子ども"と"親密すぎる二者関係"の"　"は外して記述することとする。

2.「充実」および関連する語の整理

　カテゴリー関連統合図（Figure 4-1）におけるコアカテゴリー名やプロパティ、また本文中の考察において、ときに仲良し以外の他児との関わりを伴う遊びの活性化や、その経験を反映した子どもの心的状態の変化を表す用語として「充実」という語を用いている。この「充実」という語は、保育者の語りの意味内容、特に「（遊びに）2人も充実するけど、周りの子とも関われる（FO-Ⅱ）」といった保育者の発言に着想を得て、主に「興味」や「関心」という語との対比から用いている。「興味」「関心」は、経験する前の物事に対して子どもが心惹かれている状態を意味して用いている。一方の「充実」は、例えば他児と一緒に行っただるまさんがころんだ等の楽しさに気づき「『もう一回あれやろう』とか『楽しかったからまたやろう』と（IO-Ⅲ）」感じたり、「あー楽しかったから明日も遊んでみようかな（EY-Ⅱ）」と感じたりと、他児との関わりを伴う遊びが活性化し、経験した後に継続して子どもが心惹かれている状態を意味して用いている。後述するように保育者は、ひとりぼっちと二者関係に共通して、段階を踏みつつ、他児との関わりを伴う遊びが「充実」するように働きかけていく。そのなかで子どもたちは、「2人だけじゃなくても楽しいことがあるんだな〜（JY1-Ⅱ）」といった感情を抱いていく。そしてその「充実」の先に、子どもたちが新たな遊びに「興味」「関心」を惹かれていくことが、関係変容の契機として重要になる旨を保育者たちは語っていた。

　また、もう1つの「充実」と関連する語として、プロパティ"遊びの盛り上がり度"がある。油井（2020）等の実践記録や、Table 4-2の語りで触れられているように、遊びは特定の仲良しとだけでなく、多くの他児と共有されることで、それまでには無い楽しさを子どもたちに経験させてくれる。「充実」と

"遊びの盛り上がり度"は、両者ともに遊びの状態を記述する点で共通・関連しているが、特に"遊びの盛り上がり度"は仲良し同士の間でのみ展開している遊びの状態を、「充実」は仲良しの枠を超えた他児との関わりや、それに伴う新たな楽しさを含み込んだ遊びの状態を指し示す語という点で、保育者の構想する働きかけのプロセスの段階に応じて使い分けられている。

　では、それまで仲良しではなかった他児との遊びの「充実」を介した仲間関係の変容へ向けて、保育者たちは一体どのような働きかけを構想していたのだろうか。この各論に入る前に、まず働きかけの前提として、保育者たちが抱いていた課題意識を確認しておく。

3．保育者の課題意識を示す〈仲間関係の広がりへの期待〉

　保育者たちは、各事例の子どもたちに対して共通して〈仲間関係の広がりへの期待〉を抱いていた。例えば、保育者はひとりぼっちの子どもに対して、「遊びを通して友だちの存在に気づいたり、一緒にいるのが心地よいなって思ってもら（EO-I）」ったりすることを期待していた。また、親密すぎる二者関係に対しても、「この２人が仲良しなのはいいんだけれど、他の子と触れ合ったりかかわったりする場面もねらっていくかな（FO-II）」といった旨の課題意識を有しつつ、保育者たちは働きかけを構想し語っていた。先行研究が十分に注目してこなかった親密すぎる二者関係についても、協力者の30名が、〈仲間関係の広がりへの期待〉という、仲間関係上の課題意識を抱きうる旨の語りを残していたのである。

　なぜ、本研究で提示した親密すぎる二者関係に対して、保育者たちは課題意識を抱きうると感じていたのか。保育者が語っていた理由は、大きく２つあった。第１に、「『○○ちゃんと○○ちゃんは必ず一緒だからね』みたいな風になっていくと、だんだん周りの子たちとの関係性が築きにくくなるのかな（EM-II）」といった、今後の仲間関係の広がりが難しくなっていくことに対する危惧であった。第２に、「教育機関に通っているっていうところでは、人との関わりだったり刺激を受けて、遊びっていうところで楽しんで欲しいし、（幼稚園での集団生活の経験が）力にもなって欲しい（BO-II）」という、二者関係に閉じこもっているだけでは得ることが難しい遊びの楽しさや経験、そして教育

効果を十全に得てほしいという期待であった。また、この期待と関連して一部保育者（GM1-II、IO-II）からは、年中学年の春先であれば見守るが「秋ぐらいの時期だったら、その子たちの場所を作りつつも（IO-II）」関係を変えていきたいことや、「年中さんの半ばぐらいから年長にかけて（中略）（子どもたちと）話し合いをしながら（活動の内容を）決めていったりすることもあるので、『自分たちが楽しければいいや』じゃなくって皆に目を向けてほしいなと思う（GM1-II）」といった、保育のなかで取り組まれる遊びや活動の見通しと関連づけられた、1年にわたる課題意識の推移についても語られた。

4.《保育者を媒介とした遊びの充実》をめぐるプロセス

　こうした期待を伴って構想された6つの働きかけについて、はじめに《保育者を媒介とした遊びの充実》をもとに関係の変容をうながしていく3つの働きかけのプロセス（うち2つがひとりぼっちの子どもに対するもの）を考察していく。

関係を結べずにいるひとりぼっちの子どもの場合（Figure 4-1 内プロセス①）

　働きかけのプロセス①は、事例Ⅰの子どもAに対してのみ語られたものである。他児と関係を結べずにいるAの場合、仲間関係の広がりを支えていきたいが、そのためにはまず〈保育者への信頼感の不足〉を解消する必要があると保育者たちは認識していた。それは、例えば「まずは先生との信頼関係と言いますか、大人への、『この人に信頼寄せていいんだ』っていうことを感じながら、まずは園生活に喜びを感じてもらいたいなっていうように思います（EM-I）」「（保育者との）信頼関係をつけてから、あとはその次のステップに進めるのかなって、思うところとかですね（CM-I）」といったように、"子どもの関係構築のプロセス"には「まずは保育者、その次に他児へ」という順序があるとする、専門的な判断に由来していた。このステップから外れて、いきなりAと他児を結びつける働きかけを進めていくと語った保育者は、協力者のなかには1人もいなかった。

　保育者は、まずは「ちょっと私も隣で絵を描いてみて、見せてみたり（EM-I）」するなどして〈子どもと保育者の関係形成〉を行う旨を語った。結果、Aのような子どもは次第に「担任の先生とのそういう楽しい遊びというか、経

験で、『あ、この先生と一緒だと楽しいな』とかってなると、その先生への信頼っていうのも出てくる（EM-I）」ほか、「教師に気持ちが開いたら（中略）教師がやっている遊びとか、教師が関わっている友だちとか、そういったものに目を向けていく（CO-I）」姿が見られてくる、〈保育者への信頼感の形成〉が生じてくると語った。このAの変化を確認した後、保育者は次の段階として、他児からの関心を集める機会を生んでいく旨を語った。例えば、クラスの設定保育のなかで絵を描き、そこでAを「あえてピックアップして子どもたちに伝え（EM-I）」るなどして"他児からの注目度"を高める〈クラス内への得意と関心の共有〉を行っていく。その後、Aに関心を抱く他児が現れたら、「他にいる子どもたちに『一緒にお絵かきしたいお友だち〜』とか言いながら、ちょっとその島で（他児と）一緒に同じことをする楽しさ（EM-I）」を感じてもらうなどして、保育者がAと他児を引き合わせながら"遊びの充実度"を高めていく《保育者を媒介とした遊びの充実》を生む働きかけを展開する。以上、Aのようなひとりぼっちの子どもに対する働きかけとして、〈子どもと保育者の関係形成〉から〈保育者への信頼感の形成〉と〈クラス内への得意と関心の共有〉を介して《保育者を媒介とした遊びの充実》へというプロセスを一貫して語った保育者は7名であった。そして、以上のような働きかけの結果、「一緒に島で遊んでいたお友だちも、Aちゃんに興味を持って、Aちゃんに『遊ぼう』って言った時にAちゃんが『いいよ』って言って、もしかしたらそこでの遊びもどこかではじまるかもしれない（EM-I）」といったように、〈保育者から友だちへの分離〉が自然と生じていくのだと、保育者たちは語った。

仲良しグループからあぶれたひとりぼっちの子どもの場合（Figure 4-1 内プロセス②）

　プロセス②は、事例IIIの子どもFに対してのみ語られたものである。保育者たちはプロセス①と同様に、「Fちゃんが本当にやりたいっていうことを引き出して（AO-III）」いったり、「ちょっとこの子の好きそうなものから提案して、遊びを2人ではじめ（IO-III）」たりすることで、〈子どもと保育者の関係形成〉を行おうと判断していた。

　Fと関わりを持った後、保育者は「Fちゃんにも一緒に、他の遊びを見て、

他のお友だちのところで、楽しそうだなって思うところがあるんだったら（中略）他のお友だちと遊ぶ機会も作ってあげ（GM1-III）」たり、もし「『おもしろそうだね』って入ってきたような子がいたら、その子たちと一緒に（IO-III）」遊んだりするなどして、《保育者を媒介とした遊びの充実》につながる働きかけをする旨を語った。以上、Ｆのようなひとりぼっちの子どもに対する働きかけとして、〈子どもと保育者の関係形成〉から《保育者を媒介とした遊びの充実》へというプロセスを一貫して語った保育者は 11 名であった。

　その後、そうした経験によってＦが「ああこっち（D・E以外と遊ぶこと）の方が楽しい（AO-III）」と感じるなどして"遊びの充実度"が高まり、"それまでの仲良し関係への執着度"が低下した場合、「子どもたち同士が声をかけあっていったりするし、そこから（以前の関係が）分かれていったりする（EM-III）」といった、〈仲良し関係の分離と広がり〉に至ると保育者たちは語った。反対に、もしまだＦがD・Eと一緒に遊びたいと考える場合、仲良し関係を維持・修復しつつも、「この２人（D・E）と常に一緒にいて誰かと遊ぶ（EY-III）」といった、〈仲良し関係の維持と広がり〉に至ると保育者たちは語った。

親密すぎる二者関係に直接介入できると判断した場合（Figure 4-1 内プロセス③）

　以上２つのプロセスは、ひとりぼっちの子どもに対して保育者たちが想定したものであった。一方、以降４つのプロセスは、すべて親密すぎる二者関係（B・CもしくはD・E）に対する働きかけとして語られたものである。この４つの働きかけにおいて唯一、《保育者を媒介とした遊びの充実》のコアカテゴリーを経由するのが、このプロセス③である。

　はじめに、プロセス③〜⑥に共通する分岐について確認する。保育者たちは二者関係の事例を前にして、〈関係の維持と発展のジレンマ〉に直面していた。まず、保育者たちは「仲がいい子がいるっていうのはすごく安心の材料としては、すごくいいとは思うんですけど、（中略）やっぱり２人だけの世界になってしまうと（中略）難しいな（CM-II）」などと、今後もずっと２人のままでいることにはためらいを感じていた。そして、このためらいを解消するための方略を選び取っていくことの難しさが、保育者たちの口から度々語られた。その難しさは、２つの側面からなっていた。第１に、「先生もこの２人の間に

入れるようにして、一緒に遊びを楽しんで（中略）っていうのもいいんですけど、なんかそれも難しそうですね（AM-II）」と、保育者さえ2人の仲や遊びに入れてもらえない可能性がある点である。第2に、「2人（B・C）の仲がちょっとギクシャクするのも、私の声かけによってありえるかもしれない（DY2-II）」と、安易に保育者が介入してしまうことで、子どもたちを不安定な状態にしてしまうことを危惧する点である。ゆえに、ここに働きかけの選択を左右する分岐が生じることになる。

　以下、プロセス③について述べる。"二者関係に直接介入する難易度"が低い、すなわち保育者が2人の遊びに加わることを拒否されないほか、安心できる関係が崩れずに済むと判断した場合のみ、「この子たちが楽しいって思っている遊びを発展させていけるように、環境を整えたりとか、教師が関わっていったりする（CO-II）」といった、〈親密関係の遊びへの直接的参加〉を行おうと考えていた。結果、「『あー先生と遊ぶと楽しいんだ』っていうことがこの子たち（B・C）わかってくる（CO-II）」ことで、2人組の"保育者への信頼度"が高まったら、プロセス①・②と同様に《保育者を媒介とした遊びの充実》として、「教師が誘うこととか、『ちょっとこっちやってみないー？』とか、教師の周りで遊んでいる友だちにもだんだん目を向けていってくれる（CO-II）」ことを期待して働きかけていく旨を保育者は語った。以上、親密すぎる二者関係に対する働きかけとして、〈親密関係の遊びへの直接的参加〉から《保育者を媒介とした遊びの充実》へというプロセスを一貫して語った保育者は12名であった。その後に生まれうる関係の変化は、プロセス②と同様である。

5.《子どもたち主導の遊びの充実》をめぐるプロセス

　しかし、保育者によっては事例の記述内容を受けて、上述のプロセス③とは異なり、"二者関係に直接介入する難易度"が高いと判断することがあった。その際、保育者は《子どもたち主導の遊びの充実》の実現につながる、3つの間接的な働きかけを選択していった。

特定の設定保育が例年実施される時期の場合（Figure 4-1内プロセス④）

　保育者が直接他児と結びつけずして、親密すぎる二者関係の変容をうな

がすにはどうすればよいのか。この方略の1つを導くために、保育者はときに「例えば」として、働きかけの選択にかかわる1つの判断材料を加えていた（Figure 4-1内のカテゴリー〈関係の維持と発展のジレンマ〉にまとめられた語りにおいて）。それは、「例えば生活発表会とか、劇の役がありますってなったら、その時期に2人が一緒かはわからないですけど（DY2-II）」等の、架空の事例の"想定される時期"に関する情報であった。

　本研究の提示事例はすべて、「3年保育の4歳児」という文言以外の時期情報を記載していない。そこでもし、保育者にとって事例の"想定される時期"が、先のDY2先生の語りに見られるような、各保育者の所属園のなかでグループ活動や行事等の、特定の設定保育が例年実施される時期の場合、保育者たちは〈設定保育での新たな出会い〉を生み出すように働きかけようと判断していた。新たな出会いに向けて、保育者たちが2人組に経験してほしいと考えていたのは、「グループで力を合わせなきゃできない集団遊び（EM-II）」、また運動会や生活発表会等の行事へ向けた取り組みであった。そうした、2人だけでは経験し難い活動のなかで、例えば「（生活発表会の劇の）役のなかで『一緒にがんばるぞ』みたいな、意気投合する感じがあったり（EY-III）」、「同じ役の子のなかでの関係がちょっと膨ら（DY2-II）」んだりすることで、"他児との関わりの頻度"の増加や、"気の合う他児を発見する可能性"を高めようと保育者たちは考えていた[6]。

　ただし、設定保育を活用するねらいは、他児との関わりを生み出すことにのみ向けられてはいない。そのねらいは、《子どもたち主導の遊びの充実》の実現にあった。設定保育を通した他児との関わりの経験によって、親密すぎる二者関係を築いた子どもたちの間で「ちょっとずつ、『この子なら心を許せるかも』って思って、（中略）『あの子ちょっとおもしろいから一緒に遊んでみようかな』（DY2-II）」という気持ちが少しずつ出てきたり、それと関連して子どもたちが「（行事のなかで）1回やったことをもう1回遊びで再現して（AM-II）」みたりするなどして新たな遊びが生まれていき、《子どもたち主導の遊びの充実》が達成されることを、保育者たちは期待している旨を語った。以上、親密すぎる二者関係に対する働きかけとして、〈設定保育での新たな出会い〉から《子どもたち主導の遊びの充実》へというプロセスを一貫して語った保育者は

12名であった。

そして、新たに生じてきた遊びを2人組が他児とともに楽しんでいくと、次第に〈興味のある遊びの広がりとズレ〉として、"遊びの関心の拡大度"が高まり、仲良し間で"興味のある遊びのズレ"が大きくなってくることがあるという。もしそうなった場合、「違う友だちといる方が楽しくなったりとかすることってすごくあるんですけど、そうなった時たぶん友だち関係が急に変わるんじゃないかな（EO-II）」と、二者関係は〈仲良し関係の分離と広がり〉に至ると保育者たちは考えていた。一方、"興味のある遊びのズレ"が小さい場合、2人組のうちの片方の遊びに対する意識が「外に向きはじめて、そっちに（もう片方が）ちょっとついて（DY2-II）」いくことで、仲良し関係を維持しつつも他児との関わりが広がる〈仲良し関係の維持と広がり〉に至ると保育者たちは考えていた。

2人組の遊びが盛り上がっていない場合（Figure 4-1 内プロセス⑤）

では、保育者が2人の仲や遊びに直接介入していくのも難しく、また特定の設定保育が例年実施されている時期でもない場合、保育者たちは親密すぎる二者関係に対して、どのように働きかけを選択・実践しているのだろうか。ここで保育者たちは、カテゴリー〈親密関係の遊びへの間接的フォロー〉において、2つの働きかけのいずれかを選択しようと判断していた。その1つは、2人組が「フラフラしているようだった（BO-III）」り、遊びを「楽しめていないとか、変化がないとかっていう（FO-II）」場合など、2人組の"遊びの盛り上がり度"が低いと考えられる場合に語られていった。

"遊びの盛り上がり度"とは、先述したように、保育者たちから語られた、《子どもたち主導の遊びの充実》に至る以前の、既存の仲良し同士の間でのみ展開している遊びの活性度のことを表している。保育者たちによれば、ずっと仲良しな相手とだけでいる場合、刺激が少なく、「（同じような遊びばかりしている）だとか、楽しめていないとか、変化がない（FO-II）」状況になることがあるのだという。そこで保育者たちは、例えばどちらかが先に登園して2人組の片方しか園に居ない時に「BちゃんとCちゃんだけに教えるよ〜（BO-II）」などと言って遊びのヒントを教えたり、2人組に得意なもの、例えば製作が得意

であれば「ちょっと難易度の高いものを（FO-II）」投げかけたりすることで、保育者が直接介入せずとも2人が遊びを発展させていくことができる足場を作り出そうと考えていた。これを足がかりとして2人が遊びを発展させていくと、2人が遊びに夢中になれるだけではなく、他児から「『あ、今までやったことない。なんかでも、BちゃんCちゃんやってる』っていうのでちょっと注目され（BO-II）」たり、「『教えてほしい』って言ったお友だち（FO-II）」が出てくるなどして、〈他児からの遊びへの羨望〉が自然と向けられてくる。すると、新しい遊びに2人組が夢中になり、他児もその遊びに集まって楽しみはじめることで、自然と《子どもたち主導の遊びの充実》が図られていくと保育者たちは考えていた。以上、親密すぎる二者関係に対する働きかけとして、〈親密関係の遊びへの間接的フォロー〉から〈他児からの遊びへの羨望〉を介して《子どもたち主導の遊びの充実》へというプロセスを一貫して語った保育者は2名であった。その後に生まれうる関係の変化は、プロセス④と同様である。

2人組の遊びがすでに盛り上がっている場合（Figure 4-1 内プロセス⑥）

〈親密関係の遊びへの間接的フォロー〉におけるもう1つの働きかけは、2人組の"遊びの盛り上がり度"がすでに高いと判断された場合に選択されていた。例えば2人組がおままごとで遊んでいる場合、保育者たちは「じゃあ（お客さん）連れてくるね〜（CM-II）」と声をかけたり、「別の人のお家ごっこを隣に（AY-II）」近づけたりするなどして、自然と他児の遊びと交流させ、子どもたちが遊びをさらに発展させたくなるような状況・環境を間接的に作り出そうと考えていた。保育者たちは、そうした自然な遊びの交流・発展を通して、例えば「パン屋さんとかケーキ屋さんとか、（中略）作る人がいて、レジがいて、お客さんがいて、食べる人がいてっていうのも、自由遊びのなかから広がっていく（JY2-II）」、そして「ちょっとずつそういうやりとりも楽しいんだなとかっていう風に（CM-II）」思えるように間接的に支えていく旨を語った。これにより2人組が、2人だけではできない遊びの楽しさを知っていくことで、《子どもたち主導の遊びの充実》につながり関係の変容がうながされていくという。以上、親密すぎる二者関係に対する働きかけとして、〈親密関係の遊びへの間接的フォロー〉から《子どもたち主導の遊びの充実》へというプロセスを

一貫して語った保育者は 3 名であった。その後に生まれうる関係変化はプロセス④・⑤と同様である。

6. 仲間関係の変容をうながす保育者の営為に関する仮説モデル

以上①〜⑥の過程の詳細をもとに、16 のカテゴリー間の関連から見出される、仲間関係の変容をうながす保育者の営為の仮説モデルを Figure 4-2 に示す。上述のように、提示事例に対する保育者の働きかけをめぐる語りは、6 つのプロセスを伴う計 16 のカテゴリーに分類された（Figure 4-1）。本章の目的に基づき、これらのカテゴリーについて、順序性をおおよそ固定しつつ、各プロセスの枠を超えて意味内容の類似点・共通点をもとに統合した結果、保育者が構想する一連の働きかけのプロセスは、5 つの段階と 3 つの小段階からなっていることが考えられた。Figure 4-2 にはその 5 つの段階と 3 つの小段階、また各段階に関連するカテゴリーと働きかけのプロセスの番号が記されている。

まず、保育者による働きかけは仲間関係に関する「段階 1：課題の把握」からはじまる。保育者は子どもたちの仲間関係がどのような状態にあるか、また今後どのように育ってほしいかという教育的な期待をもとに、働きかけを通して期待する子どもたちの姿を見通していく。その姿として、提示事例の子どもたちに対して保育者たちが期待していたのが「段階 5：関係の変容・課題の解消」、つまり子どもたちが新たな他児と関係を結ぶことで、それまでの仲間関係が変容することであった。そして、その関係変容のきっかけになると構想されていたのが、「段階 4：遊びの充実」であった。保育者たちは、他児との関わりを伴う「大勢いるからこそ楽しいよみたいな遊びに関心が持てたり（CO-II）」、その遊びが活性化することで楽しさに気づき「『もう一回あれやろう』とか『楽しかったからまたやろう』と（IO-III）」いった気持ちになってもらうことが、仲間関係の変容につながる契機になると構想していた。つまり、保育者たちにとって子どもたちの仲間関係をめぐる課題は、自身の手で直接「解決」可能なものというよりも、むしろ遊びの充実を通して間接的かつ次第に「解消」されていくものとして把握されていたことが考えられる。

では、「段階 4：遊びの充実」はどのように実現されるのか。保育者たちが構想していたのは、IO 先生の言葉を借りれば、子どもたちに「遊びの種まき

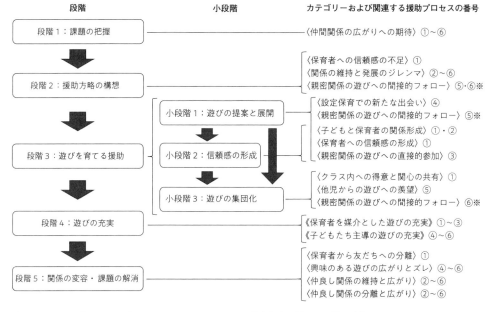

Figure 4-2 仲間関係の変容をうながす保育者の営為に関する仮説モデル

(IO-III)」をし、育てる「援助」であった。まず、保育者たちは課題を把握した後、どのような働きかけが妥当かに関する見通しを定める「段階2：援助方略の構想」に進む。ここで保育者たちは、例えば保育者か他児かを問わず信頼・安心できる相手が園にいるか、特定の仲良しがいる場合は自分（保育者）が遊びに加わることで関係性や関わりが不安定にならないか、現在の遊びの様子はどうか、保育のどのような時期か等の情報を仮定しつつ、妥当と考えられる援助のあり方を構想していた。

そして、この段階2で立てた見通しをもとに、保育者が遊びの充実へ向けて援助を進めていく段階を、IO先生の言葉に着想を得て「段階3：遊びを育てる援助」と呼ぶ。この「遊びを育てる援助」は、ひとりぼっちと二者関係に共通して、状況に応じて踏む段階の数が異なる、3つの小段階からなっていたものと考えられる。

第1に、子どもたちに遊びを楽しんでもらう「小段階1：遊びの提案と展開」である。この小段階1は、本研究で得られた語りにおける、多くの働きかけのプロセスにかかわるカテゴリーが該当する意味内容である。保育者たちは援助として、例えば自由遊びのなかで「ちょっとこの子の好きそうなものから提案（IO-III）」したり、例えば「折り紙とか製作とかがすごく上手（FO-II）」といったように、その子が好きだったり得意だったりする遊びがあれば、それを子どもに投げかけ展開させたりしていく。また、時期的なタイミングが合えば設定保育内で、劇の取り組みや「○○リレーごっこ（DO-II）」等の遊びにつながっていく活動を経験させたり、だるまさんがころんだ等の遊びを導入したりすることで、まずそれを楽しんでもらう援助を構想していった。なお、Figure 4-1のプロセス⑥のように、おままごと等の遊びがすでに盛り上がっており、保育者がその遊びをより集団的なものへと育てようと構想している場合には、必ずしもこの小段階にかかわる援助は要さないと考えられる。

　第2に、保育者との「小段階2：信頼感の形成」である。もし、自身が一緒に遊ぶことで他児との媒介役となる《保育者を媒介とした遊びの充実》を見通している場合、他児を遊びに加えた際に、課題を抱えた子どもが保育者を拠り所とすることで、安心して遊びを楽しめなくてはならない。そのため保育者たちは、「先生への信頼っていうのも出て（EM-I）」くるように、「『あー先生と遊ぶと楽しいんだ』（CO-II）」と心を開いてもらうための働きかけを構想していった。この小段階2を経ることで、段階4の《保育者を媒介とした遊びの充実》が準備されていく。

　第3に、遊びの内容に応じた「小段階3：遊びの集団化」である。この段階は、仲間関係の状態というよりも、むしろ小段階1の援助を経由するなどして、その子どもが楽しみはじめた遊びが個人的もしくは仲良し間で完結しうるものの場合に必要となる援助の段階である。例えば、事例Iの子どもAは「絵を描くことが好き」である。しかし、お絵かきは個人的な遊びであり、他児との関わりが必然的に生じるわけではない。だからこそ、保育者がAはお絵かきが好きなことをクラスに共有したり、「『今度やりたい人、一緒にやってみたら〜？』とか『明日も材料用意しておくからね〜』とかって言うと、明日にもつながるし、Aちゃんに限らず他の子（JO-I）」にも関心が広がり、お絵かきが

集団で楽しむものに発展していく。また、FO 先生が自身の保育経験をもとに仮定したように、事例 II における B・C の得意な遊びが「製作」だった場合も、必ずしも他児と関わりが発生するわけではない。それは CM 先生が仮定した「おままごと」においても同様である（Table 4-2 参照）。ともすれば、その遊びは「結局 2 人の絆を深めるだけに（FO-II）」なってしまう。だからこそ、他児からの興味を惹き、ともに教え合う・作り合う・かかわり合う状況を生み出し、その遊びを集団で楽しむものに発展させていく援助が期待される。このように、子どもが楽しみはじめた遊びが個人的もしくは仲良し間で完結しうるものの場合に、それを集団で取り組むものへと変容・発展させていく援助が、「小段階 3：遊びの集団化」である。以上、段階 2 で見通しを立てた後、段階 3 として遊びを集団で取り組む・楽しむものに育てる働きかけを実践することで「段階 4：遊びの充実」を実現し、間接的に子ども同士の関係変容がうながされるのを期待するというのが、保育者における、仲間関係の変容をうながす営為の構造であると考えられる。

7．議論の限界

　以上のような仮説モデルが提案されたからこそ、本研究における方法論上の制約に基づく議論の限界についても、あわせて指摘しておく必要がある。本研究は、先行研究および実践記録をもとに作成した 3 つの架空の事例を保育者たちに提示する手法を用いることで語りを得てきた。しかし、各事例の記述量にはそれぞれ限りがあるため、そこに記載されている情報の有無が、協力者による援助の構想に制約を与えていたことが考えられる。本研究の結果をもとに特に確認すべきは、保育者が追加で必要であると判断した、以下の 3 つの情報である。

　第 1 に、子どもたちの遊びの嗜好に関する情報である。高濱（2001）をもとに作成した事例 I には「絵を描くことが好き」という情報が含まれていたが、事例 II・III は実践記録等をもとに作成した結果、遊びの嗜好に関する情報を加えていなかった。このことが、特に二者関係（B・C および D・E）に対する援助を複雑にしたり、若手や一部の中堅保育者に「2 人だけ……うーん、難しいです（HY-II）」と援助を構想することに難しさを感じさせたりしていた可能性

がある。というのも、一部保育者から、GTA の分析には用いられなかった質問項目「(7) この事例で不足していると思う情報は何か」に対して、「2 人が好きな遊びとか、どういうことに関心があるのか (FO-II)」が情報としてあるとよいという旨が語られた。こうした語りと関連して、「(2 人組が) どんな遊びをしているのかをまず私が知って、そのなかにもう入り込んで遊んで (EM-II)」いく等、保育者がまず一緒に遊ぶなかで 2 人組の遊びの嗜好を確認していける場合の援助内容 (プロセス③) を一貫して語った保育者は 12 名であった。

　一方、援助の構想段階において、予め保育者が 2 人組の遊びにまつわる嗜好や状況を仮定する必要があった援助内容を一貫して語った保育者は、"遊びの盛り上がり度"が高い場合 (プロセス⑥) で 3 名 (AM-II、CM-II、IO-II)、低い場合 (プロセス⑤) でわずかに 2 名であった (BO-II、FO-II)。Figure 4-2 の仮説モデルからも示唆されるように、保育者による仲間関係の援助は「遊びを育てる援助」に他ならず、それと関連した手がかりは援助の構想に際して重要な意味を持つことになるだろう。以上のことから、可能性として子ども B・C、D・E についても、遊びの嗜好に関する情報があれば、その情報が重要な手がかりとなることで、保育者の構想する働きかけは異なるプロセスを辿っていたことが予想される。また、例えば事例 III の F についても「絵を描くことが好き」であれば、その働きかけは事例 I の A に対するものとさらに類似したプロセスを辿っていた可能性も十分に考えられる。

　第 2 に、保育者と子どもたちとの関係性にまつわる情報である。例えば、本研究では事例 I にのみ、「先生に甘えてくるというのでもありません」という、保育者と子どもとの関係性にまつわる情報を含めた。この情報が結果として、信頼感を形成する必要性を喚起する手がかりとして特に機能したことで、子ども A に対する働きかけのプロセス①が、課題の解消に至るまで単一の過程に収束した可能性は十分に考えられる。これと関連して、二者関係についても、質問項目 (7) に対して一部保育者から「教師との関わりの部分でどういう姿が見られるのかがあると (よい)。まったく教師の言うことも『ふんっ』っていう感じなのか、『先生〜』ってもう 1 人の友だちがいない時は甘えてくる関係なのかがわかると、どれくらいで打ち解けていけるかっていう目安もわかるかな (BY-II)」等、保育者と子どもたちとの関係性にまつわる情報が援助に

見通しを与えうる旨が語られた。保育者と子どもたちとの関係性は、実際には
それまでの園生活をもとに形成されていく。そうした関係性をめぐる情報・状
況は、特に Figure 4-2 内の「小段階 1：遊びの提案と展開」以降、保育者がい
かに子どもたちと接点を持って遊びを育てていくかを左右することになるだろ
う。つまり、仲間関係の変容をうながす保育者の援助とそのプロセスは、課題
となる子ども同士の関係性だけでなく、保育者と子どもたちとの関係性によっ
ても、一定の多様性を見せることが予想される。

　第 3 に、子ども一人ひとりのパーソナリティ等に関する情報である。例えば
子ども A は「非常に内気な感じの子どもです」とあるが、保護者やきょうだ
いとの関わりなど、「（お家では）意外に動いているかもしれない（BO-I）」し、
そうであれば運動会のような行事を適宜活用する援助も十分考慮に入ってくる
だろう。二者関係についても同様に、提示事例にはない「事例 I みたいな、B
ちゃんはどんな子なのか、C ちゃんはどんな子なのか（EM-II）」等の情報が加
わると、内容に応じて保育者がとりうる援助は細部において多彩なものとなる
だろう。子ども A 〜 F が男児でも、また年少児や年長児の場合でも、課題意
識の程度から援助の内容まで、本章で得られた知見に比べて細部に差異がある
可能性は十分考えられる。

　そして、以上 3 つの情報が、第 3 章のクラス替えをめぐる思考様式の仮説モ
デルを示した Figure 3-2 のサブカテゴリー《子どもの成長と課題の見とり》
と接点を持つことは注目に値する。ここまで触れてきた情報のうち、1 つ目と
3 つ目が〈個性の見とり〉、2 つ目が〈子ども－保育者関係の見とり〉に位置す
るものであり、事例に記載されていたのが〈仲間関係の見とり〉につながる情
報であったことを考えれば、以上 3 つの見とりは、保育者が援助を構想する上
で必要となる基本的な情報の枠組みといえよう。今日、子どもに対応する際に
保育者が参照していると考えられている情報は、各研究のとる立場によって乱
立している節がある（その一例として、「子ども理解」に関する研究動向をレビューした
上村（2016）を参照）。今後、〈個性の見とり〉〈仲間関係の見とり〉〈子ども－保
育者関係の見とり〉を、保育者による子ども理解と働きかけの構想を支える基
本的な枠組みとして仮定することには、一定の意義が認められよう。その上
で、保育者がいかなる情報を参照し、その結果としてどのような援助を構想し

ているのかについて、条件や手法を変更させつつさらに検討を進めて知見を蓄積し、本章で提案された仲間関係の変容をうながす営為の仮説モデルについての、さらなる妥当性の検証と更新を進めることは今後の課題である。

第4節　総合考察

　第4章の目的は、ひとりぼっちの子どもと親密すぎる二者関係に対する場合を題材として、仲間関係の変容をうながす保育者の営為をめぐる仮説モデルを生成し、その営為が「援助」として把握されるものであるかを検討することであった。この目的を達成するために、ひとりぼっちの子どもと親密すぎる二者関係が登場する架空の事例を保育者30名に提示し、働きかけの方略を構想してもらう半構造化面接を実施した。得られた語りはGTAを用いて分析し、生成されたカテゴリーを共通性・類似性に注目し統合した結果、保育者は仲間関係をめぐる問題について、自身の手で直接解決していくことをねらうというよりも、むしろ「遊びを育てる援助」を通した「遊びの充実」により、間接的に仲間関係の変容を期待していくという仮説モデルが生成された（Figure 4-2参照）。

　これまで、幼児期の仲間関係において得られる経験は、その後の発達に影響を及ぼすと想定され（Parker & Asher, 1987）、心理学の研究対象として長年検討が進められてきた。特に、子ども個々の社会的スキルに注目してきた心理学的な諸研究は、他児と関係を結んで遊べずにいるひとりぼっちの子どもの課題を解決するために有効なSST等の専門的介入プログラムを開発し保育現場に提案してきた。高橋他（2008）によれば、「質の高い保育の一貫として、保育所や幼稚園で集団実施形式のSSTなどの訓練手法が行われれば、就学前児の社会的スキルの良好な発達が促進される可能性があると言える。保育所や幼稚園においてSSTが実施されれば、トレーニングの成果はすぐさま園における仲間関係に適用可能」（p.88）なのだという。そこで目指されてきたのは、問題に「対処」するための、科学的に洗練された介入手法の検討と開発、そして現場への導入であった。

　同様に、保育者の専門性研究においても想定されてきたのは、知識や経験を

活かしながら、その場に合った対応のあり方を考えていくことができる専門家像であった。保育者は現場のなかで、困った状況や、難しい・気になる子に数多出会う。そのなかで保育者は、様々な状況や子どもに対する適切な対応につながる、多角的な子どもの心情理解が可能になると同時に（佐藤・相良, 2017）、多様かつ構造化された知識と選択肢を有していくことが明らかにされてきた（高濱, 2001; 小原他, 2008）。そうした力量をもとに、様々な状況に対応できるようになっていくのが保育者としての成長なのだと榎沢（2016）は述べる。

> 保育者は自分が直面している状況に応じて、その都度どのように対応するかを考えなければならないのである。そして、実際に保育者は、単にマニュアル的な対処方法に依存するのではなく、試行錯誤を繰り返しながら子どもに関わり、様々な状況に対応できるようになっていくのである。すなわち、保育者として生きる体験を通して、保育者は状況に応じた保育の仕方を考え出すことのできる創造性を身につけるのである。（榎沢, 2016, p.21）

　一方、本研究による調査・分析の結果、保育者が子どもたちの仲間関係上の課題をめぐって注目していたのは、課題を抱えた子どもではなく、また仲間関係そのものでもなく、子どもたちが園のなかで取り組む・楽しむ、生活の基本に位置づく遊びであった。保育者は様々な形で、段階を踏みつつ、仲間関係に課題を抱えた子どもを取り巻く遊びを育てていく働きかけを構想・展開していく。それにより、遊びを他児との関わりを伴う集団的なものに発展・充実させていくことで、生活を進展させた先に、課題である仲間関係の変容をうながそうと保育者たちは期待していることが考えられた。保育者が選んでいた保育方法は、子どもたちの抱えた難しい課題それ自体への対応ではなく、その子どもたちを取り巻く生活を育むことに対して向けられていたのである。以上の議論から、仲間関係の課題をめぐる保育者の働きかけは、「援助」のいとなみとして把握されることが確認された。
　そして、子どもと保育者とが織りなす保育は、Biesta（2013/2021）のいうように不確実性を伴う“弱い”いとなみであることを、先の議論で確認した。だ

からこそ、保育者は「遊びの充実」という、生活を育んでいく援助の先で、課題が確実に解消される保障はないこと、そしてその後の予想がつききらないことを了解していたことも、最後に確認しておきたい。例えば EM・FO・GO 先生は、自身の保育経験をもとに以下のように述べる。

> いやー、あとなんだろうなぁ。本当に（子どもたちが変わる）きっかけって難しいんですよね。「え、これなんだ !?」みたいな。(EM-I)

> でもなんかね、最後、また 2 人でお弁当を食べたりしてるんですけど。そんなに簡単にはね、変わんないんですけど、変化は出てくるかなっていうのは、何となくありました。(FO-II)

> 逆にこう、もう 1 人新しいメンバーが入って、この事例 III のようになるだとか。本当に、そこは結構、関係性は先々、私たちの読めないようなところもあるので。(GO-II)

以上の示唆を経て展開すべき最後の論点は、子どもに対して保育者を「問題を解決するアクター（主体）」として優位に立たせてきた、〈教育主体−被教育主体〉という、専門性研究における非対称的な枠組みの相対化である。従来の保育者研究は基本的に、問題を発生させるアクターを子どもに、解決するアクターを保育者に据えてきた。たしかに、日々の保育実践のなかで、「揉事」としてのいざこざを引き起こすのは子どもであるし、突然泣き出してしまうのも、片付けをしないのも子どもである（もし保育者がそうであったら、現場は多少なりとも困ることになるだろう）。「問題解決」をめぐる専門性は、その場の状況や子どもの心情を読み取り、「対処」のあり様を導く力として、この「揉事」に対して遺憾なく発揮されよう。

しかし、「課題」の場合は別である。保育現場における「課題」は、子どもたちとの共同生活のなかで生成されていく。その生成プロセスは基本的に、各学年・クラスにおいて、保育者と子どもたちが生活を織りなすなかで、少しずつ歯車が噛み合わなくなり、次第に保育者や子どもたちの前に姿を現してい

くと考える方が自然であろう。そうした「課題」の生成をあらかじめ予想したり、その発生原因を誰か特定の人物に置くことは難しい。人間の生活の中で生じる物事には複数の要因が入り混じっており、原因を完全に特定することは基本的に困難である（野家 , 2008）。だからこそ、子どもだけでなく保育者もまた、生活のなかで、「課題」の生成にかかわるアクターとして把握されなければならない。

　保育者を、子どもたちとともに「課題」の生成にかかわるアクターの位置に置くことで浮かび上がるのは、当該保育者の"未熟さ"ではない。むしろ、「課題」の解消だけでなく、生成にも関与するアクターとして保育者を据えることで初めて、保育者はたしかに、子どもたちとともに「生活」をいとなんでいる共同生活者であることが、積極的かつ論理的に意味づけられる。「生活の共同生成」を中核たる専門性として据えるとすれば、保育者を、「課題」が生まれてくる子どもたちの「生活」を少し遠くで眺めている"観測者"のような存在として位置づけておくことはできない。第 5 章ではこの点を、ある私立幼稚園における年長学年の組別対抗リレーの実践を題材に論じる。「課題」は、子どもたちと保育者が意図せぬ形で「出会い」、そして「受容」しながら、その先の「生活」のあり方を創り出していく資源となる。

注

1 本書では"親密すぎる二者関係"を、「保育者が実践上の課題意識を持ち、仲間関係を広げていきたいと考えるほどに親密な子ども2人組」と定義する。

2 以上の手続きにより作成した3つの事例（Table 4-1）は、保育者自らが、特に必要な情報・知識・経験を付与したり仮定したりしつつ、とりうる働きかけとその理由を自由に連想しながら語ってもらうために、以下の構造を伴う比較的短い事例とした。まず、前半に「仲間関係の現状」を、後半に保育者の子ども理解において特に中核的に利用されていると考えられる「内面的理解」（心情およびパーソナリティの情報）に関する描写を配する形式で構成した（上村, 2016）。また、子どもにとって最初の拠り所になるのは保育者の存在であり、その保育者を介することで子どもたち同士が仲間となっていくという保育者の記述から（松本, 2018）、事例Iには「先生に甘えてくるというのでもありません」という高濱（2001）の情報を残し、事例IIIの"ひとりぼっちの子ども"であるFには関連する記述を掲載しない形式でバランスをとった。また、二者関係の場合、実践記録等のなかから、そうした子どもと保育者との関係が働きかけに違いをもたらすか否かを示唆する記述を特定できず、それ自体が検討対象になると考え、情報を加えなかった。こうした事例情報がもたらした、働きかけの構想をめぐる制約および本研究における議論の限界は、結果と考察および総合考察で述べる。

3 GTAにおける分析上の概念を説明する。まず、「プロパティ（Properties）」とは、切片化された各プロトコルデータに見られる語りの特徴や性質のことを指す。次に、「ディメンション（Dimensions）」とは、程度（どのくらいか）やバリエーション（どんな）といった、プロパティの示す範囲のことを指す。そして、以上のプロパティとディメンションをもとに、切片毎に適切な名前（ラベル）をつける。例えば、事例IIに対するDY2先生の「2人（B・C）の仲がちょっとギクシャクするのも、私の声かけによってありえるかもしれないと思います」という語りの切片からは、「注目する子ども：二者関係（B・C）」「二者関係に直接介入する難易度：高い（自身の声かけで仲をギクシャクさせる可能性への言及から）」という特徴がとらえられた（括弧内の「：」の左がプロパティ、右がディメンション）。そして、これらのプロパティとディメンションから、このDY2先生の語りの切片には「仲をギクシャクさせてしまうかも」というラベルが付与された。以上の分析を全切片に対して実施した後、プロパティ、ディメンション、ラベルの類似性に従って、共通の意味や特性を持つ切片同士をグループ化することで、「カテゴリー（Categories）」が作成される。上記のDY2先生の語りの切片は、最終的に、〈関係の維持と発展のジレンマ〉というカテゴリーにまとめられた。その他、より詳細な各用語の解説や、カテゴリー関連統合図の詳細については、戈木クレイグヒル（2016）などを参照されたい。

4 Figure 4-1の凡例について、以下に詳細を記す。まず、分析の結果導出された16のカテゴリーについて、"ひとりぼっちの子ども"への働きかけに含まれるカテゴリーは楕円、"親密すぎる二者関係"への働きかけに含まれるカテゴリーは長方形、両方に含まれるカテゴリーは長方形と楕円の両方で囲んで示している。各カテゴリーの下には、関連する「プロパティ」と「ディメンション」がそれぞれ記載されている。そして、カテゴリーは、番号①～⑥がついた矢印によって結ばれている。それぞれの番号がついた矢印と、その矢印が辿るカテゴリー名・プロパティ・ディメンションの記載内容を一貫して辿ることで、〈仲間関係の広がりへの期待〉からはじまる、保育者による6つの働きかけのプロセスを辿ることができる。一例として、働きかけのプロセス④（矢印④）の経過を途中まで辿る。まず、〈仲間関係の広がりへの期待〉のプロパティとディメンションを確認すると、「仲間関係を広げてほしい程度」については「高い」のみで、その先に矢印が引かれていない。ゆえに、このプロパティとディメンションは、すべての援助プロセスに該当する記載であると確認できる。次に、「既存の仲良しの有無」を確認すると、「無し」と「有り」にディメンションが分かれている。矢印④は「有り」の先に引かれていることから、援助プロセス④は、子どもに特定の仲良しがいる場合における働きかけであることが確認できる。矢印が出

ているため、議論は次のカテゴリーに移行する。〈関係の維持と発展のジレンマ〉において、「**注目する子ども**」の「ひとりぼっち」に矢印④が引かれていないことから、働きかけのプロセス④は、「二者関係」の子どもに対して語られた援助であると確認できる。その後は、さらに下にあるプロパティとディメンションを、矢印が引かれるまで確認していく。すると、「**想定される時期**」の「特定の設定保育が例年実施されている時期」から、矢印④の続きが出ている。ゆえに、働きかけのプロセス④は、そうした時期と重なった際にとられる働きかけであると確認できる。この作業を、矢印が引かれなくなるまで継続していくことで、各働きかけのプロセスと内容を、協力者たちが想定した帰結まで辿ることができる。その他、カテゴリー関連統合図の詳細な見方については戈木クレイグヒル（2016）を、本研究にかかわる協力者の語りや議論の詳細については本文および Table 4-2 を参照しつつ確認されたい。

5　なお、GTA により得られた結果は、本研究に限らず、複数の協力者から得られた語りを研究者の手で再構築したものである。そのため、すべての保育者が、必ずしもこの Figure 4-1 の手順通りに働きかけの内容を語っていたわけではない。協力者はそれぞれ面接場面のなかで、前後を行き来したり、カテゴリーを飛ばしたり、一部の働きかけの可能性について言及しなかったりと、その時思いついた働きかけの内容を随時語っていった。

6　運動会や特定のグループ活動といった、毎年の実施時期がおおよそ決まっている、各園で恒例となっている設定保育について、保育者によっては DY2 先生のように「行事とか、きっかけになる時もタイミングが合えば、きっかけにはなるかなーって思うんですけど（BY-II）」という形で時期情報の仮定をあわせて語る保育者もいれば、「あと（考えられる援助）は何だろう。あとは結構行事とかでも変わってくると思います。運動会とかで一緒に頑張ってきたとか、発表会でこの役を一緒にやったとかで。（中略）そこでも仲良くなってとかがあるかな（HM-II）」といったように、実際の保育経験を踏まえ、時期情報の付与や仮定を省略し、働きかけの方略の１パターンとして直接言及した保育者たちもいた。

第5章

保育者は子どもとともに
「生活」する存在か？

年長学年の組別対抗リレーにおける課題との
"出会い"と"受容"をめぐる実践から

第1節　問題と目的

　最後の第5章では、ここまでの議論を受けて導出される3つ目の問い「保育者は子どもとともに『生活』する存在か？」を検討する。前章の末尾で触れたように、実証的な保育者研究の背景にある、「結果のための道具」の思考枠組みを背景とした「問題解決」の方法論は、子どもを「揉事」を起こすアクターの位置に、保育者をその「解決」を担うアクターの位置に置くものであった。それゆえ保育者は研究上、〈教育主体－被教育主体〉という非対称的な関係性のなかで、専門性を有する存在として暗黙裡に優位に立たされてきた。しかし、「生活の共同生成」のとらえに基づき、保育者を子どもとの共同生活者として位置づけようとする際、課題の生成の背景にいるアクターを子どもに限定することはできない。ましてや、その原因を特定の誰かに限定することもできない。保育者は子どもとの共同生活者であるからこそ、その生活の過程で、子どもとともに、ときに課題の生成に、ときに課題の解消に関与するアクターとして把握される必要がある。そのようにして初めて、現場を生きる保育者の専門性を、子どもとの生活に十全に参加する「生活の共同生成」の観点から論じることの妥当性が確認される。

　第5章ではこの目的を達成するために、ある私立幼稚園の年長学年における、運動会の組別対抗リレー（以下、リレー）の実践を取り上げる。保育者は運動会を前にして、リレーと、それと関連した遊びを年長児たちに導入する働きかけを展開した。リレーは当初楽しいものであったが、徐々に、足の速さをめぐって子どもたちの関係に亀裂が入るという、今までにはない課題が年長学年の間に生成されていった。以下で描かれるのは、一緒にそうした課題と「出会い」、そして「受容」した上で生活のあり方を変えていこうと援助を交編させていった、共同生活者としての保育者と子どもたちの物語である[1]。

第2節　方法

1．調査協力園および観察対象

　調査協力園　本研究は、北海道の仏教系の私立 A 幼稚園（以下、A 園）における年長学年（5〜6 歳児）の保育実践を対象とした。調査はすべて著者が行った。著者は、第 5 章の観察を実施する 3 年前から A 園の保育に帯同し、継続して実践の様子を観察していた。以下の事例は、その過程のなかで観察されたものである。

　A 園は、運動会への取り組みを毎年必ず行っていたほか、運動会を通した子どもの育ちを 1 学期の重要な節目として位置づけている幼稚園であった（園長への聞き取りから）。当時在籍していた年長児は、4 クラス 81 名（男児 42 名、女児 39 名）であった。うち男児 1 名は広汎性発達障害の診断を受けていた。また、当時の年長学年ではティーム保育が行われており、担任保育者が 4 名在籍していた。以下、4 つのクラス名と担任保育者、および事例内で特に登場する子どもたちの氏名を記す。また、後述するように、課題が生成された後にとられた保育者の援助は、リレーのアンカーが鍵を握っていたことから、各クラスにおけるリレーのアンカーも示しておく。なお、リレーのアンカーは、各クラスで最も足の速い子どもが、リレーの導入当初から、保育者たちの見立てにより選ばれていた。

　　ウ メ 組…カオリ先生（経験歴 13 年目）、コタロウ（アンカー）、シンジ、モ
　　　　　　　エ、ナナ、ゴロウ、ツヨシ
　　サクラ組…ミサキ先生（経験歴 3 年目）、キヨシ（アンカー）
　　ユ リ 組…ハナ先生　（経験歴 6 年目）、タイチ（アンカー）、タクヤ、ナオキ
　　スミレ組…ヒナタ先生（経験歴 5 年目）、ダイスケ（アンカー）、ゴウ、カンタ

　この他に、年長学年にはティームティーチャー1 名、特別支援担当保育者 1名が在籍していた。なお、年長学年の保育は基本的に上記の担任保育者 4 名が主導していた。

第 5 章　保育者は子どもとともに「生活」する存在か？　177

運動会の概要　調査年度（201Z年）における運動会は、6月27日に開催された。運動会はA園の近隣にある小学校の校庭を利用して実施された。運動会当日、年長学年には「かけっこ」「しっぽ取り合戦」「よさこいソーラン（以下、ヨサコイ）」「障害物競争」そして「リレー」の5種目が設定され、運動会の前にそれらの取り組みを設定保育のなかで適宜行うことが恒例となっていた[2]。

運動会当日へ向けた取り組みは、5月20日におけるヨサコイの取り組みを皮切りに導入された。運動会へ向けた取り組みが、設定保育のなかで週に3度以上実施されはじめるなどして盛り上がりを見せたのは、運動会当日の2週間前からであった。園長によれば、ヨサコイとリレーは「花型種目」であり、運動会が行われる前には、種目に関連した遊びが年長児たちの間で毎年流行しているとのことであった。特にヨサコイは、年長児になってそれを運動会で踊ることが、A園の多くの子どもたちにとって1つの「憧れ」になってきたものと、保育者たちは認識していた。この点と関連する子どもたちの語りは、後述する事例8で触れる。

2. 観察手続き

観察時期および時間　201Z年6月1日から7月13日までのうち、計22日間、著者が当該幼稚園の年長学年に「トモヒロ先生」として帯同する形で自然観察を行った[3]。特に運動会が行われる前の平日2週間は毎日観察を行った。また、観察が行われない日や観察期間の前後の様子は、保育者への聞き取りをフィールドノートへ記載することによって補った。観察中は、保育の流れに極力影響を与えないように配慮した。観察は概ね、子どもたちが登園してくる8：30から、降園していく14：00まで行われた。観察時間の総計は約116時間であった。

観察方法　本研究では、手持ちのデジタルカメラを用いた観察、および自由遊びの定点観察を行った。手持ちのカメラでは、リレーごっこの様子、および設定保育における運動会へ向けた取り組みの様子を記録した。定点観察は、デジタルカメラでは収めきることのできない、後述する当時流行したリレーごっこの様子を俯瞰的に記録するために行われた。この観察は、園庭をおおよそ見渡せるアスレチック上にカメラを固定することで実施された。また、上記の記

録と並行して、保育の状況や、子どもたちの様子の見とりに関する保育者への
インフォーマルな聞き取りを実施したほか、カメラでは収められなかった子ど
もの様子や言葉をフィールドノートに記録し、分析の補助的な資料とした。

　分析に際しては、A園におけるリレーの取り組みの様子と、それに関連する
保育者の姿、また子どもたちの遊びや発言を事例に書き起こした。その上で、
第5章では年長学年の間に生じた課題の生成および受容と特に関連が深いと考
えられる、リレーをめぐる計15の事例を分析資料として取り上げることで、
課題をめぐる学年内のやりとりとその変遷を再構成することを目指した。それ
らの事例は、時空的隣接性などの要素を担保した、原因と結果を最短距離で結
ぶことが可能な「科学的因果性」（野家, 2008）に基づいて選出されたわけでは
ない。むしろ第5章では、原因が特定困難な世界において、時間的に隔たった
複数の出来事を結びつけることで、当時のA園における年長学年に生まれた
物語を組織化・再構成しようと試みている。各種事例が、A園で生まれた物
語の再構成を可能とし、またそれが第三者にとって「腑に落ちる」プロットと
なっているかどうかは、読者の判断に委ねられる。

　倫理的配慮　本研究の実施に際しては、当該幼稚園の園長および保育者に対
して、研究概要、プライバシーの保護、子どもへの非侵襲性を説明して同意を
得た。また、本文中における写真・事例・考察については、すべて当時のA
園における学校法人の学園長に確認をしてもらい、本書への掲載の許可を得
た。なお、本文中の写真と事例については、個人が特定できないように修正し
て掲載している。

第3節　結果と考察

1．当時のA園におけるリレーの取り組みの概容

　まず、各種事例を確認していく前に、予め当時のA園の運動会における、
リレーの取り組みの基本構造について確認しておく。観察記録や保育者への聞

き取りを参照すると、6月中、設定保育における運動会の取り組みのなかでリレーの活動が行われたのは、8日、12日、15日、16日、17日、18日、19日、22日の8日間であった。そして、22日以降は6月27日の運動会当日まで、リレーの取り組みが行われることは一切無かった。運動会の直前こそ活動が活性化していきそうなリレーの取り組みが、運動会の直前1週間にかけて一切無くなったのである。

次に、Table 5-1に、当時のリレーの取り組みにおける基本的な構造や所要時間を整理した。1回のリレーの取り組みは、長くてもおおよそ15分程度であった。そして、このリレーの取り組みの前後には、他の運動会の種目と関連した活動が行われたり、設定保育を終えて園舎に戻ったりしていた。

Table 5-1　設定保育におけるリレーの活動の基本構造

時間経過	活動の内容
~3：00	実際の走順に子どもたちが整列する
	保育者が第1走者の子どもにバトンを渡し、スタートの合図を出す
~6：00	正規ルールでのリレー（1度目）
~7：00	結果発表
	保育者から「もう一度走ってみよう」といった合図がかかる
~10：00	正規ルールでのリレー（2度目）
~11：00	結果発表。そしてこの後、他の運動会の取り組みに移るか、園舎へ帰る

ここで確認しておくべきことは、設定保育におけるリレーの取り組みそれ自体が、非常にシンプルな、ルーティン的構造を有していたことである。リレーの取り組みは、子どもたちがリレーのルールや走順を模索するといった形式がとられたわけではなく（そうした実践例として、瀬高, 2008）、保育者が子どもたちにルールを伝え、実際にそのルールをもとにした競技の流れを楽しみながら試してみるという方針をとっていた。そして、このルーティン的な取り組みは、運動会が終わるまで変容することはなかった。保育者たちが、ルーティン的な

取り組みを変えるのではなく、むしろその活動を一旦止めて、子どもたちと運動会当日を迎えるという方向性を選択した背景については後に考察する。

2. リレーの流行と生成しはじめる課題

　運動会までに行われたリレーの取り組みは、わずか8回である。そして、その内容はTable 5-1に示されるようなルーティン的なものであった。そのリレーが子どもたちの間で流行したことには、設定保育におけるリレーの取り組みとはまた別のきっかけがあった。それは、保育者たちによる、自由遊びの場面におけるリレーごっこの導入と流行である。そして、そのきっかけの最たるものであったと考えられるのが、事例1に記した、園長によるスターターピストル（以下、ピストル）を使用した子どもたちへの働きかけであった。

【事例1　園長のピストルによる合図出し】

（6月12日、9：15〜　園庭での自由遊びにて）

　午前の自由遊び時間の途中、園長が運動会で使用するピストルと火薬を持って園庭へとやってきた。ピストルの準備をした園長が、トラックのなかで試し打ちをすると、"パーン"という乾いた音が園庭中に響いた。それを聞いて驚いた数名の子どもたちは、何事かとびっくりして振り返り、「なにしてんのー⁉」と言いながら、園長のもとへ駆けていった。園長は試し打ちをしたピストルを再度上に向けるように構えて、「いきます、位置について、ヨーイ……」と言った次の瞬間、ピストルを"パーン"と鳴らした。再び、ピストルの乾いた発砲音が園庭中に響き渡った。近くにいた年長児3人は、その音を聞いて一斉に走り出した。

　走り出した3人がトラックを一周してくると、園長は「はい次の人ー！」と周囲の子どもたちに声をかけた。学年を問わず、園庭にいた子どもたちはトラックを走った3人を見て、「先生やりたーい」「いれていれて！」と言って園長のもとへ集まってきた。走ろうとする子どもたちは、先ほど走った3人と同じように一列に並んだ。そして、並んだ子どもたちは、なるべく前から走りはじめようと、ジリジリとすり足で前へ前へと進んでいった。それを見た園長は「あ」と言い、一列に並ぶ子どもたちの前に立って、「ここね、ここ。ここね」

第5章　保育者は子どもとともに「生活」する存在か？　181

と、右足でスタートラインを引いた (Figure 5-1)。子どもたちは園長が引いたスタートライン上に横一列に並び、走り出そうと姿勢を構えた。園長がピストルを"パーン"と鳴らすと、横一列に並んでいた子どもたちは一斉に走り出した。

　その後、この遊びは10分ほど続けられ、園長が園舎のなかに戻ることで終了した。

　事例1のように、園長はスターターピストルを園庭に持ち込み、実際に発砲することで、子どもたちのリレーごっこの合図出しをはじめた[4]。園長は、その後の6月16日、19日においても、同様の方法で遊びに関わりを持っていった。

　このような園長によるリレーごっこの導入は、子どもたちの間に、自由遊びのなかでリレーごっこをどう行うかに関するルールを共有していったものと考えられる。その遊びとは、事例2に記すように、スタートラインを厳格に引いて、子どもか保育者が「ヨーイドン！」と言って園庭のトラックを一周し、順位を決めるものであった。ここで登場するシンジは、自由遊び内のリレーごっこに、最も数多く参加した年長児の1人である。

Figure 5-1　6月12日の園長による「スターター方式」のルール導入

【事例２　スタートラインの厳格化と足の速さの表出】
(6月16日、9：21〜　園庭での自由遊びにて)

　午前の自由遊びの時間、シンジは、年長児のコタロウとレンとともにリレーごっこをはじめようと自ら足でスタートラインを引き (Figure 5-2)、誰かのスタート合図を待つように構えた。それを見た年少クラス担任のユミ先生は、「位置について、よーい、ドォーン！」と、手を鳴らして合図を出した。シンジらは、先生の合図を聞いて走りはじめた。トラックを一周する途中、参加していたレンが抜けて、代わりにタクミが割って入って走りはじめた。

　トラックを一周して戻ってくると、タクミはコタロウを指さして「１位！」、自分を指さして「２位！」とニコニコと主張した (実際は3位であった)。シンジは立ち止まると、年長児の真似をして走りはじめた年少児に「はやーい！」と声をかけるユミ先生を見つめた。そしてシンジはユミ先生に、「オレは？　ユミ先生オレは？（中略）障害物（競争）のアンカーのふたりめ〜！」と詰め寄り、自身の足の速さを主張した。ユミ先生は「さすがです、速かった。何周しても速いね、やっぱり」と応えた。シンジは「え、アンカーが？」と自慢げに話し、歩きながら右腕で力こぶを作ってガッツポーズをして見せた[5]。

Figure 5-2　6月16日のリレーごっこにおけるスタートラインの厳格化

上記の事例2において確認できるように、リレーごっこに参加した子どもた
ちは「やったー1位！」「2位！」といったように順位を口にするなどして、自
身の足の速さを強調・主張するようになっていった。たしかに、「自分は足が
速い」と少しでも感じる子どもたちにとって、事例1・2のようなリレーごっ
こは、順位という報酬を与えてくれる遊びとして、非常に楽しいものであった
に違いない。しかし、その反面、リレーごっこに参加することが徐々にできな
くなってくる子どもたちも現れはじめた。例えばその1人が、ウメ組の女児モ
エであった。

　モエは、事例1で確認した6月12日の園長によるリレーごっこに嬉々とし
て参加して、「フー、フー」と息を切らしながら、ニコニコと何度も走り回っ
ていた子どもであった（6/12の観察記録より）。そんなモエは、その4日後であ
る16日の園長主導のリレーごっこに参加することができず、傍観したまま
去っていったのであった。

【事例3　「見てるだけだもん」】
（6月16日、9：37〜　園庭での自由遊びにて）

　6月12日と同じように、園長がスターターピストルを持ってリレーごっこ
をしようと園庭にやってきた。多くの子どもたちが参加して、園長によるピス
トル音を合図に園庭を走りはじめていた。その様子を、近くでじーっと見つめ
ていたのが、ウメ組の女児モエであった。モエは12日のように、園長の働き
かけではじまったリレーごっこに参加することはせず、なぜか近くでずーっ
と眺めていた。そして、モエと同じくリレーごっこに参加せず、近くに立って
じーっと眺めていたのが、ナナであった。ナナは同じくウメ組の女児であり、
身体がひときわ小さく、クラスのなかでも特に足が遅い子どもであった。そん
なナナを見て、モエはナナの正面に立ち、両手でナナの肩を抱きながら、小さ
な声で話しかけはじめた。

　　モエ：（ナナはリレーごっこ）やらなくていいの？
　　ナナ：見てるだけだもん。

ナナはモエから顔を反らし、スタスタと遠ざかっていった。それを聞くと、モエも参加することを諦めてしまったのか、それまでじっと見つめていたリレーごっこから離れていってしまった。

　ここでモエが誘ったナナという女児は、事例3内に情報がある通り、ウメ組のなかでもひときわ身体が小さく、とても足が遅い子どもであった。リレーごっこには、近くに居て眺めていたとしても、園長からの積極的な誘いがなければ参加することはない子どもであった。
　では、この時どうしてモエは、足の遅いナナと一緒でなければ、リレーごっこに参加することができないと考えたのだろうか。この時のモエの心情を推測するためには、モエ自身の遊びの様子ではなく、むしろ運動会の取り組みでの様子を確認する必要がある。というのも、モエが所属するウメ組は他の3つのクラスと比べて、運動能力が比較的低い子どもたちが集まっていたクラスであった。それゆえ、設定保育におけるリレーでのウメ組は、8日、12日、15日と、連戦連敗の4位であった（また、その結果については、他のクラスにも否応なく伝わっていた）。
　そうした経験からか、この時期、自身の足の速さに対する自信のなさと不安の声が、子どもたちの口からポロポロとこぼれるようになっていった。例えば以下は、ウメ組の男児ゴロウとツヨシの何気ない会話である。ゴロウは当時、園長が合図を出してくれる遊び（例えば事例1）以外、子どもたち主導でのリレーごっこには一切参加することはなかった。ツヨシもまた、園長の働きかけをもとにリレーごっこが流行しはじめた12日を除いて、自由遊びでのリレーごっこに参加することが無かった子どもであった。後述するように、このゴロウとツヨシがやっとリレーごっこに参加できるようになったのは、運動会まで残り数日に迫った頃であった。

【事例4　「足、はやい？」】
（6月15日、8：45〜　園庭での自由遊びにて）
　午前中、園庭での自由遊びの時間が終わりを迎え、片付けをしている最中のことであった。ウメ組のゴロウとツヨシが2人で、園庭をトコトコと歩いてい

た。その途中にふと、ゴロウがツヨシに向かって話しかけた。

　　ゴロウ：ツヨシってさー、足、はやい？
　　ツヨシ：あのね昨日ね、朝までね、寝ないで走る練習した。
　　ゴロウ：オレは、ずっと寝れなかったけどねー。

　2人はこの会話を交わした後、近くの水辺で遊ぶ年長児の様子を伺いに向かった。

　以上の事例3・4に見られるように、リレーごっこ等を通して「1位になる」ことを楽しみにする子どもたちの一方で、自身の足の遅さに引け目を感じる子どもたちが現れた。リレーごっこはたしかに楽しそうで傍観はするものの、そこに参加したり、そもそも他児と一緒に走ったりすること自体にプレッシャーを感じる子どもたちである。
　ただし、この時点ではまだ、こうした引け目の認識が、学年内における課題としてたち現れてはいなかった。この課題を学年内に表出させていくことにつながったと考えられるのが、クラスメイトの足の遅さを責める子どもの出現であった。

3. 課題と「出会う」子どもたちと保育者
──リレーをめぐる「勝利至上主義」がもたらした亀裂

　ところで、そもそも上記の事例3・4のような、足の速さに自信のない子どもが現れた時、保育者はその子どもたちとどのように関わりを持ったのだろうか。その状況を簡潔に表現するとすれば、それは足の速さを伸ばして自信を持たせるものであった。具体的には、保育者たちは足の速さに自信がなかったり苦手意識があったりする子どもたちに対して、"頑張ろう"といったように励ましたり、走り方を教えたりすることで、走ることそれ自体に対して自信をつけさせようとしていった。
　その一例として挙げられるのが、事例3のモエよりもリレーごっこから距離をとっていた、スミレ組の男児カンタに対する保育者たちの働きかけである。

186

カンタは、年長学年のすべての子どものなかでも、身長が小さく、そして非常にふくよかな体つきをしており、特に足が遅い子であった。リレーの活動が設定保育のなかで行われると、必ずといってよいほど他クラスの子どもに抜かれてしまうカンタは、自由遊びのなかで事例1・2のようなリレーごっこがいくら盛り上がっていても、そこには一度も参加したことが無い子どもであった。保育者たちは、そんなカンタや、他の比較的足が遅い子どもたちに対して、走り方を教え、遊びに参加できるように自信をつけさせようと働きかけていった。そして実際、子どもたちは、たしかに自信をつけていったのであった。

【事例5 「オレが〜、走り方を教えてくれる〜、カンタ先生！」】
（6月19日、9：20〜　園庭での自由遊びにて）

　この日、スミレ組のヒナタ先生と園長は、足が比較的遅い子どもたちを呼び出した。そのなかには、カンタやナナもいた。スミレ組のリンはそれが気になったのか、「遊びにいくの？」と問いかけた。園長が「ん〜、ちょっとお出かけ！」と答えた後、一緒に行くことになった（比較的足の遅い）年長児のタクヤは「違う、走るの!!!」と答えた。その後、ヒナタ先生は園庭に残り、園長は集められた比較的足が遅い子どもたちを園庭近くの河原に連れて行き、どうすれば足が速くなるかを教えていった。

　20分ほどして戻ってきた園長と子どもたちは、スターターピストルこそ無いものの「ヨーイドン！」と合図を出して、（事例1・2のような）リレーごっこで遊びはじめた。そこにはカンタやナナのほか、16日のリレーごっこに加わることができずに傍観していたモエがいた（事例3を参照）。なかでも、園長との練習を通して自信をつけたカンタは、リレーごっこを終えた後、著者に対してニコニコとしながら「瞬間移動したぁ！　あっち（トラックの反対側）からここまで！」と話したり、担任のヒナタ先生に対して「オレが〜、走り方を教えてくれる〜、カンタ先生！」と自信を見せては、その走り方を他児に伝授しようとしたりしていた。

　「オレが〜、走り方を教えてくれる〜、カンタ先生！」などと話す当時のカンタは何とも楽しそうであり、園長から走り方を教えてもらった当時は、文字

通り、自信に満ちあふれていた。保育者たちもまた、このようにリレーごっこに参加しようとするカンタの姿を見たことがなく、びっくりして声をあげていた。

　しかし、足の速さを気にする子どもたちの姿というのは、単にそれぞれの子どもが自分の足の速さのみを気にすることから現れたものではなかった。このことをよく示しているのが、以下の事例6である。カンタと同じスミレ組のゴウは、事例5の後にリレーごっこをしているカンタを見つけて、「カンタがんばんないと、4位になっちゃうから！」と、必死に語りかけはじめた。

【事例6　「カンタがんばんないと、4位になっちゃうから！」】

(6月19日、9：55〜　園庭での自由遊びにて)

　カンタは（事例5で示したように）ヒナタ先生に走り方の極意を披露しながらリレーごっこで遊んでいた。そのカンタを、同クラスのゴウが遠くから見つめていた。ゴウはタイミングを伺ってカンタに近づき、正面から肩を抱いて訴えかけるように話しはじめた。

　　ゴ　ウ：カンタ、<u>カンタがんばんないと、4位になっちゃうから！　カンタ、本気で走ってるの？　本気で走ってもいいよ？</u>（中略）<u>カナ</u>（運動会のリレーでカンタと同じ走順で走る他クラスの女児）<u>に抜かされないようにね！　カナに、カナに抜かされないようにね。カンタはね、カナ、カナと一緒にね、走るんだよ!?</u>　カンタはね、（走る素振りを見せつつ）こうやって走ってると、カナすぐに来てね、抜かされるのさ。だからカンタもね、もうちょっと本気で走ってね。お願いだよ？
　　カンタ：うん。ちょっとそこのキミー、ちょっとどけて。（トラック上にいる年少児をどけようとしてから、近くにいたヒデキを見て）じゃあ、ヒデキがカナっていうことね。で、オレが、カンタってことね。ウオォォ!!!（ゴウとカンタはトラックを走りはじめた）

　事例6におけるカンタに対するゴウの発言には、子どもたちが感じる足の速

188

さをめぐる悩みの根底にある、子どもたちの間に広まっていた考え方の存在が示唆されている。それはすなわち、特にリレーを中心とした、自分（たちのクラス）が勝つことが重要であるととらえる、「勝利至上主義」と呼べるような価値観であった。

　例えば事例1・2を確認すればわかるように、最初からリレーごっこに参加することができていた子どもというのは、「やったー1位！」「2位！」といったように、順位がつけられることを遊びの楽しさを生む報酬として認識していた。そして、この「勝ち負け」というのは、遊びのなかで個々人に付与されるものばかりではない。むしろ、設定保育におけるリレーのルーティン的な活動のなかで、結果発表として毎回各クラスに対して否応なく付与されるものであった。だからこそ、勝ち負けを自分にも、そして仲間にも生じさせてしまう自分の足の速さに対する自信の有無が、他児との関わりを制約してしまう課題として、少しずつ年長学年の間に生成されていったのである。

　この課題に年長学年を直面させたのが、事例5・6で自信を持ったはずのカンタに対するクラスの勝敗の責任追及であった。事例5・6の後、カンタのいるスミレ組は設定保育において、園庭で、ユリ組とリレーの取り組みを行った。そして、リレーの勝負が接戦になった責任を、スミレ組の子どもたちは、足の遅いカンタに追及・転嫁してしまったのである。

【事例7　「遅いって言ってたから!!!」】

（6月19日、10：56〜　園庭での設定保育（運動会へ向けたリレーの取り組み）にて）

　この日、園外の公園が使用できない関係で、園庭では4クラスのうちの2クラス（スミレ組とユリ組）でリレーの活動が行われていた。2クラスでの対抗リレーが行われ、結果はスミレ組の勝利となったが、勝敗はギリギリの僅差であった。その結果を受けてスミレ組の子どもたちはカンタに、自分のクラスが負けそうになった責任を追及してしまったのである。責任を追及されてしまったカンタは「（オレのこと）遅いって言ってたから!!!」と怒り、最終的にしくしくと泣いてしまった。そして、カンタだけでなく、その責任を追及した子どもさえも泣き出してしまったのである。

　この様子に気づいたヒナタ先生は、リレーの活動の後、スミレ組の子どもた

第5章　保育者は子どもとともに「生活」する存在か？　　189

ちを集めて座らせ、「『誰のせい』じゃないの。カンタのせいでもない。皆よく頑張りました。だから、声かける言葉、『みんなよくがんばったね』というのが一番良いと思う」と諭すように話しかけた。

　以上の事例1〜7を受けて、子どもたちの間に「勝利至上主義」と呼べる価値観が生成され、学年内に広まり、課題として表出するまでの経過を再度確認する。保育者は運動会を前にして、リレーと、それに関連した遊びを子どもたちに導入する援助を展開していった。子どもたちの間には、設定保育におけるリレーの取り組みと関連した「順位」への意識があり（事例1・2）、それとの関係で個々人の足の遅さが悩みや引け目として立ち上がることで、リレーごっこに参加できる／できないというような関わりの制限が生じていった（事例3・4）。こうした現状に対して、年長学年の保育者たちがまず対応していこうと考えたのは、走ることへの苦手意識を持つ子どもたちに自信をつけさせようとすることであった（事例5）。しかし、いくら足の速さに自信をつけても、実際のリレーではクラス単位で子どもたちに順位が与えられてしまう。このような、クラス単位での順位の表出によって子どもたちの仲間関係に亀裂が入りはじめたことが、カンタをめぐるやりとりを通して表出し、年長学年は運動会の1週間前になってその課題に直面したのであった（事例6・7）。

　たしかに、これらの事例を事後的に読んでいる私たちであれば、このような保育の展開にならないようにできることや、すべきことを想像しうるだろう。勝ち負けにこだわる子どもが現れたり、そのことで負担を感じたりする子どもが現れないように保育者ができる手立ては、無論あったかもしれない。しかし、例えば事例2のシンジのように、子どもたちがここまで勝ち負けや足の速さにこだわるようになることを、当時の保育者はどれくらい予想できただろうか。

　このことを示唆するのが、運動会の種目構成である。A園の年長学年には、運動会において、「リレー」と双璧をなすもう1つの花形種目があった。それが、「ヨサコイ」である。ヨサコイは、鳴子を持って法被を着て保護者や下級生の子どもたちの前で踊る、年長学年になった子どもたちのみが取り組むことができる、A園の伝統かつ花形の表現種目であった。運動会の当日は、会場

となる小学校の校庭に地元の YOSAKOI ソーランのチームが所有する音響トラックがかけつけ、年長児たちの演舞の際に運動会の盛り上がりは頂点に達する。そのヨサコイを踊る際に両手に持つ鳴子も、着て踊る法被も、年長学年になった子どもたちしか身につけることができない。ヨサコイを踊る上級生たちを2年間見てきた年長児たちは、自分たちがついにそれを踊れる学年になったことを誇りに思っていた。以下の事例8は、それを象徴する子どもの一言である。

【事例8 「年長さんしかうまくヨサコイできねーんだよ」】

(6月16日、9:00～ 園庭での自由遊びにて)

　保育者が園庭の中央でラジカセをつけ、ヨサコイの音楽を流しはじめた。その音楽に合わせて、見様見真似で踊る年中児も含めて、子どもたちがヨサコイを踊っていた。そこで、年長児のダイスケが一緒に踊った後、同学年のナオキと別の遊びに移っていく際、以下の言葉をかけ合った。

> **ダイスケ：年長さんしかうまくヨサコイできねーんだよ。**
> **ナ オ キ：そうだよなー。**

　そして、カオリ先生の言葉によれば、「ヨサコイは、そこはみんなで勝負じゃなくて、81人みんなで、心を1つにして頑張ることなの」だという（6月26日、後述する事例14の発言の後）。そうした、もう1つの花形種目であるヨサコイの「心を1つにして頑張る」という認識がある一方で、リレーを背景に子ども同士の関係性にここまで亀裂が入ってしまうことを、果たして当時の保育者はどこまで予想できただろうか。保育者と子どもたちは当該年度における共同生活を通して、文字通り、課題に「出会ってしまった」のである[6]。

　さて、運動会の1週間前という差し迫った状況において、その根幹にある「勝利至上主義」の考えを、子どもたちの間から消し去ることは困難を極めた。というのも、勝つことや1位になることは、子どもたちにとって、率直に嬉しいことだからである。しかし、だからといってこの状況を見過ごして運動会を迎えることもできない。だからこそ、年長学年の子どもたちと保育者たち

第5章　保育者は子どもとともに「生活」する存在か？　191

は、運動会までの残り1週間のうちに、課題とのつきあい方を探る必要があった[7]。そしてその最中において、保育者たちが選んだのは、子どもたちにかかるプレッシャーを共有することを通して、子どもたちの間にある「勝利至上主義」をともに見つめ、語り合うことで相対化していく働きかけであった。その働きかけに際して、保育者が特に注目したのは、足の遅い子どもたちばかりではなく、むしろ足の速い、リレーの「アンカー」に選ばれた子どもたちであった。そして最終的に、子どもたちは足の速さそれ自体が表出しないような関わり合いのあり方を、自ら選択していったのである。

4. 課題を「受容する」子どもたちと保育者
──リレーのアンカーが抱えた心情の共有を通して

こうした援助の先駆けは、事例7の2日前に見られた、主幹教諭のアオイ先生による働きかけであった。主幹教諭のアオイ先生は、副園長を除けば最も経験歴が長い（18年目）、A園屈指のベテラン保育者であった。そのアオイ先生が、開会式の練習を子どもたちとやってみようと、年長学年の設定保育の様子を見にやってきた。

アオイ先生はその練習をはじめる前に、リレーの取り組みが終わった子どもたちを集めて、そのリレーの様子について子どもたちに語りかけていった。そこでアオイ先生が注目していたのは、むしろ足の速い子どもたちであった。なお、このアオイ先生の働きかけは、保育者同士が予め決めていたものではなかった。発言のなかにあるコタロウの様子をアオイ先生自身が見とって、即興的に発したものであったという（後日の聞き取りから）。

【事例9 「もっと大事なことがあります」】
（6月17日、11：00〜　園外の公園でのリレーの取り組み後）

年長学年のリレーの活動が終わった後、アオイ先生は運動会の開会式の練習をするために年長の子どもたちを集めた。そこでアオイ先生は子どもたちに、リレーの活動中に見られた様子について語りはじめた。

　　　アオイ先生：何してるのかな年長さんって（思って）観にきました。リ

レーを見たよ。リレーを見たよ。リレーは素晴らしかった
です。めっちゃ頑張ってました。先生は、最後まで走る友だ
ちに、胸がドキドキしました。勝つのは、もちろん大事なこ
と。優勝するのはね、1位になるのはいいことだけど、1位
になった人たち、クラスも素晴らしいなと思うけど、1位2
位3位4位、順番が大事なのかな？　もちろんそれも大事
だけど、もっと大事なことがあります。頑張る友だちをどれ
だけみんなが見てるかってこと。先生は、コタロウくん（ウ
メ組のアンカー）をちゃんと見てました。コタロウくんいます
か？　そしてそれを、ずっと「がんばったね」って迎え入
れてくれるタイチくん（ユリ組のアンカー）も、先生見てまし
た。タイチくんは、コタロウくんの気持ちがわかるよね。
いっつも（ゴールするのが）一番最後だったら、泣きそうにな
ります。先生も、泣きそうになりました。だけど、諦めない
で走ってる、一番最後にバトンをもらうのは悔しい。だか
ら、前にいる友だちが、頑張れ頑張れって応援してあげて
る。すごい大事なこと。その気持ち、ありますか？

子どもたち：はい……。（バラバラと答えた）

アオイ先生：うそ、ない人いっぱいいます。そんなのすぐわかる。目見た
らすぐわかる。見えちゃう。そういう気持ちで頑張れ頑張れ
しません。もちろん自分のクラスが勝つのは大事だけど、今
一生懸命頑張っている友だちの気持ちも自分の気持ちも、大
事にしてください。

子どもたち：はーい！（大きな声で年長児たちが返事をした）

　この事例9のアオイ先生と関連して、事例7のカンタと他児との様子を受け
て以降の運動会まで残り1週間に迫ったところで、年長学年の保育者は子ど
もたちに、むしろ足が速い子どもたちの葛藤へ注目させる方向へと、働きかけ
の方針を転換していった。子どもたちはそこで初めて、足が遅い友だちではな
く、むしろ各クラスのなかで最も足が速いアンカーの友だちが、一体どのよう

第5章　保育者は子どもとともに「生活」する存在か？　　193

な心情でリレーを走っていたのかを知り、子どもたちのリレーをめぐるやりとりが少しずつ、新しい方向へと動き出していった。

　例えば、以下の事例10の場面である。6月22日の運動会の取り組みがはじまる前、事例9のアオイ先生の言葉もあってか、ウメ組のアンカーであったコタロウは、同クラスのシンジに対して「（リレー）4位でもいいなぁ」と笑いながら話し、シンジはそれを聞いて笑って返していた（6/22のフィールドノートから）。そんなコタロウがアンカーを務めたウメ組は、この日も結局4位となった。そして、他のクラスの子どもたちがぴょんぴょん跳ねて勝ったことを喜ぶのを見て、コタロウは泣いてしまったのであった。そのコタロウの様子を引き合いに出して、スミレ組のヒナタ先生とユリ組のハナ先生は子どもたちへ向けて語りかけた。

【事例10　「アンカーで最後に走るってさ、どんな気持ちかわかる？」】
（6月22日、11：45〜　園外の公園でのリレーの取り組み後）
　この日のリレーの活動のなかで、またしてもウメ組が4位になってしまった。終わった後、ウメ組のアンカーであったコタロウは、悔しさもあってかその場で泣いてしまった。その後、園舎に戻るタイミングで、バスを待っているなか、コタロウの所属するウメ組とは異なる、ユリ組のハナ先生とスミレ組のヒナタ先生が、両クラスの子どもたちを一緒に集めてしゃがませた。そして、わざわざ別のクラスのコタロウを引き合いに出しながら、アンカーとして走る子どもに心情を問うていった。他の子どもたちは、じっと保育者たち、そしてときにアンカーの友だちを見て言葉を聞いていた。

　　　ヒナタ先生：皆がもしさ、（アンカーでバトンを受けて走るのが4クラスのなか
　　　　　　　　　で）一番最後だったら、どんな気持ち？
　　　子どもたち：やだ……。（バラバラと答えた）
　　　ヒナタ先生：嫌だよね。
　　　ハ　ナ　先　生：タイチ（ユリ組のアンカー）もそういう気持ちさ、知っている
　　　　　　　　　よね。ユリ（組）もそうだからさ。（注：ユリ組も下位を争うこと
　　　　　　　　　が多かった）

ヒナタ先生：スミレ（組のみんな）は知らないと思う。アンカーで最後に走るってさ、どんな気持ちかわかる？　タイチ君はわかるよね。

ハ ナ 先 生：タイチ君もね、4位の時が何回か続いたんだよね。今日は違ったけど、コタロウ（ウメ組のアンカー）の気持ち、よくわかるよね。

ヒナタ先生：この前、ユリ（組）と園庭で練習した時に（注：事例7）、スミレ（組）で、こんなことがあったの。「バトン渡すのおそーい！」「走るのおそーい！」。（中略）言われた子はね、「でも、がんばって走ったもん！」って言ってました。ミスしちゃったけど、頑張って走ってました。それは先生にも伝わってきた。すごい頑張って、遅くても、転んじゃっても、バトンの渡し方が悪くても、頑張っていました。それでもね、「いや、おそーい！」「はやくして！」「○○のせいで負けたんだよ！」って責める人ね、この（クラスの）なかにいたの。勝ちがすべてじゃないの。（中略）転んでもいいのさ。転んでその後どうするかさ。（中略）（今日は）ヒロキ転んだよね、転んだけど諦めないで走ってた。

タ イ チ：ダイスケも。

ヒナタ先生：ダイスケもね、ダイスケもね。悔しかったでしょダイスケ、あ～……。

ダ イ ス ケ：……。（感情が込み上げたのか、下を向いて無言で泣きはじめた。ユリ組とスミレ組の子どもたちは、後ろを振り返ったり身を乗り出したりして、後ろの方にいるダイスケが泣き出す様子を驚いて見つめては、「がんばった」と遠くから声をかけていった）

ハ ナ 先 生：最後そうしたらさ、「がんばったね」って声をかけられるよね。他にも考えてみて、もしかしたらもっと良いの（言葉）が思いつくかもしれない。（中略）どんな気持ちで、コタロウだったり、ゴールした人を考えられるか、考えてみてください。（中略）みんなが居ないとリレーってできないもんね。

その後、保育者と子どもたちは園舎に帰っていった。

　また、事例10におけるユリ組・スミレ組だけでなく、サクラ組でも同じような場面があったことが、ミサキ先生の口から語られた。サクラ組は、圧倒的な運動神経を持つ、年長児たちにとって憧れの的になっていた男児キヨシを中心に、常に設定保育のリレーで1位をとる、常勝軍団とも呼べるクラスであった。そのサクラ組で引き合いに出されたのは、他でもない、運動神経抜群のアンカーであるキヨシの心情であった。

【事例11　「緊張する」】
（6月25日、ミサキ先生からの情報提供による）

　サクラ組のアンカーであるキヨシは、学年内でも圧倒的に足が速く、運動神経も抜群で、子どもたちにとって憧れの存在であった。また、そのサクラ組は運動会の取り組みでリレーをすると、ほぼ確実に1位をとるクラスであった。そのクラスの子どもたちに対して、サクラ組の担任であるミサキ先生は、最後に走っているウメ組のコタロウを見ているか問いかけたという。すると、見ていないという子どもたちが多かったため、皆の前で、キヨシに対して以下のように問いかけたのだという。

> ミサキ先生：(スミレ組の) ダイスケとキヨシ、バトンどっちが先にもらった方がいいかね～？　ダイスケが先？　キヨシが先？　同じくらい？
> キ　ヨ　シ：(自分の方が) 先がいい。
> ミサキ先生：じゃあ、ダイスケ君が先だったら？
> キ　ヨ　シ：ヤバいと思う。
> ミサキ先生：じゃあ、一緒だったら？
> キ　ヨ　シ：緊張する……。

　この言葉を聞いたサクラ組の子どもたちは、「おぉ……」と感嘆していたとミサキ先生は話した。多くの子どもたちの憧れであるキヨシの言葉が、クラス

のなかに共有された瞬間であった。

　以上のような、足の遅い友だちの心情だけでなく、むしろ足の速い友だちの心情とその葛藤を共有していく過程のなかで、子どもたちの間にある変化が生まれた。それは、順位や勝ち負けを表出させない形へと、子どもたちが自ら遊びのルールを変更させていくことと、そのなかでカンタ・モエ・ゴロウら足の速さに自信のない子どもたちがリレーごっこに参加していくことであった。観察期間中、保育者が自由遊びのなかで、遊びのルールの変更を提案する場面は一切観察されなかった。子どもたちは自ら、以下のようにルールを変更して遊びはじめたのであった。

【事例 12　「曖昧なバトンパス」によるリレーごっこのはじまり】
（6 月 22 日、9：22〜　園庭での自由遊びにて）
　年長児のシオリ・ナナミ・ハルヒ・マオが、園庭でリレーごっこをはじめた。それを見つけたシンジは、「シンジもやりたーい！」と言いながら女児たちの近くに走ってきた。その後シンジ・シオリ・ナナミは（事例1・2・3と同様に）横一列に並び、トラックを走りはじめた。シンジは、いつもの要領でトラックを一周して、スタート位置を走りぬけ、一度リレーごっこから離れようとした。
　すると、シンジの後ろを走ってきたシオリとナナミは、リレーごっこから離れずにトラックをもう一周しはじめた。それに気づいたシンジは、再度リレーごっこに参加すべく、走り抜けたスタート位置に駆け足で戻ってきた。そしてシンジは、走者が走ってくる方向へ、ピーンと右手を伸ばして待機した。また、そのシンジの後ろでは、マオとハルヒが同じポーズで待機しはじめた。ナナミはトラックを一周して戻ってくると、手を前に突き出しながら、待機している子どもたちの間を接触せずに突き抜け、トラックを外れていった（Figure 5-3 左図）。シンジはそれを見て「なんでーナナミちゃーん！」と言いながら走り出した。マオとハルヒも、それぞれのタイミングで走り出した（Figure 5-3 右図）。

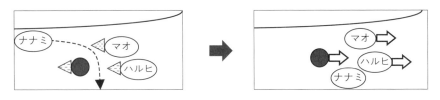

注：三角は子どもたちが差し出した手の方向、矢印は子どもの進行方向、●はシンジを示す。

Figure 5-3 事例12の「曖昧なバトンパス」によるシンジと他児の遊びの概要図

　事例12のリレーごっこは、事例1・2のようなリレーごっこと比べて、遊び方に1つの特徴的な変化を見出すことができる。それは、順位や勝ち負けの曖昧化である。事例1・2で紹介したリレーごっこは、遊びに参加した子ども全員がスタート位置に立ち、「ヨーイドン！」といった合図により園庭を一周してくることを基本としていた。その結果、遊びに参加する子どもは「ヨーイドン！」の合図の時点でスタート位置に立っている必要があるほか、その子どもたちには（勝手に走るのを止めない限り）最終的に順位が付与されてしまう。足が速い子どもたちにとっては楽しい遊びの形かもしれない。しかし、足が遅い子どもたちにとっては、こうした足の速い／遅いが顕在化する遊びに参加するためにスタート位置に立つことは、気持ちの面でも決して容易ではなかっただろう。本書ではこのようなリレーごっこの遊び方を、便宜的に、スタートの合図で走り出すことを基本とする「スターター方式」と呼んでおく。

　一方、事例12のリレーごっこでは、誰かが園庭を走り出してしまえば、その後は「ヨーイドン！」といったスタートの合図は一切必要ない。リレーごっこに参加したいと考えた子どもたちは、各々が勝手にスタート位置だとみなした場所に立って、手をピーンと、友だちが走ってくる方に伸ばす。そして友だちが走ってきたら、タッチを受けても受けなくてもよいので、各々の判断で勝手にスタートを切る（走ってきた子どもは、事例12のナナミのように、待っている子どもたちの間を適当にすり抜けてしまってもよい）。走り出した子どもはトラックを一周してきたら、他の誰かが待っているところを駆け抜けたり、タッチしたりするフリをする。走ってきた子どもはその後、もう一度スタート位置らしき場所

に戻って遊びを続けてもよいし、そのまま勝手に遊びを抜けてもよい。このように、子どもたちが入ったり抜けたりするなかで、ただひたすらリレーを模して走る事例12のような遊び方であれば、参加した子どもたちに順位が付与されることは一切ない。子どもたちは、順位や勝ち負けがつかなくとも、バトンを受け渡すフリをしながら、友だちと走ることそれ自体に楽しみを見出すルールへと、自ら遊び方を変更していったのである。本書ではこのようなリレーごっこの遊び方を、タッチ（バトンパスのような動き）が不要なリレーを模した姿ということで、便宜的に、「曖昧なバトンパス」と呼んでおく。

また、Table 5-2 には、最もリレーごっこに積極的に参加していた子どもの1人であったシンジが、各日のリレーごっこに最初に参加した際のルール等を記した。「厳密なバトンパス」と「曖昧なバトンパス」の違いは、手でタッチ（バトンパス）することが明確に求められるようになったかという程度の差異である。勝ち負けを表出させないバトンパスのルールが、次第に子どもたちの間で定着していったことが確認できる。

Table 5-2　年長児のシンジがリレーごっこに参加した日付・
最初に遊んだ相手・ルールの変遷

日付	シンジが最初に参加した際に居た年長児	リレーごっこのルール
6/12	シンジ、タクヤ、ツヨシ	スターター方式
6/16	シンジ、コタロウ、タクミ、レン	スターター方式
6/22	シンジ、シオリ、ナナミ、ハルヒ、マオ	曖昧なバトンパス
6/24	シンジ、アミ、ゴウ、ナナミ、ハルヒ、マキ、ユウタ	曖昧なバトンパス
7/3	シンジ、ダイスケ、タクヤ、タイチ、リン	厳密なバトンパス
7/6	シンジ、コタロウ、ゴロウ	スターター方式
7/8	シンジ、アミ、ケント、ナナミ、ハルカ、ヒデキ、リン	厳密なバトンパス

こうした、「曖昧なバトンパス」のルールに基づく「遊び」としてのリレーごっこの生成は、リレーそれ自体が有する、勝負や勝ち負けといった競争的な側面から子どもたちが距離を置くことによってたち現れたと考えられよう。加

用 (2013) は Henriot (1969/1986) による遊び論を紐解き、遊びの本質規定を、活動全体ではなく、態度要素としての〈ゆとり－のり複合体〉に位置づけた。〈ゆとり〉は主体と遊びの対象との間に「距離」をとる態度を、〈のり〉は熱中したり夢中になったりして極端な相へと振れないようにする態度を意味する。この両者が複合的に作用することで、態度要素としての遊びが成立すると加用 (2013) は指摘している。この指摘を援用して川田 (2019) は、「体育すわりで前進するリレー」や「ゴロゴロリレー」といった走り方のおもしろさを追求した実践記録「おもしろいリレー」を紹介した上で、以下のように述べる。

> ここで保育者と子どもたちがやりとりしている世界、すなわち〈ゆとり－のり複合体〉は、勝ち負けという客観的な側面からどうやって距離化し、それをおもしろがるかということであろう。そのおもしろさには、確かにリレーという勝負ごとの性質が不可欠である。しかし、それを大真面目にやれば、足の速い者（チーム）が勝つという結果に閉じてしまう。あるいは、「どうやって速く走るか」というスポーツとしてのリレーにしかならない。「遊び」は、それとどう距離をとるかをめぐって展開している。(川田 , 2019, p.38)

　そして、勝ち負けから距離をとることによる、「遊び」としてのリレーごっこの生成を反映するように、事例3・4・5において記述された、「足、はやい？」などと不安を吐露したりしていた子どもたちが、園長や保育者の働きかけなしに自発的にリレーごっこに加わりはじめたのであった。そのタイミングはいずれも、以下に示す通り、「曖昧なバトンパス」のルールが生成された22日以降であった。

　　【事例3】ナナ…22日から参加、モエ…以降参加せず
　　【事例4】ゴロウ…24日から参加、ツヨシ…22日から参加
　　【事例5】カンタ…23日から参加

　ただし、こうしたリレーに対する認識の転換や、勝ち負けから距離を置く

ような遊びのルール変更があってもなお、子どもたちのなかには、事例12以降もまだ足の速さを気にする者もいた。つまり、「勝利至上主義」という課題は、まっさらに消えてはいなかったのである。

　しかし、足の速さ等を気にしたり、それを取り立てて表に出したりすることから距離を取りはじめた子どもたちは、徐々にそのようなやりとりを回避するようになっていった。例えば事例13のトランスクリプトは、子どもたちが登園してから自由遊びに向かう前に、連絡帳を保育者に提出しようとした際に行われた会話を書き起こしたものである。ここで会話の中心となったダイスケは、事例10で泣き出してしまった、スミレ組のなかで最も足の速い、リレーのアンカーの子どもであった。

【事例13　「モエが最強だよ」】
（6月23日、8：50〜　年長学年の保育室における登園直後の場面にて）

　ウメ組のリュウジは保育者へ連絡帳を出そうとするとき、近くにいたダイスケに、"足が一番速いのは誰か"を尋ねた（詳細な言葉は聞き取れず）。2人の隣には、スミレ組のヒデキがいた。

　　ダイスケ：（自分よりも）モエの（方）が速いよ。
　　リュウジ：モエ！？
　　ダイスケ：モエが最強だよ。
　　リュウジ：えー、オレより速いの！？
　　ダイスケ：そう。（立ち上がり、リュウジらの近くを離れていく）
　　リュウジ：えー！？
　　ヒ デ キ：えー、ダイスケより！？
　　ダイスケ：うん、モエのが速いよ！
　　リュウジ：ダイスケより速いの、なんで！？

　ダイスケはこの問いかけに答えようとせず、知らんぷりをしてその場を離れていった。

この会話のなかで登場するモエとは、事例3でリレーごっこに参加できず、足の遅いナナを誘って何とか加わろうとした、足の速さに自信が無かったと推察される子どもであった。そのモエを、ダイスケは足が速い人物として答え、さらには「最強だよ」と、自分よりも速いことをリュウジやヒデキに主張したのである。

　こうしたダイスケの返答がいかに非論理的だったかは、リュウジやヒデキの驚きを参照すれば明らかである。ダイスケはリュウジの問いかけに、そもそもまともに取り合うつもりがなかったものと推察される。ただし、事例13におけるダイスケの発言は、ダイスケ自身がリレーに対して意欲を失いはじめたことによって生まれていたわけではない。ダイスケはこの後もリレーごっこに引き続き参加し、「曖昧なバトンパス」による遊びを楽しんでいた。

　無論、それでもなお、子どもたちにとって勝ち負けそれ自体は、嬉しさと悔しさを生む経験である。保育者たちは運動会の前日に、子どもたちの間には「勝ちたい」という気持ちがあることを、あえて確認した。その上で、その感情とつきあっていくことの大切さを、言葉にのせて子どもたちへ伝えたのであった。

【事例14　「でも、負けてもいいんです」】
（6月26日、13：15〜　年長学年の保育室における学年での対話の場面にて）

　運動会前日、保育室に年長の子どもたち全員が集まり、翌日の運動会に関する話をしていた。話は、勝敗にかかわる点へ向けられていく。カオリ先生は子どもたちへ向けて、「どのクラスも1位目指すのはもちろんです。勝ちたいよね？　でもさ、1位取れるのって、1つのクラスしかないよね？」と問いかけた。子どもたちは「うん」と口に出しながら、首を縦に振った。カオリ先生は続けて「他のクラス負けちゃうかもしれないけど、でも負けてもいいんです。自分たちでさ、みんなで力を合わせて頑張ることが大事なので。1位とって嬉しい、やったーってなるけど、でも、負けてもさ、悔しい気持ちも大事だけど、みんなで力を合わせて頑張りましょう」と、子どもたちへ語りかけた。子どもたちは「はーい！」と元気よく応えた。

そして、年長学年は運動会当日の組別対抗リレーの時間を迎えたのであった。最後は子どもたちが、最下位となった、それ以前からずっと悔しい思いをしてきたウメ組のアンカーであるコタロウの肩を抱きながら、当該年度の運動会は幕を閉じたのであった。

【事例15　「コタロウがんばったよ」】
(6月27日、13：15〜　運動会のリレーにて)

　A園における運動会の最終種目が、リレーであった。1人あたり小学校のトラックの4分の1を走ることになるため、各自が位置について、ピストルが鳴るのを待っていた。その時間、サクラ組のアンカーであるキヨシが「オレ、本気出さない。オレ、遅くしてあげる。コタロウのために」としゃべりかけ、ウメ組のアンカーのコタロウは「え、いいの？　1位とってもいいよ？」とニコニコと返答し、互いに冗談を交わし合った。その後の結果は、結局サクラ組が1位、ウメ組は4位（最下位）となった。走り終わった後、コタロウは「うぅ……」と、顔をぐしゃぐしゃにして泣き出してしまった。閉会式の準備をしている最中、ウメ組か否かを問わず、子どもたちはコタロウの周りに詰めかけ、肩を抱いたり顔を見つめたりしながら、「コタロウがんばったよ」「コタロウがんばったね」「大丈夫」などと声をかけていったのであった。(Figure 5-4)

Figure 5-4
運動会の組別対抗リレー後に涙したコタロウ（写真中央）と、コタロウに声をかける子どもたち

第4節　総合考察

　第5章の目的は、「生活」のなかでともに「課題」と出会い、受容した上で生活のあり方を変えていこうとする保育者と子どもたちの姿を描写することであった。この目的を達成するために、本研究では私立A幼稚園における年長学年の、運動会のリレーをめぐる取り組みと、それに関連した保育者と子どもたちの姿をとらえた15の事例を分析した。その実践の経過は、以下のようにまとめられる。

　まず保育者は、リレーおよびそれと関連する遊びの導入によって、子どもたちの生活を進展させていった（事例1・2）。子どもたちは楽しくリレーに取り組んでいったが、なかには自身の足の遅さが気になり、尻込みをしたり、クラスに勝ち負けがつくからこそ走る練習をしておいたりしなければならないとプレッシャーを感じる子どもたちが現れた（事例3・4）。そこで保育者たちがまず行ったのは、足の遅い子どもたちに自信をつけさせて現在の生活に適応させる「対処」的な関わりであった。たしかに子どもたちは自信をつけたが、しかしその課題の本質は、子ども一人ひとりの足の速さをめぐる自信にはなかった（事例5・6）。リレーの取り組みのなかで、足の遅いクラスメイトを責めるという出来事を通して、学年のなかに「勝利至上主義」とも呼べる価値観が表出していった（事例7）。ただし、当時のA園を生きた子どもと保育者の視点を鑑みれば、そうした経過が訪れることを事前に・完璧に予想することは困難だったと推察される（事例8）。保育者と子どもたちはともに、生活を通して、課題に「出会ってしまった」のである。

　この状況に直面した際、保育者たちがとったのは、学年内に広がった「勝利至上主義」的な価値観を消そうとしたり、またリレーそれ自体を運動会から取りやめたりすることでもなかった。保育者たちが一貫して選んだのは、足の遅い子どもたちだけではなく、むしろ最も足の速い、リレーのアンカーである子どもたちの心情を、皆の前で聞き取ったり代弁したりする援助であった。保育者は子どもたちに、友だちの心情に気づくことができる機会を設けていった（事例9〜11・14）。また、その期間、保育者はリレーの取り組みを一切行わずに、運動会当日を迎える選択をした。

204

そうした働きかけは子どもたちに、自分たちの課題に向き合う機会を与えた。子どもたちは運動会まで残り1週間に迫ったところで、足の速さ（勝ち負け）が気にならない遊びのルールを生成していったり（事例12）、足の速さを重視しないようにコミュニケーションのあり方を変更していったりした（事例13）。これを受けて、足の遅さを気にしていた子どもも含めて、徐々に遊びのなかで、仲間とリレーごっこを楽しめるようになっていった。そして、運動会当日のリレーで負けてしまった子どもの涙に対する共感が生まれるなかで、当該実践は幕を下ろしたのであった（事例15）。

　「課題」は生活のなかで、歯車が少しずつ噛み合わなくなることで生成し、保育者と子どもたちはいずれそれと「出会う」。その課題の発生原因を、特定の主体（アクター）に置くことは難しい。たしかに、第5章で取り上げた実践においては、リレーを導入したりした保育者を、課題を生み出した始点として位置づける思考が、一応は可能である。しかしその「課題」は、リレーのアンカーであることが誇らしいと考えるなど、子どもたちが自らの生活を解釈し、コミュニケーションをとる経過を経て初めて生成されたものである。また、ヨサコイという、年長学年の運動会を象徴する表現種目があったことも見逃すことはできない。「課題」は、A園の年長学年を生きた子どもたちと保育者たちにとって、完全には予想することができない「生活」の進行のなかで生成され、そして出会われたのである。この点は、年長学年の保育に帯同していないにもかかわらず、「課題」の表出に気づき働きかけようとしたアオイ先生の姿が象徴している（事例9）。生活の当事者らは、その生活の行く先を知る預言者になることは難しい。

　そして、だからこそ、担任であった保育者たちは、コタロウやダイスケ、またシンジらをはじめとする年長学年の共同生活者たり得たのである。例えば、1日しかA園に居ない大人が事例7のカンタを責める場面に出くわしたとすれば、そのように責めた子どもたちを問題の原因として、何らかの解決へ向けた対応策を提案するかもしれない。それは、現象に対する歴史性を把握できないため、カンタらの姿が「揉事」として大人には映るからである。保育者は生活の歴史的経過を子どもたちとともにすることで、初めて「課題」に出会うことができる。その上で、実践の経過も踏まえて子どもたちの姿を見とったからこ

そ、保育者は方針を転換し、課題の解消へと向かう（生活への影響が低減したり気にならなくなったりする）、リレーに対する向き合い方が変わっていく方向へと、年長学年の生活を進展させていく援助を展開することができたものと考えられる。実践の歴史性を伴う「課題」は、まるで藤原（2019）が例示する金繕い、崩れた積み木、そして包丁の刃こぼれのようである。生活を進展させていく援助を子どもたちとともに進めていくからこそ、保育者と子どもたちはその生活を通して生成された「課題」に出会うことができる。そして、「課題」の生成は実践の「失敗」を意味しない。「課題」は保育実践において、子どもとともになされる新しい生活の姿を創造していく大切なきっかけであり、資源となる。

　保育実践は、共同生活のいとなみである。その経過で生じた「課題」は、当事者たちに出会われ、受容され、生活を育む援助が展開されるなかで、少しずつ暮らしのなかでの布置が変わっていく。保育者は、そうした子どもたちとの共同生活へ十全に身を投じる専門職である。終章では、以上のような議論を通して定位されることで初めて、保育者を、科学的な教育・介入プログラムや、それをなす第三の専門家に代替されることのない、「唯一性」を有する専門職として把握可能になることを論証していく。

注

1 なお、第5章で取り上げるのは、年長学年が集団的に出会った比較的明確な課題である。第3・4章で考察したような、個人もしくは複数人の小グループをめぐる小規模な課題に対して保育者と子どもが出会っていく過程の検討については、終章で触れる通り、今後の研究課題として残されている。

2 後述するように、第5章ではA園における、主に2つの場面を観察対象として取り上げている。1つは、子どもたちが思い思いに遊んでいる場面である。もう1つは、保育者が意図を持って取り入れつつ、子どもたちと保育者がともに活動する運動会の取り組みの場面である。調査協力園となった当時のA園では、両者の時間や文脈がある程度明確に区切られていたことから、観察した事象や場面を表現するために、本文内では前者を「自由遊び」の場面、後者を「設定保育」の場面と呼ぶこととする。なお、こうした区分は第5章における観察状況や方法によるところが大きく、今日の保育実践を「自由遊び」と「設定保育」という二項対立的な区分でとらえるべきとしているわけではない点に留意されたい。

3 著者は「トモヒロ先生」としてA園に入っていたが、保育実践をリードしたりすることは一切なく、ただひたすら保育に帯同して観察を行っていた（補助として実施したのは、用具を出すのを手伝ったり、子どもたちを見守ったりする程度であった）。そのため子どもたちは著者について、「先生だけど本当の先生じゃないんだよ」などと考えていた。

4 事例1や、後述する事例2に見られるように、流行当初の遊びは、「ヨーイドン！」の合図で走り出して園庭のトラックを一周して順位を決めるものであった。ゆえに、厳密にいえば、その遊びは「リレーごっこ」ではなく「徒競走ごっこ」である。しかしながら、その後の保育の展開を反映して、子どもたちの遊びはリレーの形式へと徐々に発展し、そのルールが子どもたちの間に普及していった（事例12参照）。この変容プロセスを踏まえ、第5章において取り上げる子どもたちの遊びの名称は、「リレーごっこ」に統一している。

5 当時の年長学年での運動会の活動において、リレーと障害物競走の走順は予め決められていた。まず、各クラスで最も足が速い子どもがリレーのアンカー、次に速い子どもがリレーの第一走者である。そして、3番目に速い子どもが障害物競走のアンカー、4番目が障害物競走の第一走者であった。そして、子どもたちはそれを知っていた。アンカーの1人であるということは、当時の子どもたちにとって、自分が「足が速い」ことを証明する社会的な記号の1つであった。

6 以上の議論と関連して、リレーが子どもたちの間でここまで流行したことは、A園にとって例年にはない現象であったことも補足しておく必要があるだろう。観察者である著者は、本章で題材としている現象を観察する2年前からA園の保育に帯同し、断続的に自然観察を継続してきた。そこで以前から確認されていたこととして、運動会の前に年長児たちの間で流行するのは、どちらかというとヨサコイであった。例えば毎年、運動会の取り組みが盛り上がりを見せはじめると、自由遊びの時間、保育者がラジカセを園庭に置いたり、またときに子どもたちの側が保育者に求めたりするなどして、園庭にヨサコイの音楽が流れ、どこからともなく子どもたちが集まって踊るという遊びが繰り返されるようになっていた。それは、事例8の「年長さんしかうまくヨサコイできねーんだよ」というダイスケの言葉に象徴されるように、A園の子どもたちは、年長児になってヨサコイを踊れるようになることを、1つの「誇り」として理解していたことに由来する。ヨサコイを他児と踊ること自体が、A園の年長児たちにとっては嬉しく、そして楽しいものであった。一方、当該年度でも事例8のようにヨサコイを踊る姿は見られていたが、リレーごっこと比べると流行は下火であった。ゆえに、子どもたちの間でリレーがここまで流行し、自らの勝ち負けにこだわるようになったことは、例年にはない、A園の保育者たちにとっても想定外の現象であったと考えられる。

7 なお、事例7や後述する事例9の後、運動会の1週間前の週末、主幹教諭のアオイ先生と年長学年の担任保育者4名が集まって、子どもたちが勝ち負けに固執してしまっている現状の課題に対するカンファレンス（対話と省察）を行ったという（アオイ先生からの事後報告より）。著者は残念ながらカンファレンスの場に居合わせておらず、そこで語られた内容の詳細を論じることは叶わない。しかしながら、保育者たちは運動会の直前に設定保育内でリレーの取り組みをやめたり、「負け」を経験する他児の心情に注目させる対話を展開したりすることで（事例10・11・14）、勝ち負けにこだわらず、仲間と一緒に頑張ることの大切さを子どもたちが気づいていけるように、働きかけの方針を転換していったものと推察される。

終章

子どもたちと保育の物語をつむぐ
「実践的知恵」

人々の唯一性を立ち上げる
"弱くて強い"日々のために

第1節 研究目的と結果の整理

　本書の目的は、保育者が、科学的因果性に基づく教育・介入プログラムや、それを実行しうる第三者に代替されることのない、保育という場とそのいとなみを支える実践的知恵を有した専門家であることを把握するための新たな方法論を提案することであった。これまで、現場を生きる保育者の専門性が実証的研究をもとに論じられる際、その前提に敷かれてきたのは、保育者を〈子どもが抱える問題Aを解決するための行為Bをなしうる専門家〉としてとらえる「結果のための道具方法論」の思考法を背景とした（Newman & Holzman, 2014/2020）、「問題解決」の方法論であった。「問題解決」の方法論は、認知心理学から教師研究を経由して（例えば、秋田他, 1991）、保育者の専門性研究へと輸入された（代表例として、高濱, 2001）。先行研究はこの枠組みを前提として、「子どもの抱えている問題を解決する（結果）ことを可能にする特定の行為（原因）」の考察を通して、その行為をなしうる保育者の専門性を論じてきた歴史がある。

　しかし、保育者の営為を〈原因−結果〉の因果論的な枠組みに基づいてとらえようとすることは、同様の枠組みで子どもに対する専門的介入プログラム等を論じてきた、エビデンスに基づく科学的知見との距離を過度に接近させてしまう問題がある。子どもたちの将来的な成功を予測するものとして期待されている、「非認知能力」等を育くむ専門的介入プログラムの開発は、大人による子どもへの介入の“最適化”に他ならない。つまり、この〈原因−結果〉という科学的因果性の枠組みを専門性研究が採用し続けてしまうと、保育者による日々の専門性を反映した営為が、エビデンスに基づく科学的な教育・介入プログラムに代替されてしまう余地を残すことになる。両者は、「子どもの最善の利益」という価値観を、一定程度共有している。

　本書はこの動向を、以下の道具立てを用いて相対化してきた。まず、保育者の専門性が反映されていると考えられてきた「実践知」を、子どもたちといかに関わりを持つかをめぐる保育者の知識・力量としての「技術知（テクネー）」と、子どもたちと織りなす実践が有する不確実性を保ちながら現場にあろうとする構え「実践的知恵（フロネーシス）」とに分類し、後者に光を当てるため

の複数の概念を生成した。次に、保育者が対応を要すると考える保育実践上の現象としての「問題」を、その時々の「局面」に合わせて保育者が即時的・直接的に対応し、そして解決していくことが期待される保育実践上の問題としての「揉事」と、保育者の手で即時的・直接的に対応したり解決したりしていくことが難しい、生活のなかで生成され、受容し、そして生活を育むことを通して次第に昇華・解消されていくことが期待される保育実践上の問題としての「課題」とに分類した。また、前者へ即時的・直接的に働きかけて解決を試みる保育者の行為を「対処」、そして後者にかかわっての、保育者が子どもたちと織りなす生活を育んでいこうとする行為を「援助」と定義した。その上で本書は、現場のなかで生じる種々の課題を受容し共生しながら、子どもたちとともに次なる生活を創り出していく保育者の実践的知恵をとらえるための方法論「生活の共同生成」を定位し、先行研究の枠組みではうまく光が当てられてこなかった「実践的知恵」のあり様を実証的に論じるための新たな方法論として提案することを試みてきた。この試みを通して得られた議論は、第1〜5章まで、以下のようにまとめられる。

　第1章では、保育者の専門性研究の動向とその問題点を論じた。まず、保育者の専門性をめぐる先行研究においては、特にその専門性が反映されると考えられる保育者の思考様式である「実践知」をめぐって、以下の2つのアプローチ間に対立が生じてきたことを確認した。第1に、現場の問題への対応を支える思考様式にこそ保育者の専門性が反映されると考える「認知的アプローチ」である。第2に、問題に対応しようとする瞬間の身体的・非言語的な判断にこそ保育者の専門性が顕現すると考える「状況的アプローチ」である。両者は鋭く対立しつつも、ともに議論の前提として暗黙裡に採用してきたのは、保育者の営為を問題への対応のいとなみとして把握する「問題解決」の方法論であった。この現状を確認し、特に保育カリキュラム研究をリードしてきた加藤（2007）による保育方法研究への批判を参照することで、専門性研究は主として即時的・直接的な問題への対処に関する知見の蓄積にとどまってきたという問題点を指摘した。またその過程では、ある程度の教育的なねらいや見通しを背景とした上で、「いま、ここ」の状況・文脈に寄り添いつつも、次なる活動や環境構成を保育者と子どもたちがともに創り出していくという保育の時間的な

流れのことを「保育的時間」と定義し、「問題解決」を方法論としてきた先行研究は、この時間の流れを分析や議論の俎上に載せることが困難であったことについても論じられた。その上で、保育的時間という場の特質を保障する専門性は、Biesta（2013/2021）の整理をもとに、「技術知」ではなく「実践的知恵」として位置づけられることを確認した。

　第2章では、本研究が提案する方法論および主要概念を設定した。本研究が設定した概念は、先述の通りである。第2章では、Newman & Holzman（2014/2020）による「道具と結果方法論」、および藤原（2019）による「分解」概念の再検討が、保育者の専門性をとらえ直すための重要な議論として参照された。リカ・ナナセや、平松（2012）におけるりひと・えみかのエピソード等を題材としながら、保育者を、「問題解決」の枠組みでは扱うことが困難な問題である「課題」を、子どもたちとともに「受容」した上で生活をいとなんでいく存在として位置づけ、そのいとなみを支える専門性をとらえる方法論「生活の共同生成」を導出した。そして、この方法論の定位に向けての3つの問いが設定された。

　第3章では、学年全体の課題をまとめて把握した上で次年度の保育をうらなう「クラス替え」をめぐる保育者の思考様式の可視化を通して、保育者は子どもたちの抱えた課題をいかに援助へ活かしているのかを把握した。私立幼稚園・認定こども園の計3園において、新年度のクラス編成の素案を決定した保育者を対象に、どのようにその素案を決定していったかを尋ねるFGIを実施した。得られた語りはM-GTAを用いて分析された（木下, 2020）。結果、保育者はクラス替えに際して、子ども一人ひとりについて、年度末までの成長と課題を見とった上で、その子どもの育ちにとって最も適切な配置になるように新年度のクラスへ割り振ろうと考慮していたことが示唆された。保育者にとってクラス替えは、次年度の園生活のなかで子どもたちがさらに成長していけるように人的環境を整える援助であること、そして子どもたちの年度末における課題は、クラス替えを通して解決するものというよりも、むしろその先の援助に見通しを与えてくれる里程標として保育者に見とられ、そして活かされていることが考えられた。

　第4章では、仲間関係をめぐる課題を題材として、保育者が子どもの抱えた

課題に対していかにアプローチしているのか、その保育方法を明らかにすることが目指された。主に公立・私立幼稚園の保育者30名を対象に、仲間関係の広がりが期待される"ひとりぼっちの子ども"、"親密すぎる二者関係"、およびその両者が登場する架空の事例を提示し、どのように働きかけるかを尋ねる半構造化面接を実施した。得られた語りはGTAを用いて分析された（戈木クレイグヒル, 2016）。結果、保育者は仲間関係をめぐる課題について、子どもでもなく、仲間関係そのものでもなく、園生活の基本である、子どもたちが経験する遊びを育てるという働きかけを構想していた。その上で保育者は、子どもたちが新しい遊びの楽しさに出会うことで、その課題が生活に与える影響の程度を間接的に変えていこうとアプローチしていることが考えられた。保育者にとって課題は、生活の歴史性を伴いながら、生活の進展のなかで解消していくことを期待する対象として把握されていた。以上の議論から、保育者による仲間関係の課題をめぐる働きかけは、「対処」ではなく、「援助」としての性質を有する営為であることが確認された。

　そして、子どもたちと織りなす生活というのは、予測が困難な、不確実性を伴うものである。人間の生活世界で生じる現象には、複数の要因が絡み合っている（野家, 2008）。ゆえに課題は、それを発生させた原因を特定の子どもにも、ましてや保育者にも限定することはできない。また、その発生と解消のプロセスも、完全に見通すことはできない。保育者は子どもたちとともに、共同生活のなかで課題と出会い、それを受容した上で生活をいとなんでいく他ない。そうした完全な予測が困難な生活に、子どもたちとともに身を投じることができるからこそ、いみじくも保育者は共同生活者としての専門家たりうるのである。第5章では、私立A幼稚園における年長学年のリレーの取り組みに関する15の事例を分析することで、課題に出会い、そして受容した上で実践を展開していく保育者と子どもたちの姿を事後的に再構成した。この議論を受けて、保育者は子どもとともに歴史性を伴う生活のなかに居るからこそ初めて「課題」に出会うことができること、そしてその「課題」をもとに保育者と子どもたちは次なる生活のあり方を創造していくことが考えられた。以上の議論をもとに、保育者が、子どもたちとの暮らしをつむぐ共同生活者であることを理論的に措定した。

終章　子どもたちと保育の物語をつむぐ「実践的知恵」　213

第2節 "弱さ"の特質を保障した専門性の実証的探求へ向けて

1. 保育の"弱さ"は当事者たちの唯一性を創出する"強い"装置である

　以上の議論をもとに、保育者の専門性をめぐる論議のなかに方法論「生活の共同生成」を定位することの意義は、単なる後続研究の活性化へと還元されることはない。むしろその意義は、保育者を、第三者による代替が困難な、唯一性を有する専門家として把握するための回路を拓く点にある。この点については、SSTや「非認知能力」をはじめとしたエビデンスに基づく子どもへの介入手法が、保育現場にひろく導入された状況に関する思考実験を通して確認できる。

　例えば、個別の子どもを対象としたSSTを集団に応用したものとして、ソーシャル・スキル・エデュケーション（以下、SSE）と呼ばれる介入プログラムがある（佐藤, 2015）。特にSSEでは、保育者がプログラムをもとに子どもを指導する役となり、SSEの4要素である、①スキル提示、②スキル練習、③実行・フィードバック、④般化促進を、プログラム内で組み合わせながら展開することが期待されている（Bierman, 2004）。こうした子どもへのSSEは、メタ分析を通して一定の効果が認められていることから（例えば、January, Casey, & Paulson, 2011; 髙橋・小関, 2011）、小学校における問題行動の低減や学校適応に効果があるものとして論じられてきた（佐藤, 2015）。

　そうしたSSEが広く保育現場に導入された際、保育者は第三者にも代替可能な、技術的な専門家へと変質してしまう。それは、介入がうまくいった際の実績を讃えられ、うまくいかなかった際に責任を帰せられる存在は誰・何なのかを考えることで理解できる。考えられるのは、以下の2点である。第1に、SSEのプログラム自体である。スキル提示やスキル練習といったSSEの4要素は、SSEのプログラム自体が保育者に求めている介入の枠組みである。ゆえに、まずはその4要素を含んだ、SSEのプログラムそのものに介入の成否が委ねられている。そこでもし、プログラムに十分な効果が無い場合は、そのプログラムは責めを帰すものとして、改良を加える余地があるものと判断されるだろう。第2に、SSEを実行した保育者の、プログラムに対する力量や理

解の不足である。ただし、そこで問われるのはプログラムを実行可能な資質そのものであり、保育者による1つひとつの教育的判断が、プログラムと分離してとらえられることはない。つまり、現場に対する科学的な介入プログラムの導入と普及は、保育者に実践上の責任を十分に負えなくさせる。Moss（2020）が指摘するように、実践者が「正しい技術」の応用を保証されることは、同時に、その技術を普及させようとするアクターから自身の専門性と責任の両者を管理されてしまう度合い、そして専門家としての主体性を喪失する危うさが高まることを意味している。

　保育者が十全に責任を担えるのは、子どもたちや同僚との間で、自らの思考や判断に基づいて行為したときである。保育者は、自身の意図通り事態が進むかわからない不確実性、すなわち実践における"弱さ"をその前提として引き受けた上で（Biesta, 2013/2021）、子どもたちとともに暮らす専門家である。この議論と関連して、結果を予測できず、予想外の方向に向かいながらも、人々の間で新しいことに取り組む人間の営為のことを、Arendt（1958/1994）は「活動（action）」と呼んだ[1]。「活動」は、事前に想定した通りの結果を得ることが困難な営為である。そのため、「活動」の行為者は、その行為に対して何らかの「罪（guilty）」を負う[2]。しかし、「罪」を負うばかりでは、人間は何度も「活動」に挑戦する勇気を持つことができない。だからこそ、周囲の人々はその「活動」から得られる結果を互いに「許し（forgive）」合う必要があるのだと、Arendt（1958/1994）は述べる。人々はそれぞれ、その良し悪しにかかわらずともに影響を受け合いながら「活動」する。そうして一人ひとりの「活動」を通して導かれた結果と責任は、コミュニケーションを通じて、ともに生きる人々の間で共有されていく。この点において「活動」は、自分以外の他の当事者が居ることを前提にしている。Arendt（1958/1994）は以下のように述べる。

　　罪は日常的な出来事であり、それは諸関係の網の目のなかに新しい関係を絶えず樹立しようとする活動の本性そのものから生じる。そこで、生活を続けてゆくためには、許しと放免が必要であり、人々を、彼らが知らずに行った行為から絶えず赦免しなければならない。人々は、このように自分の行う行為から絶えず相互に解放されることによってのみ、自由な行為者

にとどまることができるのである。そして、人間は、常に自ら進んで自分の心を変え、ふたたび出発点に戻ることによってのみ、なにか新しいことを始める大きな力を与えられるのである。（Arendt, 1958/1994, p.376）

　ここで、Arendt（1958/1994）による「罪」「許し」「活動」の枠組みを、本書が導出してきた概念「課題」「受容」「援助」に置き換えることで保育実践を考えたい[3]。子どもも保育者も、それぞれが意図や見通しを持って「援助」、すなわち自分たちの生活を進展させていこうとする。その際、保育者は子どもたちのことを、子どもたちは自分自身の楽しみや友だちのことを（またときに保育者のことを）念頭に置きながら、それぞれが同時並行的に行為している。そうした行為におけるネットワークの連鎖のなかで、子どもか保育者か、ときにその発生原因を特定することが困難な「課題」が生成され、当事者たちに出会われる。そこで出会われた「課題」は、当事者同士が「受容」した上で、再び生活を進展させる「援助」を通して解消されたり、それをもとに実践が新しい展開を見せたり、Arendt（1958/1994）がいうように当事者たちの間から「忘却」されたりする。しかし、保育現場における生活は、その1サイクルで終わりを迎えるわけではない。保育者や子どもたちはその先で、さらに新たな「課題」に出会い、再度「受容」し合う。そのようにして、新たな「課題」が現場に生じていく可能性を引き受けながら「援助」を繰り返し、子どもたちとともに有意味な時間の流れを創造するとき、初めて、保育者は子どもたちとともに生活の当事者として、その行為の責任を共同的に負うことができる。つまり、「課題」の「受容」とそれに伴う「援助」の時間的な連鎖のなかに子どもたちとともに位置づけられることで初めて、保育者は1人の主体性を有する専門家として、特定のアクターに定義・管理されたり、自分以外の第三者に代替されたりすることのない、「唯一性（uniqueness）」を引き受けることが可能となる[4]。そしてこの点はBiesta（2006/2021, 2013/2021）が論じる通り、子どもたちの「主体性」の出現についても当てはまる。保育の日常を支えている“弱さ”は、そのいとなみの当時者たちに、他者に対する応答責任を喚起し、そして替えの利かない1人の主体としての「唯一性」をたしかに創出することを支える“強い”装置なのである。

以上のような、新たな課題が生成する可能性を伴いつつも、複数の人々が課題との出会いと受容を契機に援助を交編させていくことを通して、保育的時間というコミュニティにとっての物語的な時間の流れが創り出されていくことを、本研究では「課題の連鎖性（chain of issues）」[5]と呼び、保育実践における大切な特質として把握する（Figure 6-1)[6]。「課題の連鎖性」は保育現場のなかに、物理的な時間とは異なる、当事者である保育者と子どもたちにとって意味のある、物語的な時間の流れを創出する。この「課題の連鎖性」を特質とした共同生活に参与し続ける存在として位置づけられ、かつその物語の展開に寄り添い、そして保障する「生活の共同生成」が専門性のあり様として措定されることで初めて、保育者は第三者に代替されることのない、また技術論や外部の介入プログラムにも回収されることのない、「唯一性」を有する専門家として把握される。そして、そうした子どもたちとの"弱くて強い"日々を支えつつ、自身の「唯一性」をたしかに発現させていく専門性として、保育者の有する実践知としての「実践的知恵（フロネーシス）」は把握される。

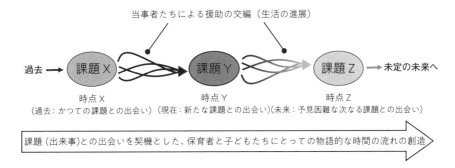

Figure 6-1　保育実践における特質としての「課題の連鎖性（chain of issues）」

2．実践的知恵を実証的に照射する「物語的アプローチ」の提案
　以上の「課題の連鎖性」をめぐる議論をもとにすると、時空的隣接性に基づき、「局所」における特定の問題と対処方略を抽出する「問題解決」の方法

論、およびそれを背景とした調査枠組みのみに基づいて保育者の専門性を研究・議論していくのは、やはり不十分であろう。この枠組みでは、議論の対象となる主体を、保育の場とはあまり関係のない、例えば専門的な訓練や養成を受けた「心理学的な専門家（以下、心理職）」や、まったく専門的なトレーニングを受けていない「保護者」などに入れ替えたとしても、その専門性を論じることが可能となってしまうからである。

　例えば古賀（2019）は、個別の「いま、ここ」の文脈と、それを感知する保育者の姿に焦点を当て、その専門性をとらえる必要性を指摘した（第1章において、こうした保育者研究の方法論を「状況的アプローチ」と定義した）。関連して中坪（2018）も、個別具体的な現象に対する働きかけを分割・総和することで、保育者の専門性をとらえようとした。しかし、いずれの方法論も、保育者でない者でも備えうる資質や力量（技術論）の水準へと、保育者の専門性をめぐる議論を収斂させてしまう余地を残してしまう。子どもたちのごっこ遊びを発展させたり、集団生活の場でいざこざを和解させたり、乳幼児の泣きに寄り添ったりする人物というのは、必ずしも保育者である必要はないだろう。

　「いま、ここ」の瞬間から距離をとれば、現場では過去にも別の課題があり、未来にはまたさらに別の課題が立ち上がっている「生活」のいとなみが見えてくる。だからこそ、研究においてターゲットとする課題Yをめぐる保育者の専門性を検討する際には、最低でも、過去と未来のいずれかの出来事も含めた二時点に目を配る必要がある（Figure 6-1 参照）。その現場で過去にどのような課題Xが生成し、それを保育者と子どもたちがいかに受容し生活するなかで、次に研究上のターゲットとした課題Yが生じてきたのか。また、その課題Yを、保育者は子どもたちとともにいかに受容し、生活を通して解消するなかで新たな課題Zへと出会っていくのか。過去もしくは未来いずれかの時点および経過と接点を持たせながら、現時点での課題をめぐる受容と援助のあり方をとらえた際に初めて、そこから導かれる専門性は技術論への還元に陥ることなく、ある子どもたちとともに生きてきた／生きていく保育者のみが形成・発揮していく構えのあり様、すなわち「実践的知恵」として顕現する。

　以上の議論は、野家（2008）が述べるような、「科学的因果性」だけでなく「物語り的因果性」から人間の現象をとらえるアプローチを、保育者研究にお

いても立ち上げることを求めるものである。保育者の専門性は、直面する問題への〈原因（保育者による対処）－結果（解決）〉という、直線的かつ即時的な枠組みではなく、研究をはじめる以前に現場ではどのような課題 X が浮上していたのか、そしてその背景を受けて次の課題 Y をどのように引き受けて援助を展開したのかを含めた、二時点以上の出来事をつないだ暮らしのプロット（筋立て）のなかで論じられる必要がある。以上の議論をもとに、現場のなかで生成する 2 時点以上の課題（すなわち共同生活者たちにとって意味のある出来事）と、それを受容し援助していく経過を紐付けることで、子どもたちとともに生活を生成・進展させていく保育者の専門性をとらえようとするアプローチを、本書は実践知の「物語的アプローチ」と定義し、従来の「認知的アプローチ」および「状況的アプローチ」に連なる、保育者研究の第 3 の調査枠組みとして提案する。

第 3 節　浮かび上がるもう 1 つの具体的営為
──"弱さ"を守りながら大人として動く

1. 保育者が有するもう 1 つの「顔」
──それでもなお保育者は公的責任を有する教育者でもある

　ただし、本研究が詳らかにしてきた専門性は、いわば保育者の"半面"をとらえたものに他ならない。この点は、保育者と保護者との差異を明確にしようとした際に開示される。というのも、抽象度を上げれば、保育者と同様に保護者もまた、子どもとともに生活を生成し、ときに「課題」に出会っていく、「生活の共同生成」を担う存在として定位することも可能だからである。つまり、保育者こそ有しうる専門性をさらに明確に論じるためには、「生活の共同生成」を補完する、保育施設で独自に求められる別の専門性についても改めて論じられる必要がある。そこで求められる論点こそが、加藤（2007）が保育方法論と同時に批判した、保育計画論にかかわる専門性の再考である。

　第 1 章で触れたように、先行研究では、保育方法論と保育計画論とが別個

に論じられ、両者が統一的に把握されてはこなかった。この点について加藤（2007）は、保育計画論は教育学を中心に議論が展開されてきたが、その内容のほとんどは『要領』などの解説的文書や、国外の実践紹介などにとどまり、現場の悩みに科学的議論で応えていくところまで発展してこなかった現実があると批判している。実際、先行研究は保育計画について、その立案を法的根拠に基づく保育者の責務としてとらえつつ、日々の保育を充実させるための資源としていかに実践論のなかに位置づけるかを模索してきた経過がある。つまり、保育計画は保育方法論の範疇において、その意義と位置づけが検討されてきたのである。その結実として、保育計画は品質管理を出自とする PDCA サイクルの枠組みの Plan（計画）に位置づけられながら、たしかな子ども理解を前提として作成され、将来的な子どもとの関わりや環境構成といった保育方法の見通しを保育者に与え、そして事後的な省察を通して絶えず修正されていくものとして把握されてきた（例えば，磯部，2016; 西・伊藤，2014）。

　しかし、本書がここまで論じてきた専門性および方法論「生活の共同生成」との関係からとらえられる保育計画の特質は、保育者に見通しを与えるかどうかといった実利的な側面に還元されることはない。むしろ保育計画の存在が保育者にもたらす特質は、保育者に、子どもとの共同生活者とは異なる、もう1つの「顔」を持たせることにある。この点については例えば、家族でピクニックに行くことと、幼稚園で遠足に行くことの意味合いの違いから理解することができる。後者の場合は、教育課程等の達成へ向けてのねらいや活動の意図が、保育計画のなかで一定程度用意されている。つまり、家庭で保護者と子どもが経験するピクニックは「余暇」として理解されうるが、幼稚園で保育者と子どもたちが経験する遠足は「余暇」だけでなく、計画に基づく「教育的ないとなみ」としても理解される必要がある。この点は遠足のような行事に限らず、日常的な遊びや子ども同士のトラブル等にも該当する。保育のなかで子どもと保育者とが経験する1つひとつの出来事は、保育施設外での経験と一定の類似性を見せつつも、その背後には、子どもたちの十全な発達の実現という公的責任に基づく教育の側面が、大人にしか見えない形でたしかに存在している。保育者は、保育計画の立案をその象徴として、公的責任を有する教育者としての「顔」をたしかに引き受けているのである。以上の点を捨象して、子どもとの

関わりや環境構成の充実を支えるといった観点から保育計画をとらえてしまうと、それは保護者でも心理職でも立案可能な、技術的な産物としてしか把握することができない。保育計画は、保育者が引き受ける専門職としての公的責任と、日々の実践とをつなぐ物象的ツールとして把握されなければならない。

2. 計画と援助を架橋する営為「約束」
——保育者が2つの「顔」を持つために

　本書は、保育は遊びを中心とした生活を通して展開すること、そして保育者はその共同生活の進展をうながす「援助」を主たる保育方法として据えていることを確認した上で、複数の実証的研究を展開してきた。こうした「援助」の背後にあるのが「計画」である。ただし、子どもとともに暮らしている以上、たとえ保育者側が何らかの教育的な意図や計画、また見通しを持っていたとしても、その予見通りに子どもたちが活動したり、生活が進展したりする保証はまったくない。だからこそ、保育者と子どもたちは幾度となく課題に出会っていくことを通して、当事者たちにとっての物語が編まれていく「課題の連鎖性」が、保育実践の特質として把握される。つまり、保育者が立案する「計画」と、保育者と子どもたちが共同生活を進展させていく「援助」との間には、後者の特質に合わせて前者を変換し、子どもたちとの共同生活へと降ろしていくための、もう1つの専門的営為が措定される必要がある[7]。

　以上の議論と関連して、Arendt（1958/1994）は、「活動」には予測不可能性が伴うとした上で、それを乗り越えていくことを支えている人間の能力を2つ挙げている。1つが、前節で触れた、活動の責任を当事者同士で受容し合う「許し」である。そしてもう1つが、活動を当事者同士が意識的に連携させていくことで、不確実な未来に対する見晴らしを少しでも共同的に良くしていこうとする「約束（promise）」である。この Arendt（1958/1994）による「約束」概念の含意について、橋爪（2022）は以下のように整理している。まず、共同生活をしている複数の行為者により活動が展開・連鎖していくと、その連鎖の行き先を制御することは困難となってしまう。そのため、私たちは例えば〈AとBが翌日の10時に喫茶店で待ち合わせる〉といった他者との「約束」により、活動と活動を意識的に統御・連携させていく。こうした試みを通して、私

たちは他者との生活を共同的なものへと織り上げていくと同時に、その生活の行く末に、ある程度の見通しを持ち合うのだと、橋爪（2022）は述べる。

　ただし、「約束」の内容は当事者同士ですり合わされ、互いに合意される必要がある（むしろ、1人が立てた計画のすべてを他者に押しつけるのは暴力であり、実践の"弱さ"を破壊する）。この点については保育も同様であろう。保育は子どもたちとの共同生活を基本とする以上、保育者側の計画すなわち生活の見通しも、当事者である子どもたちとの間ですり合わされ、変更を伴いながら、何らかの形で合意が調達されていく必要がある。そうした保育者と子どもたちとの交渉をめぐる専門的営為がミクロに／マクロに展開しているからこそ、保育施設における共同生活は行く末のわからない混沌に陥ることなく、ゆるやかな形で、1つの教育として成立しているものと考えられる。そして、「約束」のプロセスにおいて保育者には、生活をともにする子どもたちの声を自身と対等な要求として聞き取り、その要求を生活世界に内在的に理解した上で、その理解と対話をもとに計画を柔軟に修正していく「実践的知恵」を有していることが期待される。以上の議論をもとに本研究では、保育者による教育的な意図や見通しを含み込んだ計画を背景としながら、当事者である保育者と子ども（たち）が生活の行く先について対話・合意していくプロセスを「約束」と定義し、その営為をめぐる保育者の「実践的知恵」の理解を理論的に深化させていくことを、保育者の専門性研究における今後の重要な検討課題として位置づける[8]。

　なお、本書で扱ってきた実証的研究においても、「約束」の片鱗を見ることができる。例えば、第4章のTable 4-2、プロセス⑤におけるFO先生の語りを参照されたい。FO先生からは、"親密すぎる二者関係"を築いていた子どもたちに対して「ちょっと難易度の高いものを。グルーガンを使ってちょっと製作をするものとか、折り紙でもちょっと難しい折り方とかをこちらから投げかけた」ことで、その生活が進展していった経過が、実際の経験をもとに語られている。この経過においてFO先生が、実際のところどのように援助の計画を練った上で、子どもたちとの生活に落とし込んでいったかについて尋ねることは叶わず、検討の余地が残る。また、第5章では、事例7でヒナタ先生が子どもたちと対話したり、その後の事例9でアオイ先生が意図的に登場したりしたことが、「課題」に出会った後の共同生活に変化をもたらしていった。さら

に、こうした保育者と子どもたちの姿は、これまで長年にわたって実践・蓄積されてきた保育のプロジェクト活動や（岩附・河﨑, 1987; 加藤, 2007; 加藤・秋山・茨城大学教育学部附属幼稚園, 2005; 宍戸, 2017）、「係」「班」「リーダー」といった枠組みを保育者が意図的に立ち上げつつ生活を編んでいく「集団づくり」のなかでも同様に見られる（例えば、宍戸, 2017; 全国幼年教育研究協議会・集団づくり部会, 2020）[9]。「実践的知恵」に基づく「約束」をめぐる専門性理解を理論的に深化させたとき、各実践の理念や内容は違えども、それぞれで展開されている保育者の専門的営為は、ある程度まで統一的な枠組みで把握されることになるだろう。

第4節 課題と展望

　最後に、今後の課題と展望を6点述べる。なお、各研究（特に第3・4章）が用いた方法に基づく議論の限界については、各章の記述を参照されたい。また、保育計画論にかかわる保育者の専門性をめぐる検討課題と展望については、前節で述べた通りである。

　第1に、扱う現象の範囲による議論の限界である。本書の議論は、「クラス替え」「"ひとりぽっちの子ども"と"親密すぎる二者関係"」「運動会のリレー」という、限られた現象を扱うなかで得られた示唆をもとに論じられてきた。しかし、「課題の連鎖性」という保育実践の特質からも示唆されるように、子どもと保育者が現場のなかで出会う課題というのは、各園のその時々における子どもと保育者との関係性や、実践の経過によって多様となる。

　上記と関連して、第2に、研究対象とした保育施設の種類による議論の制約である。第3〜5章は、遊びを中心とした保育を実施している公立・私立の幼稚園および認定こども園に協力を依頼し資料を収集したものであり、保育所を題材とした資料を分析することは叶わなかった。保育所・幼稚園・認定こども園との間には、法規や各施設種の歴史的背景、制度に基づく保育時間等の構造、そして今日通う乳幼児やその家族の特色といった様々な点に差異が見られる。さらに、各研究で協力を依頼した園は、主に北海道における都市圏およびその周囲に位置する園が中心を占めており、在園児がわずか数名といった地方

の保育施設は対象としていない。そうした様々な差異が、各施設で営まれている実践および子どもたちと保育者に出会われる「課題」に、少なからず異なる特徴を生んでいることも予想される。施設種や地域性を背景とした実践の差異については、保育学の領域においても、十分議論されてきたとはいいがたい。本書で導出した「課題」の観点から、施設間・地域間における実践の特質の相違を論じることには、一定の意義と新規性が認められよう。

　ただし、いかなる保育現場においても何かしらの「課題」は生じ、当事者たちに出会われる。それゆえ、本書で導出してきた「生活の共同生成」としての専門性や、「課題の連鎖性」といった保育実践の特質をめぐる議論は、子どもや保育者に出会われる「課題」の如何によって適用の可否が問われるものではない。むしろ議論の適用が難しくなるのは、遊びとは異なる、確実な教育効果をねらう、特殊な教育プログラムの展開を実践の中心に据えている保育施設であろう。つまり、現時点では本研究の専門性をめぐる議論は、子どもたちの遊びを生活の中心としている園を生きる保育者に限定して論じることが可能であると考えられる。今後、本書が提示してきた保育者の専門性に関する議論がいかなる国内外の保育施設の範囲で適用可能かについては、詳細に検討を進める必要がある。なお、以上のように「対象」の一回性・状況固有性に還元することなく、各保育施設における実践の特質をはじめとした「条件」の観点から議論の適用範囲を検討することが可能であることからも、本書が提案し論じてきた「生活の共同生成」の方法論は、浜口（2014）による保育者の専門性をめぐる脱文脈化への要請に対して、一定程度答えうる専門性研究の枠組みとして成立しているものと考えられる。

　第3に、前述した議論の適用範囲と関連して、乳幼児の年齢や発達の程度を反映した、「生活の共同生成」をめぐる保育者の専門性の検討である。第2章におけるリカ・ナナセの事例から、第5章におけるリレーの実践まで、本研究は4歳児以上の、幼児期後期の子どもたちがかかわる保育を対象として、議論および実証的研究を進めてきた。特に第5章のように、子どもたちが集団として協同的に自身の生活のあり方を変えていく姿は、幼児期後期にこそ見られる子どもの姿として理解される必要があるだろう。そして、加藤（2008）が指摘するように、乳幼児の年齢や発達段階に応じて、保育者と乳幼児たちが創り出

していく生活の構造や、生活の創造主体としての子どもの具体的なあり方は質的に異なることが予想される。この点に関して加藤（2008）は、各年齢期における保育カリキュラムのあり方を、自身の対話的保育カリキュラム論を軸にした、「発達の物語」の差異に基づいて検討・整理している。今後の専門性研究においても、各年齢期に合わせて、乳幼児を生活の創造主体として位置づけながら暮らしをつむいでいく保育者の実践知を、実証的に検討していくことが期待される。またその際には、現場で蓄積・発信されてきた実践記録も非常に重要な示唆を与えてくれることだろう。

　第4に、先述した「約束」の営為と関連して、保育者と子どもたちとの間における「課題」の複数性と、それらをめぐる対話・交渉のプロセスについてである。Figure 6-1 に示した通り、当事者たちにとって「課題」となる出来事に出会い続けていくことが、保育実践に物語的な時間の流れを創出していくことを確認した。しかし、ある幼稚園の1つのクラスをとってみても、そこには数多くの子どもたちが暮らしており、各々が直面する「課題」は細部で異なる。例えば、保育者にとって、また多くの子どもたちにとってとるに足らない出来事であったとしても、ある1人の子どもにとっては乗り越えるべき大きな壁として感じられることもあるだろう。子ども一人ひとりに物語があり[10]、ときにそれが公共性を持ってクラスのなかで結節することがある。そうした、物語および出会われる「課題」の複数性を前提とした上で、保育者と子どもたちが「課題」について対話しながら実践を展開していく機微の検討を進める必要がある。この点について、本書は子どもの「課題」が保育者に見とられる状況と（第3・4章）、多くの保育者と子どもが「課題」に直面した状況を扱ったものであり（第5章）、子ども一人ひとりの「課題」の複数性から物語が展開しうることを論じることが叶わなかった。「課題」の複数性とそれをめぐる対話のあり方を検討することは、〈子ども－保育者〉の関係性を、保育の実践論理へさらに根ざした形で論じるための道具立てを提供すると考えられる。今後の検討が期待される。

　第5に、課題の「解消」プロセスについてである。本書は課題の「解消」プロセスについて、十分に扱うことができなかった。例えば、第5章で取り上げた運動会のリレーをめぐる実践は、運動会当日をもって終了し、年長学年のな

終章　子どもたちと保育の物語をつむぐ「実践的知恵」　225

かから徐々に姿を消していった。それゆえ、どの時点で課題が解消されていった（年長学年の間で気にならなくなっていった）かについては、議論の余地が残る。そしてそれは、前述した第1の課題と合わせて、扱う現象によっても多様性を見せるだろう。この点は本研究のみならず、刑部（1998）から残された保育・発達研究の課題といえるかもしれない。刑部（1998）は保育園の「ちょっと気になる子ども」であった子どもKが園内で気にならなくなっていくプロセスを、Lave & Wenger（1991/1993）による正統的周辺参加論を用いて検討し、その過程は子ども個人の能力やスキルの伸びではなく、共同体全体の変容によったことを示唆している。しかし、その後の「気になる子」研究は、ここまで論じてきた「結果のための道具」の方法論を用いた、子ども個々の特性にその原因を見る「属性還元論」に収斂する向きが強かった（動向の整理として、野村, 2018）。今後、「課題の連鎖性」という現場の生態学的な特質を念頭に置きながら、保育実践の展開を反映した、共同体全体の変容を記述していく手法を検討していくことが求められる。この検討は、現場における保育記録の様式などに対しても、一定の示唆を与えうることが予想される。後続研究の展開が期待される。

　第6に、本書の知見の、保育者の熟達化研究への応用についてである。本書は、個人が蓄えていく知識や力量とは異なる形で、子どもとのいとなみを共同生活たらしめる「実践的知恵」をとらえる方法論「生活の共同生成」を提案してきた。では、その専門性を背景に据えた際、保育者の熟達化は一体どのように描き直されるのだろうか。少なくともそれは、現場の問題へ対応するための知識・力量の蓄積や（高濱, 2001）、子ども理解の深まり（佐藤・相良, 2017）、また「保育世界の豊かさがより細やかに見えるようになること」（榎沢, 2016, p.19）といった、保育者自身の“有能さの増幅”として描くことでは不十分であろう。むしろ、「生活の共同生成」をめぐる議論は、現場の生活へ十全に身を投じるほどに、自身の手による直接的な課題の解決のできなさに気づいたり、ときに援助を「失敗」したりすることを引き受けながら、子どもたちとともに暮らしをつむぐ保育者像を求めるものである。そのように、個人の有能さというよりも、むしろ子どもたちをはじめとする他者との共存に重きを置きながら成長を描く際には、これまでとは別の角度からの専門家像を要請することになるだろう。この議論の展開については後日に期したい。

注

1 本書では他の概念名との関係から、アーレントの"action"概念について、Arendt（1958/2023）の「行為」ではなく、Arendt（1958/1994）の「活動」という訳出を参照している。

2 後の直接引用に見られるように、Arendt（1958/1994）は当事者らの行為に紐付いた結果の責任のことを「罪」と呼び、当事者による行為とは結びつかない集団的な感情である「責任（responsibility）」と区別している（例えば「責任」は、生まれ育った国が戦争を引き起こした際に抱く感情などのことを指す）。特に「罪」は、「極端な犯罪と意図的な悪」（p.375）を除いた、日常的に起こる出来事のことである。なお、Arendt（1958/1994）のドイツ語版である Arendt（1960/2015）では、「罪」は「負い目」として訳出されている。さらなる詳細については、Arendt（1958/1994, 1960/2015）や Arendt & Kohn（2003/2016）などを参照されたい。

3 これ以降の本文中では「課題（issue）」を、子どもと保育者にとって意味のある「出来事（event）」へと、語を置き換えて議論を理解することができる。第1章で論じたように、「課題」を包摂する「問題」は、ネガティブなものだけでなく、ポジティブなものまで含んでいる。対応に苦慮するネガティブな「出来事」だけでなく、予想外の楽しい「出来事」、例えば今までに誰も考えつかなかった、しかしどう実現すればよいか悩む新しい実践のアイデアをある子どもが創発・共有し、他児や保育者たちが出会ったときも、彼ら・彼女らにとっての保育的時間は動き出すものと考えられる。

4 教育研究における「唯一性（uniqueness）」という概念は、主に本章で触れている Arendt（1958/1994）が導出した概念を、Biesta（2006/2021）が参照し、子どもたちが1人の主体として出現している状態を指す語として教育研究へと適用したものである。本書の議論は、この「唯一性」をめぐる Biesta（2006/2021）の議論を、保育者の位相へと拡張するものである。

5 「課題の連鎖性」という語は、川田（2017）による「受容の連鎖」から着想を得ている。川田（2017）は、北海道にある年齢や障害の有無を問わず人々が集える場「むくどりホーム」（以下、むくどり）のスタッフとともに、むくどりの活動における人々の参加の機会がどのように構造化されているかを検討・言語化するカンファレンス内の語りを分析している。結果、コミュニティで生じた出来事が参加者に分配されていくことが、参加の機会を構造化している可能性が示唆されている。この構造について、スタッフは最初「受容の連鎖」と表現したほか、川田（2017）は自身の理解を踏まえて、「受容の分配」という表現に置き換えている。本研究は、「課題」が人々の「受容」と「援助」を引き出すこと（時間的先行性）、また過去から未来への意味的な時間の流れである「保育的時間」の創造との関係から保育者の専門性を考察している点を踏まえて、「課題の連鎖性」という語を概念に採用している。

6 保育者研究においては、「実践と省察」や「PDCA サイクル」といった循環の形に乗せて、保育者の専門性が語られる節がある。しかし、そのように循環の形式で図示してしまうと、保育における不可逆的な時間の流れを捨象してしまうことになる。一方で、後述するように、保育は出来事と出来事がつながり合って時間が動き出す物語的な特質を有している。本書は諸概念および Figure 6-1 を用いることで、保育研究および保育者研究に対して、物語的な、当事者たちにとって意味のある新たな出来事の現れに焦点を当てる必要性を訴えるものである。

7 この点と関連して、これまで保育における「計画」と「実践」の両者の関係は、PDCA サイクルの枠組みを援用しながら、保育者が保育の計画を立案し（Plan）、それに基づいて実践する（Do）といった形で連続的なものとして語られてきた（例えば、磯部, 2016）。しかし、いみじくも磯部（2016）自身が論じているように、保育者だけでなく子どももまた保育を実践している。ゆえに、殊に保育では、計画（Plan）と実践（Do）に携わる主体の位相が異なることから、両者を連続的に語ることはできない。それは、PDCA サイクルにおける計画の妥当性の評価

終章　子どもたちと保育の物語をつむぐ「実践的知恵」　227

（Check）に対しても同様に指摘されうる。保育においては、計画と実践の間に、携わる主体の位相を架橋していくための、もう1つの専門的営為が措定される必要がある。こうした主体の複数性を鑑みると、品質管理に由来するPDCAサイクルの枠組みをそのまま援用して保育を理解しようとすることの妥当性については、今後、丁寧に問い直されていく必要があるだろう。

8 こうした専門的営為と関連する概念が、倉橋惣三が『幼稚園保育法眞諦』のなかで保育方法として位置づけた「誘導」である（倉橋, 1934）。子どもの生活は断片的で刹那的であるとした上で、保育者がその生活を発展し広げていけるようにうながす「誘導」を、倉橋惣三は保育方法の1つとして位置づけた。しかし、本書が保育者を子どもとの共同生活者として措定した以上、「誘導」という語は教育者としての"顔"や意味合いが強調されすぎる節がある。また、森上・柏女（2013）による『保育学用語辞典』にも、以上のような専門的営為と関連する適切な用語は見当たらない。それは、浜口（2014）の整理に見られるように、『要領』の89年改訂以降に見られる、子どもの自発性を第一義的に重視・尊重しようとする平成期の「子ども中心主義」への転回によるところが大きいものと推察される。そこで本研究は、当事者同士の対話や交渉を含んだ意味合いを有する語として、Arendt（1958/1994）による「約束」を、現時点ではそのまま用いることとする。倉橋によって導出された「誘導」、そして本書における「約束」を、単なる1つの保育方法としてではなく、保育方法と保育計画とをつなぎ合わせ、子どもたちとの「生活の共同生成」に基づく実践を可能にする重要な専門的営為として位置づけ直すことが、専門性研究の観点から、保育方法論と保育計画論とを統一的に把握していくための鍵になると考えられる。

9 例えば加藤他（2005）で紹介されている5歳児クラスの「新潟中越地震支援プロジェクト」は、2004年の新潟県中越地震の2日後、2人の子どもが新聞の切り抜きを持ってきたことから子どもたちの間で地震に関する話題が展開されていったことがはじまりとなっている。そうした子どもたちの姿を受けて、保育者3名は新たな活動を進めていく事前の相談と子ども理解により計画を幾度となく立て直しながら、子どもたちとの「必要感」「切実感」を大切にした対話を通して見通しをすり合わせていくことで、銀杏拾いで軍資金を集めた上で、ポップコーンを売って増収し寄付金を作る活動を展開していった経過が記されている。

10 特に、子ども一人ひとりの物語に注目した実践記録およびアセスメントの形式が、ニュージーランドの保育実践において蓄積のある「学びの物語」のアプローチであると考えられる。詳細はCarr（2001/2013）や大宮（2010）などを参照されたい。

引用文献一覧

赤木和重. (2018). 目からウロコ！ 驚愕と共感の自閉症スペクトラム入門. 東京：全国障害者問題研究会出版部.

秋田喜代美. (2016). 現代日本の保育. 秋田喜代美 (監修), 山邉昭則・多賀厳太郎 (編), あらゆる学問は保育につながる：発達保育実践政策学の挑戦 (pp.17-43). 東京：東京大学出版会.

秋田喜代美 (監修). (2019). 保育学用語辞典. 東京：中央法規出版.

秋田喜代美・佐藤　学・岩川直樹. (1991). 教師の授業に関する実践的知識の成長：熟練教師と初任教師の比較検討. 発達心理学研究, 2, 88-98.

Arendt, H. (1994). 人間の条件 (志水速雄, 訳). 東京：筑摩書房. (Arendt, H. (1958). *The human condition*. Chicago: University of Chicago Press.)

Arendt, H. (2015). 活動的生 (森　一郎, 訳). 東京：みすず書房. (Arendt, H. (1960). *Vita activa: oder, Vom tätigen Leben*. Stuttgart: W. Kohlhammer.)

Arendt, H. (2023). 人間の条件 (牧野雅彦, 訳). 東京：講談社. (Arendt, H. (1958). *The human condition*. Chicago: University of Chicago Press.)

Arendt, H., & Kohn, J. (2016). 責任と判断 (中山　元, 訳). 東京：筑摩書房. (Arendt, H., & Kohn, J. (2003). *Responsibility and judgment*. New York: Schocken Books.)

Begon, M., Harper, J. L., & Townsend. C. R. (2013). 生態学：個体・個体群・群集の科学 (堀　道雄, 監訳). 京都：京都大学学術出版会. (Begon, M., Harper, J. L., & Townsend. C. R. (2006). *Ecology: From individuals to ecosystems* (4th ed). Malden, Mass: Blackwell Publishing.)

Bernstein, B. B. (1985). 教育伝達の社会学：開かれた学校とは (萩原元昭, 訳). 東京：明治図書出版. (Bernstein, B. B. (1977). *Class, codes and control volume 3, towards a theory of educational transmissions* (2nd edition). London: Routledge & K. Paul.)

Bierman, K. L. (2004). *Peer rejection: Developmental processes and intervention strategies*. New York & London: Guilford Press.

Biesta, G. J. J. (2021). 学習を超えて：人間的未来へのデモクラティックな教育 (田中智志・小玉重夫, 監訳). 東京：東京大学出版会. (Biesta, G. J. J. (2006). *Beyond learning: Democratic education for a human future*. Boulder: Paradigm Publishers.)

Biesta, G. J. J. (2021). 教育の美しい危うさ (田中智志・小玉重夫, 監訳). 東京：東京大学出版会. (Biesta, G. J. J. (2013). *The beautiful risk of education*. London: Routledge.)

Bukowski, W. M., & Hoza, B. (1989). Popularity and friendship: Issues in theory, measurement, and outcome. In T. J. Berndt & G. W. Ladd (Eds.), *Peer relationships in child development* (pp. 15-45). New York: Wiley.

Carr, M. (2013). 保育の場で子どもの学びをアセスメントする：「学びの物語」アプローチの理論と実践 (大宮勇雄・鈴木佐喜子 , 訳). 東京：ひとなる書房 . (Carr, M. (2001). *Assessment in early childhood settings: Learning stories*. London: Paul Chapman Publishing.)

Coplan, R. J., & Ooi, L. (2014). The causes and consequences of "playing alone" in childhood. In R. J. Coplan & J. C. Bowker (Eds.), *The handbook of solitude: psychological perspectives on social isolation, social withdrawal, and being alone* (pp.109-128). Chichester: Wiley Blackwell.

Corbin, J. M., & Strauss, A. L. (2015). *Basics of qualitative research: Techniques and procedures for developing grounded theory* (4th ed.). Los Angeles: SAGE.

Dalli, C. (2008). Pedagogy, knowledge and collaboration: Towards a ground-up perspective on professionalism. *European Early Childhood Education Research Journal*, 16, 171-185.

Dahlberg, G., Moss, P., & Pence, A. (2022). 「保育の質」を超えて：「評価」のオルタナティブを探る (浅井幸子 , 監訳). 東京：東京大学出版会 . (Dahlberg, G., Moss, P., & Pence, A. (2013). *Beyond quality in early childhood education and care: Languages of evaluation*. Oxon & New York: Routledge)

榎沢良彦 . (2016). 保育者の専門性 . 日本保育学会 (編), 保育学講座 4 保育者を生きる：専門性と養成 (pp.7-26). 東京：東京大学出版会 .

藤原辰史 . (2019). 分解の哲学：腐敗と発酵をめぐる思考 . 東京：青土社 .

Gannett, R. S., & Gannett, R. C. (1963). エルマーのぼうけん (渡辺茂男 , 訳). 東京：福音館書店 . (Gannett, R. S., & Gannett, R. C. (1948). *My father's dragon*. New York: Random House.)

Gardner, H. (2001). MI：個性を生かす多重知能の理論 (松村暢隆 , 訳). 東京：新曜社 . (Gardner, H. (1999). *Intelligence reframed: Multiple intelligences for the 21st Century*. New York: Basic Books.)

Goulet, L. B., & Baltes, P. (1970). *Life span theory in developmental psychology: Research and theory*. New York: Academic Press.

刑部育子 . (1998). 「ちょっと気になる子ども」の集団への参加過程に関する関係論的分析 . 発達心理学研究 , 9, 1-11.

浜口順子 . (2014). 平成期幼稚園教育要領と保育者の専門性 . 教育学研究 , 81, 448-459.

浜谷直人 . (2013). 保育実践と発達支援専門職の関係から発達心理学の研究課題を考える：子どもの生きづらさと育てにくさに焦点を当てて . 発達心理学研究 , 24, 484-494.

Happo, I., & Määttä, K. (2011). Expertise of early childhood educators. *International Education Studies*, 4, 91-99.

Harms, T., Clifford. R. M., & Cryer, D. (2016). 新・保育環境評価スケール 1〈3 歳以上〉(埋橋玲子 , 訳). 京都：法律文化社 . (Harms, T., Clifford. R. M., & Cryer, D. (2014). *Early childhood environment rating scales* (3rd edition). New York: Teachers College Press.)

Harms, T., Cryer, D., Clifford, R. M., & Yazejian, N. (2018). 新・保育環境評価スケール 2〈0・1・2 歳〉(埋橋玲子 , 訳). 京都：法律文化社 . (Harms, T., Cryer, D., Clifford, R. M., & Yazejian, N. (2017). *Infant: Toddler environment rating scale* (3rd edition). New York: Teachers College Press.)

橋爪大輝 . (2022). アーレントの哲学：複数的な人間的生 . 東京：みすず書房 .

畠山 寛 . (2018). 自由遊び場面における保育者の「フレーム」を通した状況理解と子どもへの関わり：保育者の語りの分析から . 保育学研究 , 56, 297-308.

畠山美穂・山崎　晃. (2002). 自由遊び場面における幼児の攻撃行動の観察研究：攻撃のタイプと性・仲間グループ内地位との関連. 発達心理学研究, 13, 252-260.

Heckman, J. J. (2013). *Giving kids a fair chance*. Cambridge, Mass: MIT Press.

Heckman, J. J., & Masterov, D. V. (2004). *The productivity argument for investing in young children: Working Paper 5, Invest in Kids Working Group*. New York: Committee for Economic development.

Henriot, J. (1986). 遊び (佐藤信夫, 訳). 東京：白水社. (Henriot, J. (1969). *Le jeu*. Paris: presses Universitaires de France.)

平松知子. (2012). 発達する保育園 子ども編：子どもが心のかっとうを超えるとき. 東京：ひとなる書房.

広田照幸. (2003). 教育には何ができないか：教育神話の解体と再生の試み. 東京：春秋社.

広田照幸. (2010). 教育とは何か. 広田照幸・塩崎美穂 (編), 教育原理：保育実践への教育学的アプローチ (pp.1-10). 東京：樹村房.

謝　文慧. (1999). 新入幼稚園児の友だち関係の形成. 発達心理学研究, 10, 199-208.

池迫浩子・宮本晃司. (2015). 家庭、学校、地域社会における社会情動的スキルの育成：国際的エビデンスのまとめと日本の教育実践・研究に対する示唆 (ベネッセ教育総合研究, 訳). OECD ワーキングペーパー.

石井英真. (2015). 教育実践の論理から「エビデンスに基づく教育」を問い直す：教育の標準化・市場化の中で. 教育学研究, 82, 216-228.

磯部裕子. (2016). 保育における計画論. 日本保育学会 (編), 保育学講座 3 保育のいとなみ：子ども理解と内容・方法 (pp.257-273). 東京：東京大学出版会.

伊藤恵子. (2004). 文字への関心を友達への関心へと変えていった保育者の存在：自閉傾向を伴う子どもに対する人的環境としての保育者. 保育学研究, 42, 29-41.

岩田恵子. (2011). 幼稚園における仲間づくり：「安心」関係から「信頼」関係を築く道筋の探究. 保育学研究, 49, 157-167.

岩附啓子・河崎道夫. (1987). エルマーになった子どもたち：仲間と挑め、心躍る世界に. 東京：ひとなる書房.

January, A. M., Casey, R. J., & Paulson, D. (2011). A meta-analysis of classroom-wide interventions to build social skills: Do they work? *School Psychology Review*, 40, 242–256.

梶田正巳・石田勢津子. (1988). 学習と指導のパーソナルセオリー. 教育心理学年報, 28, 176-187.

加藤繁美. (2007). 対話的保育カリキュラム 〈上〉：理論と構造. 東京：ひとなる書房.

加藤繁美. (2008). 対話的保育カリキュラム 〈下〉：実践の展開. 東京：ひとなる書房.

加藤繁美. (2024). 保育の中の子どもの声. 東京：ひとなる書房.

加藤繁美・秋山麻実・茨城大学教育学部附属幼稚園. (2005). 5 歳児の協同的学びと対話的保育. 東京：ひとなる書房.

川田　学. (2015). 心理学的子ども理解と実践的子ども理解：実践者を不自由にする「まなざし」をどう中和するか. 障害者問題研究, 43(3), 178-185.

川田　学. (2017). その日をつくることと、続いていく／続けていくこと：むくどりホームにおける「導

かれた参加」の分析.子ども発達臨床研究 (北海道大学), 10, 89-107.

川田　学.(2017). 要領・指針の発達観の変遷といま大事にしたいこと.大宮勇雄・川田　学・近藤幹生・島本一男 (編), どう変わる？何が課題？現場の視点で新要領・指針を考えあう (pp.52-60). 東京：ひとなる書房.

川田　学.(2019). 子どもの世界の中心としての「遊び」.松本伊智朗 (編集代表), 小西祐馬・川田　学 (編著), 遊び・育ち・経験：子どもの世界を守る (pp.16-44). 東京：明石書店.

川田　学.(2021). 総論 問題としての子ども理解.発達, 168, 2-8.

加用文男 (2013). 余暇論の呪縛：ジャック・アンリオからみたホイジンガとカイヨワ.心理科学, 34(1), 68-83.

木下康仁.(2020). 定本 M-GTA：実践の理論化をめざす質的研究方法論.東京：医学書院.

小林加奈 (2020). ひとりより、いっしょのほうが楽しいね！:「求め合う関係」を後押しする「おもしろさ」.全国幼年教育研究協議会・集団づくり部会 (編), 求めあい認めあい支えあう子どもたち：乳幼児期の集団づくり 視点と実践 (pp.94-100). 京都：かもがわ出版.

古賀松香.(2019). 保育実践に見られる保育者の身体的・状況的専門性.白梅学園大学博士論文.

古賀松香.(2021). 展望：保育実践という具体的状況に生きる保育者の専門性.保育学研究, 59, 137-150.

小島康生.(2008). 進級によるクラス替えにともなう環境移行が幼稚園児の仲間関係に及ぼす影響：仲の良いお友達の存在が関係の広がりにもたらす効果とその個人差.中京大学心理学研究科・心理学部紀要, 8(1), 1-16.

近藤幹生・塩崎美穂.(2017). 保育の哲学 3. 東京：ななみ書房.

厚生労働省.(2018). 保育所保育指針解説.東京：フレーベル館.

Kupersmidt, J. B., & Dodge, K. A. (2013). 子どもの仲間関係：発達から援助へ (中澤　潤, 監訳). 京都：北大路書房. (Kupersmidt, J. B., & Dodge, K. A. (2004). *Children's peer relations: From development to intervention*. Washington, DC: American Psychological Association.)

倉橋惣三.(1934). 幼稚園保育法眞諦.東京：東洋出版.

倉持清美・柴坂寿子.(1999). クラス集団における幼児間の認識と仲間入り行動.心理学研究, 70, 301-309.

楠見　孝.(2012). 実践知と熟達者とは.金井壽宏・楠見　孝 (編), 実践知：エキスパートの知性 (pp.3-31). 東京：有斐閣.

Lampert, M. (1985). How do teachers manage to teach: Perspective on problems in practice. *Harvard Educational Review*, 55, 178-194.

Lave, J. (2019). *Learning and everyday life: Access, participation, and changing practice*. Cambridge: Cambridge University Press.

Lave, J., & Wenger, E. (1993). 状況に埋め込まれた学習：正統的周辺参加 (佐伯　胖, 訳). 東京：産業図書. (Lave, J., & Wenger, E. (1991). *Situated learning: Legitimate peripheral participation*. Cambridge & New York: Cambridge University Press.)

Leibniz, G. W. (2019). モナドロジー. G. W. Leibniz, モナドロジー：他二篇 (谷川多佳子・岡部英男, 訳). 東京：岩波書店. (Leibniz, G. W. (1885). Ohne Ueberschrift, enthaltend die sogenannte Monadologie. Gerhardt, C. J. (Ed.), *Die philosophischen Schriften von Gottfried Wilhelm*

Leibniz (Bd.6) (pp.607-623). Berlin: Weidmannsche Buchhandlung.)

Malaguzzi, L. (2001). 歴史と思想と基本哲学：レーラ・ガンディーニによるインタビュー. C. P. Edwards, L. Gandini, & G. E. Forman (編), 子どもたちの 100 の言葉：レッジョ・エミリアの幼児教育 (佐藤　学・森　眞理・塚田美紀 , 訳)(pp.69-148). 東京：世織書房. (Malaguzzi, L. (1998). History, ideas, and basic philosophy: An interview with Lella Gandini. In C. P. Edwards, L. Gandini, & G. E. Forman (Eds.), *The hundred languages of children: The Reggio Emilia approach-advanced reflections* (2nd edition) (pp.49-97). Greenwich, Conn.: Ablex Publishing.)

Marx, K., & Engels, F. (2002). ドイツ・イデオロギー (新編輯版) (廣松　渉 , 監訳). 東京：岩波書店 . (Marx, K., & Engels, F. (1973). *The German ideology*. New York: International Publishers.)

松本信吾 (編). (2018). 身近な自然を活かした保育実践とカリキュラム：環境・人とつながって育つ子どもたち . 東京：中央法規出版 .

松下良平 . (2015). エビデンスに基づく教育の逆説：教育の失調から教育学の廃棄へ . 教育学研究 , 82, 202-215.

桃枝智子 . (2021). クラス替えを伴い進級した幼稚園年中児の仲間関係：旧成員との関係継続と新成員との関係生成 . 質的心理学研究 , 20, 114-132.

文部科学省 . (2018). 幼稚園教育要領解説 . 東京：フレーベル館 .

森上史郎・柏女霊峰 (編). (2009). 保育学用語辞典 (第 5 版). 京都：ミネルヴァ書房 .

森上史郎・柏女霊峰 (編). (2013). 保育学用語辞典 (第 7 版). 京都：ミネルヴァ書房 .

Moss, P. (2020). 新しい保育の物語：保育の質、倫理と政治、リアル・ユートピア . 発達 , 162, 8-14.

村井尚子 . (2022). ヴァン＝マーネンの教育学 . 東京：ナカニシヤ出版 .

無藤　隆 . (2016). 生涯の学びを支える「非認知能力」をどう育てるか：インタビュー 支援の「発想」を転換すれば日常の遊びや生活の中で十分に育つ . これからの幼児教育 2016 年春号 , 18-21.

内閣府・文部科学省・厚生労働省 . (2018). 幼保連携型認定こども園 教育・保育要領解説 . 東京：フレーベル館 .

中坪史典 (編). (2018). テーマでみる 保育実践の中にある保育者の専門性へのアプローチ . 京都：ミネルヴァ書房 .

Newman, F., & Holzman, L. (2020). 革命のヴィゴツキー：もうひとつの「発達の最近接領域」理論 (伊藤　崇・川俣智路 , 訳). 東京：新曜社 . (Newman, F & Holzman, L. (2014). *Lev Vygotsky: Revolutionary scientist*. London & New York: Routledge.)

西隆太朗 . (2016). 津守眞の保育思想における省察 . 保育学研究 , 54(1), 30-41.

西隆太朗・伊藤美保子 . (2014). 保育の計画を立案することの意味：保育の専門性と実践の観点から . ノートルダム清心女子大学紀要 (人間生活学・児童学・食品栄養学編), 38, 93-100.

野家啓一 . (2008). 科学のナラトロジー：「物語り的因果性」をめぐって . 飯田　隆他 (編), 岩波講座 哲学 01：いま〈哲学する〉ことへ (pp.51-72). 東京：岩波書店 .

野村　朋 . (2018).「気になる子」の保育研究の歴史的変遷と今日的課題 . 保育学研究 , 56, 70-80.

野澤祥子・井庭　崇・天野美和子・若林陽子・宮田まり子・秋田喜代美 . (2018). 保育者の実践知を可視化・共有化する方法としての「パターン・ランゲージ」の可能性 . 東京大学大学院教育学

研究科紀要, 57, 419-449.

OECD. (2012). *Starting strong III: A quality toolbox for early childhood education and care.* OECD Publishing.

OECD. (2018). 社会情動的スキル：学びに向かう力 (無藤　隆・秋田喜代美, 監訳). 明石書店 . (OECD. (2015). *Skills for social progress: The power of social and emotional skills.* OECD Publishing.)

小原敏郎・入江礼子・白石敏行・友定啓子 . (2008). 子ども同士のトラブルに保育者はどうかかわっているか：保育者の経験年数・トラブルが生じる状況による分析を中心に . 乳幼児教育学研究, 17, 93-103.

大野和男 . (2009). 保育者の視点から見た子どもにとっての 1 学期 . 松本短期大学研究紀要, 18, 3-21.

大野　晋 . (1974). 日本語をさかのぼる . 東京：岩波書店 .

岡花祈一郎 . (2019). エビデンスは幼児教育に何をもたらすのか . 杉田浩崇・熊井将太 (編),「エビデンスに基づく教育」の閾を探る：教育学における規範と事実をめぐって . 横浜：春風社 .

大宮勇雄 . (2010). 学びの物語の保育実践 . 東京：ひとなる書房 .

大宮勇雄 . (2017). 「学びの主体」としての子どもの視点から新要領・指針を検討する . 大宮勇雄・川田学・近藤幹生・島本一男 (編), どう変わる？何が課題？現場の視点で新要領・指針を考えあう (pp.13-21). 東京：ひとなる書房 .

大宮勇雄・川田　学・近藤幹生・島本一男 (編). (2017). どう変わる？何が課題？現場の視点で新要領・指針を考えあう . 東京：ひとなる書房 .

小塩真司 (編). (2021). 非認知能力：概念・測定と教育の可能性 . 京都：北大路書房 .

大内晶子・長尾仁美・櫻井茂男 . (2008). 幼児の自己制御機能尺度の検討：社会的スキル・問題行動との関係を中心に . 教育心理学研究, 56, 414-425.

大内晶子・櫻井茂男 . (2008). 幼児の非社会的遊びと社会的スキル・問題行動に関する縦断的検討 . 教育心理学研究, 56, 376-388.

Parker, J. G., & Asher, S. R. (1987). Peer relations and later personal adjustment: Are low-accepted children at risk? *Psychological Bulletin*, 102, 357-389.

劉　海紅・倉持清美 . (2008). いざこざを通して見た中国の保育者の保育観：日本の保育者の保育観との比較から . 乳幼児教育学研究, 17, 63-72.

戈木クレイグヒル滋子 . (2016). グラウンデッド・セオリー・アプローチ：理論を生みだすまで (改訂版). 東京：新曜社

齋藤政子 (編). (2016). 子どもとつくる 4 歳児保育：揺れる心をドラマにかえて . 東京：ひとなる書房 .

佐藤正二 . (2015). 実践！ソーシャルスキル教育：幼稚園・保育園 . 東京：図書文化社 .

佐藤有香・相良順子 . (2017). 保育者の経験年数による「幼児理解」の視点の違い . 日本家政学会誌, 68, 103-112.

Sawyer, R. K. (2004). Creative teaching: collaborative discussion as disciplined improvisation. *Educational Researcher*, 33(2), 12-20.

Schön, D. A. (2007). 省察的実践とは何か：プロフェッショナルの行為と思考 (柳沢昌一・三輪健二, 監訳). 東京：鳳書房 . (Schön, D. A. (1983). *The reflective practitioner: How professionals think in action.* New York：Basic Books.)

Schön, D. A. (2017). 省察的実践者の教育：プロフェッショナル・スクールの実践と理論 (柳沢昌一・村田晶子, 監訳). 東京：鳳書房. (Schön, D. A. (1987). *Educating the reflective practitioner: Toward a new design for teaching and learning in the professions*. San Francisco: Jossey-Bass.)

Scribner, S. (1986). Thinking in action: Some characteristics of practical thought. In R. J. Sternberg., & R. K. Wagner (Eds.), *Practical intelligence: Nature and origins of competence in the everyday world*. Cambridge & New York: Cambridge University Press.

瀬高郁子 . (2008). 5 歳の誇り：あの風の谷の子どもたち . 東京：コンテンツ・ファクトリー .

Sheridan, S., Williams, P., Sandberg, A., & Vuorinen, T. (2011). Preschool teaching in Sweden: A profession in change. *Educational Research*, 53, 415-437.

宍戸健夫 . (2017). 日本における保育カリキュラム：歴史と課題 . 東京：新読書社 .

Siraj, I., Kingston, D., & Melhuish, E. C. (2016).「保育プロセスの質」評価スケール：乳幼児期の「ともに考え、深めつづけること」と「情緒的な安定・安心」を捉えるために (秋田喜代美・淀川裕美 , 訳). 東京：明石書店 . (Siraj, I., Kingston, D., & Melhuish, E. C. (2015). *Assessing quality in early childhood education and care: Sustained shared thinking and emotional well-being (SSTEW) scale for 2-5-year-olds provision*. London: Trentham Books.)

Slaughter, V., Imuta, K., Peterson, C. C., & Henry, J. D. (2015). Meta-analysis of theory of mind and peer popularity in the preschool and early school years. *Child Development*, 86, 1159-1174.

Sternberg, R. J. (1985). *Beyond IQ: A triarchic theory of human intelligence*. Cambridge & New York: Cambridge University Press.

杉村伸一郎・桐山雅子 . (1991). 子どもの特性に応じた保育指導：Personal ATI Theory の実証的研究 . 教育心理学研究 , 39, 31-39.

水津幸恵・松本博雄 . (2015). 幼児間のいざこざにおける保育者の介入行動：気持ちを和ませる介入行動に着目して . 保育学研究 , 53, 273-283.

砂上史子 . (2013). 幼稚園における子ども同士の同型的行動の研究 . 白梅学園大学博士論文 .

砂上史子・秋田喜代美・増田時枝・箕輪潤子・中坪史典・安見克夫 . (2012). 幼稚園の片付けにおける実践知：戸外と室内の片付け場面に対する語りの比較 . 発達心理学研究 , 23, 252-263.

砂上史子・秋田喜代美・増田時枝・箕輪潤子・中坪史典・安見克夫 . (2015). 幼稚園 4 歳児クラスの片付けにおける保育者の実践知：時期の異なる映像記録に対する保育者の語りの分析 . 日本家政学会誌 , 66, 8-18.

砂上史子・秋田喜代美・増田時枝・箕輪潤子・安見克夫 . (2009). 保育者の語りにみる実践知：「片付け場面」の映像に対する語りの内容分析 . 保育学研究 , 47, 174-185.

髙田文子 . (2017). 戦後保育の転換点：1989 年「幼稚園教育要領」改訂 . 汐見稔幸・松本園子・髙田文子・矢治夕起・森川敬子 . 日本の保育の歴史：子ども観と保育の歴史 150 年 (pp.331-336). 東京：萌文書林 .

高濱裕子 . (2001). 保育者としての成長プロセス：幼児との関係を視点とした長期的・短期的発達 . 東京：風間書房 .

高橋　史・小関俊祐 . (2011). 日本の子どもを対象とした学級単位の社会的スキル訓練の効果：メタ分析による展望 . 行動療法研究 , 22(2), 9-10.

高橋雄介・岡田謙介・星野崇宏・安梅勅江. (2008). 就学前児の社会的スキル：コホート研究による因子構造の安定性と予測的妥当性の検討. 教育心理学研究, 56, 81-92.

高櫻綾子. (2007). 3歳児における親密性の形成過程についての事例的検討. 保育学研究, 45, 23-33.

田村美由紀. (2017). 幼稚園教育要領および保育所保育指針における領域「人間関係」の改訂の歴史からみた教育内容の特質について. 淑徳大学短期大学部研究紀要, 57, 29-48.

田辺繁治. (2003). 生き方の人類学：実践とは何か. 東京：講談社.

Tobin. J., Hsueh, Y., & Karasawa, M. (2009). *Preschool in three cultures revisited: China, Japan, and the United States*. Chicago & London: The University of Chicago Press.

戸田雅美. (2004). 保育をデザインする：保育における「計画」を考える. 東京：フレーベル館.

東畑開人. (2019). 居るのはつらいよ：ケアとセラピーについての覚書. 東京：医学書院.

外山紀子. (1998). 保育園の食事場面における幼児の席取り行動：ヨコに座ると何かいいことあるの？ 発達心理学研究, 9, 209-220.

津守 真. (1983). 保育の一日 (9). 幼児の教育, 82(2), 48-55.

津守 真. (1999). 保育研究転回の過程. 津守 真・本田和子・松井とし・浜口順子, 人間現象としての保育研究 (増補版) (pp.1-28). 東京：光生館.

上田敏丈. (2013). 保育者のいざこざ場面に対するかかわりに関する研究：発生の三層モデルに基づく保育行為スタイルに着目して. 乳幼児教育学研究, 22, 19-29.

上田淑子. (2001). 保育者の専門的力量研究の展開. 安田女子大学大学院文学研究科紀要 教育学専攻, 8, 113-129.

上村 晶. (2016). 保育者の子ども理解に関する研究動向 (2)：視点と方法論に着目して. 桜花学園大学保育学部研究紀要, 14, 31-47.

上山瑠津子・杉村伸一郎. (2019). 保育における子ども理解のメンタルモデル. 質的心理学研究, 19, 175-193.

宇田川久美子. (2005). 自閉傾向のある子どもとのコミュニケーション的場を広げる：'真似ること'の役割とその意義. 保育学研究, 43, 27-38.

Valsiner, J. (2013). 新しい文化心理学の構築：〈心と社会〉の中の文化 (サトウタツヤ, 監訳). 東京：新曜社. (Valsiner, J. (2007). *Culture in minds and societies: Foundations of cultural psychology*. Los Angeles: SAGE Publications.)

Van der Wilt, F., Van der Veen, C., Van Kruistum, C., & Van Oers, B. (2018). Why can't I join?: Peer rejection in early childhood education and the role of oral communicative competence. *Contemporary Educational Psychology*, 54, 247-254.

van Manen, M. (1991a). *The tact of teaching: The meaning of pedagogical thoughtfulness*. London: The Althouse press.

van Manen, M. (1991b). Reflectivity and the pedagogical moment: The normativity of pedagogical thinking and acting. *Journal of Curriculum Studies*, 23, 507-536.

Vygotsky, L. S. (2001). 思考と言語 (柴田義松, 訳). 東京：新読書社.

Yinger, R. J. (1986). Examining thought in action: A theoretical and methodological critique of research on interactive teaching. *Teaching and Teacher Education*, 2, 263-282.

吉川和幸 . (2014). 私立幼稚園に在籍する特別な支援を要する幼児の個別の指導計画に記述される「目標」に関する研究 . 北海道大学大学院教育学研究院紀要 , 120, 23-43.

吉岡晶子 . (2002). 友だちのひろがりを願って . 幼児の教育 , 101(3), 58-63.

全国幼年教育研究協議会・集団づくり部会 (編). (2020). 求めあい認めあい支えあう子どもたち：乳幼児期の集団づくり 視点と実践 . 東京：かもがわ出版 .

おわりに

　本書の冒頭で、私は、「保育者という専門職として在ることを支えているものは、知識や力量もさることながら、もっと別のところにあるのではないだろうか」という問いを投げかけた。数多の議論を経て辿り着いた結論は、「保育者として在ることを支えているのは、暮らしを創る責任を子どもたちとともに負えていること」にある、というものであった。無論、そうした保育者の姿や園での日々は、いつでも・どこにでも当たり前のようにあるものではない。大人と子どもの関係は、容易に〈教育者−被教育者〉という非対称的な関係性に偏り、暮らしを作る主体は大人のみとなり、不確実性を伴う保育の“弱さ”は失われる。“弱さ”は、保育者に（そして子どもたちにも）他者に対する応答責任を喚起し、その場における替えの利かない1人の主体として在ることを支える、「唯一性」をたしかに創出する“強い”装置である。だからこそ、保育の“弱さ”を肯定的に受け止め、そして保とうとする構えとしての「実践的知恵」が、技術的な知識や力量に還元されることのない、子どもたちとの暮らしを支えている保育者の専門性として把握される。本書は、この専門性を社会科学が摑み、そして実証的に言語化していくための方法論「生活の共同生成」の定位を目指してきた。この定位の試みは、同時に、エビデンスに基づく政策・教育言説と、現場における保育の実践論理との間には、たしかに引かれるべき境界線があることを、社会科学の内側から詳らかにしたものである。

　本書は、著者である私が北海道大学に提出した博士学位論文『幼児とともに「課題」を受容する保育者の実践知：専門性論議における「生活の共同生成」の定位』について、新たな理論的フレームワークや議論の導入を契機として、大幅に加筆修正をしたものです。本書は、日本学術振興会の科学研究費助成事業における、2024年度研究成果公開促進費（出版助成、課題番号：24HP5154）の

助成を受けて刊行することができました。また、本書にかかわる研究および出版は、たくさんの研究助成を受けてこそ可能になりました。本書の諸研究と特に関連の深い、日本学術振興会から助成を受けた研究課題は以下の通りです。

- 特別研究員奨励費『保育における仲間関係の「ほぐし」の実践知に関する研究』（課題番号：18J13193）
- 研究活動スタート支援『保育の仲間関係をめぐるクラス替えの実践知に関する研究』（課題番号：20K22191）
- 若手研究『援助の「失敗」を楽しめる保育者の実践知：幼児が見せる想定外の姿に着目して』（課題番号：23K12748）

また、本書を構成している各章は、以下の初出論文を、本書の問題設定に合わせて再分析および大幅に加筆修正したものです。

はじめに　書き下ろし

序章　　　書き下ろし

第1章　　書き下ろし

第2章　　書き下ろし（リカとナナセのエピソードは　及川智博. (2019). 幼児が仲良し以外と親密になることの難しさ：「気になる」子と仲良くなりたい女児に注目して. 幼児の教育, 118(2), 50-61. より）

第3章　　及川智博. (2024). 保育者による援助としてのクラス替え：フォーカス・グループ・インタビューによる実践知の検討. 北海道大学大学院教育学研究院紀要, 145, 105-128.

第4章　　及川智博. (2022). 仲間関係の変容をうながす保育者の援助の実践知：“ひとりぼっちの幼児”と“親密すぎる二者関係”を題材とした仮説モデルの生成. 教育心理学研究, 70, 48-66.

第5章　　及川智博. (2018). ルール遊びの発展と設定保育の経験との関連：5歳児のリレーごっこに着目して. 心理科学, 39(1), 52-72.

終章　　　書き下ろし

本書は、たくさんの方々との出会いのもとで執筆することができました。特に北海道大学の川田学先生には、私が岩手大学から北海道大学に第3年次編入学をしてすぐの頃から、11年間にわたって継続してご指導をいただきました。私が乳幼児を対象とした保育学・発達心理学の道を選び、最終的に保育者の専門性に関する研究に取り組むに至った最大の契機は、間違いなく、川田先生との出会いでした。博士後期課程の最後まで川田先生からご指導をいただけたことは、この上ない、一生の財産となりました。

　本書のもとになった博士学位論文において副査をお引き受けいただいた宮﨑隆志先生（北海道大学）、伊藤崇先生（北海道大学）、そして田中浩司先生（東京都立大学）には、私が学部や修士課程に入ったばかりの頃から、直接的および間接的に、継続してご指導を賜りました。先生方からのご指導がなければ、本書が成就することはありませんでした。先生方から丁寧にご指導をいただけたことを、厚く御礼申し上げます。また、北海道大学での日々は、乳幼児発達論研究室をはじめとする、北海道大学教育学部・院の皆さまがあってこその時間でした。皆さんとは、日常の議論や研究会から、国内外の学会参加および共同での論文執筆に至るまで、研究にかかわるたくさんの経験と示唆をいただきました。何度もお酒を酌み交わしたことも、とても素敵な思い出です。加えて、名寄市立大学と文教大学において同僚となった皆さんにも、本書の成就を支えていただきました。特に、名寄市立大学の長津詩織先生と石本啓一郎先生には、本書の原稿について確認およびご助言をいただきました。記して御礼を申し上げます。

　また、多くの保育現場の子どもたち、そして先生方との出会いも、本書の執筆にあたってとても大切な支えとなりました。常日頃からお世話になっている法人の皆さんや子どもたち、保育関連のイベント等を通して出会った皆さん、そして保育問題研究会の皆さんからは、大学や研究の世界に居るばかりでは得ることのできない、様々な経験と気づき、そして示唆をいただきました。お一人おひとりの名前を挙げることは叶いませんが、心より、深く御礼申し上げます。

　そして、明石書店の深澤孝之さんと柳澤友加里さんには、研究成果公開促進費（出版助成）の申請から出版まで、継続して伴走していただきました。ここ

おわりに　241

まで何度も諦めかけましたが、叱咤激励をいただくなかで助成の採択をいただき、そして出版に辿り着けたのは、間違いなくお二人のお力添えのおかげです。厚く御礼を申し上げます。

　最後に、今日まで見守り、気遣い、そしてともに過ごしてくれた家族に感謝申し上げます。

本書を、天国の父に捧げます。

2025年1月　及川 智博

著者紹介

及川 智博（オイカワ トモヒロ）

文教大学教育学部発達教育課程幼児心理教育専修講師。北海道大学大学院教育学院博士後期課程修了。博士（教育学）。日本学術振興会特別研究員（DC2）、名寄市立大学保健福祉学部社会保育学科講師を経て、2024 年 4 月より現職。主な著書に、『あなたの経験とつながる教育心理学』（分担執筆、ミネルヴァ書房、2023 年）、『心理学論文解体新書——論文の読み方・まとめ方活用ガイド』（分担執筆、ミネルヴァ書房、2022 年）など。

保育のいとなみを支える「実践的知恵」
子どもとの " 弱くて強い " 日々のための専門性

2025 年 2 月 28 日　初版第 1 刷発行

著　　者　　及川智博
発行者　　大江道雅
発行所　　株式会社 明石書店

〒 101-0021 東京都千代田区外神田 6-9-5
電話　03（5818）1171
FAX　03（5818）1174
振替　00100-7-24505
https://www.akashi.co.jp/

装丁　　明石書店デザイン室
印刷・製本　モリモト印刷株式会社

（定価はカバーに表示してあります）　　ISBN 978-4-7503-5877-2

[JCOPY] 〈出版者著作権管理機構　委託出版物〉
本書の無断複製は著作権法上での例外を除き禁じられています。複製される場合は、そのつど事前に、出版者著作権管理機構（電話 03-5244-5088、FAX 03-5244-5089、e-mail: info@jcopy.or.jp）の許諾を得てください。

シリーズ 子どもの貧困 全5巻

シリーズ編集代表 **松本伊智朗**
■A5判／並製 各2500円

子どもとかかわるすべての人に

子どもの貧困の再発見から10年。この10年間の政策・実践・研究を批判的に検討し、"子どもの貧困を議論する枠組み"を提供する。新・スタンダードの誕生!

① **生まれ、育つ基盤** 子どもの貧困と家族・社会
松本伊智朗・湯澤直美［編著］

② **遊び・育ち・経験** 子どもの世界を守る
小西祐馬・川田学［編著］

③ **教える・学ぶ** 教育に何ができるか
佐々木宏・鳥山まどか［編著］

④ **大人になる・社会をつくる** 若者の貧困と学校・労働・家族
杉田真衣・谷口由希子［編著］

⑤ **支える・つながる** 地域・自治体・国の役割と社会保障
山野良一・湯澤直美［編著］

ともに生きるための教育学へのレッスン40
明日を切り拓く教養
北海道大学教育学部、宮崎隆志、松本伊智朗、白水浩信編
◎1800円

社会情動的スキル 学びに向かう力
経済協力開発機構（OECD）編著
ベネッセ教育総合研究所（企画・制作） 無藤隆 秋田喜代美監訳
◎3600円

保育者のための専門職倫理ハンドブック
事例から学ぶ実践への活用法
亀﨑美沙子、鶴宏史、中谷奈津子著
◎2200円

子育て支援における保育者の葛藤と専門職倫理
「子どもの最善の利益」を保障するしくみの構築にむけて
亀﨑美沙子著
◎3800円

子どものウェルビーイングとひびきあう
権利、声、「象徴」としての子ども
山口有紗著
◎2200円

子どもアドボカシーQ&A
30の問いからわかる実践ガイド
栄留里美編著
◎2200円

子ども家庭支援の勘ドコロ
事例の理解と対応に役立つ6つの視点
川畑隆著
◎2200円

児童養護施設 鹿深の家の「ふつう」の子育て
人が育つために大切なこと
綱島庸祐・川畑隆編 鹿深の家（代表・春田真樹）著
◎1800円

〈価格は本体価格です〉